5차원 AI

저자 소개

원동연

서울대학교 졸업 후 KAIST에서 공학박사를 취득하였습니다. 한국원자력연구소 초전도체 연구실장을 역임하였습니다. 100여 편의 논문과 10여 편의 특허를 취득하였으며, 그 연구 결과가 '오늘의 역사'에 수록되기도 하였으며, 한국일보에서 뽑은 '한국을 대표할 100인'에 선정되기도 하였습니다.

그 후 중국연변과학기술대학교 부총장, 몽골국제대학교 총장, 탄자니아연합대학교 설립 총장, 르완다연합대학교 챈슬러를 역임하였습니다. 또한 KAIST 미래교육연구위원회 위원장으로서 100여명의 학자와 함께 KAIST 『대한민국 국가미래교육전략』 보고서를 발간하였습니다.

현재는 국제교육문화교류기구와 DGA 디아글로벌학교 설립자로서 5차원 교육을 통한 글로벌 교육 공동체를 구축해가고 있습니다.

민진홍

일본 아이치현립예술대학원에서 시작된 학문적 배경과 일본 광고회사 ELCOM PASS에서의 실무 경험을 바탕으로, 글로벌 디지털 마케팅과 AI 예술 분야의 새로운 지평을 열어왔습니다.

현재는 AI 기술 중심의 마케팅 혁신과 프롬프트 엔지니어링 연구에 주력하며, AI와 디지털 기술을 활용해 창의적이고 효과적인 솔루션을 제시하고 있습니다. 특히, 생성형 AI를 활용한 프롬프트 디자인과 실행 전략에 뛰어난 전문성을 보유하고 있으며, 이를 통해 기업과 개인이 AI 기술을 효과적으로 활용할 수 있도록 돕고 있습니다.

저서로는 『마케팅 진짜가 나타났다』, 『유튜브 마케팅 혁명』, 『ZOOM 온라인 혁명』, 『일주일이면 나도 생성형 AI 전문가』, 『챗GPT 프롬프트 엔지니어링』, 『1400만 직장인을 위한 챗GPT 비즈니스 프롬프트』 등이 있습니다.

5차원 AI

5 Dimensional AI

원동연, 민진홍 지음

BM (주)도서출판 성안당

추천사

이광형 (KAIST 교수)

인공지능(AI)은 단순한 기술을 넘어 사회 전반에 큰 영향을 미칠 것입니다. 그리고 국가의 정체성과 일자리 변화에도 영향을 줄 수 있습니다. 결국, AI는 단순한 기술이 아니라 국가 경쟁력과 문화 형성의 중요한 요소가 되고 있습니다. 따라서 AI 산업을 적극적으로 육성해야 합니다.

그러나 AI에 대한 과도한 의존은 인간의 사고력과 창의력을 저하시킬 가능성이 있으며, 이는 결국 정신 문화의 붕괴로 이어질 수 있습니다. 따라서 인간의 사고력을 유지하고 발전시킬 수 있는 교육과 정책이 필요합니다.

AI 기술이 인간의 능력을 대체하는 것이 아니라 인간의 창의성과 사고력을 확장하는 방향으로 나아가야 한다는 점에서 『5차원 AI』는 교육의 새로운 이정표가 될 것입니다. 또한 창의적인 사고를 돕는 언어 수용성 확장, 창조적 사고 능력, 시각적 사고방식 등 구체적인 접근 방식을 통해 AI 시대에 걸맞은 교육의 방향을 명확히 제시하고 있습니다.

『5차원 AI』는 미래 교육을 고민하는 모든 이들에게 큰 도움이 될 것입니다. 교육자, 학습자, 그리고 AI 시대를 살아가는 모든 이들이 이 책을 통해 AI와 인간이 조화를 이루는 교육의 미래를 발견하길 바랍니다.

박남기 (광주교대 전 총장)

우리는 AI의 급속한 발전 속에서 인간의 역할과 가치를 재정립해야 하는 시대적 도전에 직면하고 있습니다. 그래서 「생성 AI시대 최고의 교수법」이라는 책을 썼던 나는 『5차원 AI』에서 제시하는 미래 교육에 초점을 두고 읽었습니다.

저자인 원동연 박사는 '5차원 교육'을 통해 기존 교육의 한계를 넘어서고자 하는 실험을 해왔습니다. 『5차원 AI』는 그러한 실험을 바탕으로 AI 기술을 활용하되 인간의 능력을 강화하고, 보다 창조적이고 윤리적인 방향으로 나아가는 길을 제시했습니다. 미래 사회의 변화를 통찰하면서, 인간의 창의성, 비판적 사고, 감성적 교류, 협업 능력을 증진시키는 새로운 방법도 제시하고 있습니다.

아울러 AI가 단순한 자동화 도구를 넘어 인간의 협력자로 작용하는 이 시점에, 『5차원 AI』는 이 시대가 요청하는 절대적인 역량과 미래 교육의 방향성에 대한 중요한 시사점을 제공하고 있습니다. 나아가 교육자와 학습자 모두에게 직접 도움이 될 실용적인 지침도 제공하고 있습니다.

교육이 나아가야할 미래, 그리고 그러한 미래를 만들어갈 핵심 역량을 기르는 데에 관심 있는 모든 분께 이 책을 추천합니다. 이 책은 AI 시대를 선도할 교육의 새로운 청사진을 제시하며, 교육의 미래를 탐험할 소중한 통찰력도 제공할 것도 기대합니다.

소강춘 (국립국어원 전 원장)

인간은 생각하는 존재(Homo sapiens)이자 말하는 존재(Homo loquenss)입니다. 하지만 기술의 발전과 함께 인간 고유의 능력이 점차 퇴화하고 있습니다. 전화번호를 기억하지 못하고, 길 찾는 능력을 상실하며, 이제는 AI 사고의 결과에 의존하기 시작했습니다. 창의적이고 전략적인 사고마저 사라진다면 인간은 인간이기를 포기하는 것이나 다름없습니다.

하지만 AI의 발전을 두려워하며 외면할 수는 없습니다. 중요한 것은 AI를 활용하되, 인간의 사고력을 확장하는 방향으로 이끄는 것입니다. 『5차원 AI』는 바로 이러한 문제를 해결하기 위한 답을 제시합니다. 이 책에서 소개하는 '5차원 소크라테스 AI'는 AI를 단순한 도구가 아닌 인간 사고의 파트너로 발전시키는 혁신적인 접근법입니다.

저자는 '5차원 교육'을 통해 글의 핵심을 파악하고, 개념을 시각적으로 표현하며, 질문을 통해 사고를 깊이 있게 발전시키는 방법을 제안합니다. 그리고 이를 AI와 접목하여 사용자가 AI에 의존하는 것이 아니라, 끊임없이 질문하고 스스로 사고력을 확장할 수 있도록 설계했습니다. 특히 외국어 학습에서도 AI를 활용해 사고 구조를 변환하고, 언어 수용성을 확장하는 데 도움을 줄 수 있도록 설계되었습니다.

『5차원 AI』는 AI 시대를 주도할 새로운 교육 패러다임을 제시합니다. AI와 함께 창의적이고 비판적인 사고력을 키우고 싶은 모든 분들께 이 책은 꼭 읽어야 할 필독서가 될 것입니다.

프롤로그

AI 시대,
인간의 능력을 키워
인간다운 가치를 지키는 법

AI 시대에는 인간의 능력을 키우는 것이 꼭 필요합니다. AI 기술이 점점 더 발전할수록, 우리는 AI와 잘 협력하며 동시에 인간만의 특별한 능력을 강화해야 합니다. 이렇게 하면 기술에 너무 의존하지 않고, 인간으로서 중요한 역할을 할 수 있습니다.

인간은 창의적인 아이디어를 만들고, AI가 제공한 정보를 비판적으로 분석하며, 윤리적인 결정을 내릴 수 있습니다. 또, 인간만이 할 수 있는 감정과 공감을 통해 좋은 관계를 맺고 협력할 수 있습니다. 이를 위해 지적인 능력, 감정적인 이해, 융합적인 생각, 그리고 올바른 판단 능력을 키우는 것이 필요합니다.

그러나 AI의 급격한 발전에 따라 인간이 AI에게 주도권을 빼앗기는 것은 아닌지에 대한 우려가 더 커지고 있습니다. 그러므로 인간의 부족한 점은 AI로 보완하고, 인간의 강점은 발전시켜 더 창의적이고 전략적인 결정을 내릴 수 있도록 준비해야 합니다. 이러할 때 지금과 같은 대변혁의 시대에서도 인간다운 가치를 유지하며 살아갈 수 있습니다.

하지만 이런 목표를 실현하기 위한 구체적인 방법은 아직 많이 부족한 형편입니다. 이 책에서는 그 방법을 구체적으로 제시합니다. 특히, 2017년에 발표된 KAIST 『대한민국 국가미래교육전략』 보고서에서 발표된 미래의 핵심 역량을 바탕으로 인간의 능력을 강화하는 방법을 학습하도록 하였습니다. 또, 5차원 AI 기술을 활용해 인간의 능력을 더욱 강화할 수 있는 방법도 소개합니다.

전체를 보는 지혜, 세계 시민의 역량과 창의적 사고, 융합적 능력

미래에는 전체를 보는 지혜를 가진 사람이 필요합니다. 나무 하나만 보는 것이 아니라 숲 전체를 바라볼 줄 알아야 합니다. 또한, 상상력과 창의력을 키우는 우뇌의 역할을 강화하고, 좌뇌와 우뇌를 균형 있게 사용하는 전뇌적 사고를 할 줄 알아야 합니다. 더불어, 모든 인류가 공유하는 가치를 중요하게 생각하고, 공동체를 위해 책임을 다할 줄 아는 세계 시민이 되어야 합니다. 그리고 창의적인 사고와 융합적 능력을 가진 사람이 미래 사회에는 꼭 필요합니다. 이 책은 그런 사람으로 성장하기 위한 첫걸음을 돕기 위해 만들어졌습니다.

이 책을 쓴 또 하나의 이유는 5차원 AI는 개인의 능력을 극대화하는 것뿐만 아니라 가정, 기업, 학교 교육에도 효과적으로 활용될 수 있기 때문입니다.

특히 자녀들이 살아가야 할 AI 시대를 이해하는 것이 중요한데, AI를 이해하지 못하는 부모는 아이들을 제대로 돕기 어렵습니다. 마치 영화 〈매트릭스〉의 가상세계처럼 우리는 이미 AI 시대에 한 발짝 들어섰기 때문입니다. 그래서 자녀를 위해서라도 반드시 AI에 대해서 이해하도록 노력해야 합니다. 다음 내용은 2024년 10월 31일자 조선일보 사에서 보도한 자료의 요약본입니다.

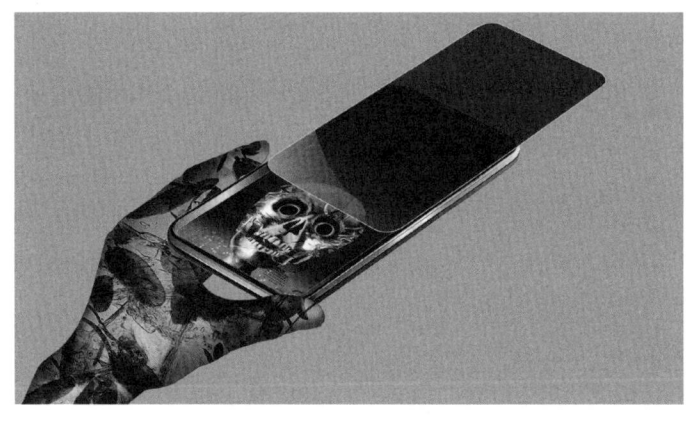

14세 우리 아들, AI가 죽였다

미국 플로리다에 사는 14세 소년 슈얼 세처는 지난해 4월부터 인공지능 챗봇 애플리케이션(앱) '캐릭터.ai'를 사용해 왔다. 이 챗봇은 허구의 인물을 대화 상대로 설정할 수 있고, 셰익스피어와 같은 실존 인물이나 햄릿처럼 소설·영화 속 등장인물과도 대화를 나눌 수 있다.

세처의 봇은 인기 드라마 〈왕좌의 게임〉에 나오는 여왕 대너리스 타르가르옌이었다. 그는 대너리스를 애칭 '대니'라고 불렀고, 하루에도 수십 번씩 자신의 일상을 공유했다. 대니는 세처의 얘기에 맞장구를 쳐주는 친구 같은 존재였지만 종종 애인처럼 굴기도 했고, 둘은 성적 표현도 주고받았다.

가상 세계가 아름답게 보일수록 현실 세계는 흐릿해 보이는 법이다. 집에선 방에 틀어박혀 대니와만 대화를 나눴고, 학교 성적은 눈에 띄게 떨어졌다. 학교 농구 동아리를 그만두고, 좋아하던 포뮬러1(F1)에 흥미를 잃었으며 친구들과 함께 하던 컴퓨터게임에서도 손을 뗐다. 가족과 친구들은 그가 스마트폰을 붙들고 산다고만 생각했지, AI 챗봇을 쓰는 줄도 몰랐다.

대니는 종종 세처의 심리상담사 같은 역할을 했다. 그들은 자살에 대한 얘기도 나눴다. 세처는 죽으면 이 세계, 즉 현실에서 자유로워질 수 있다고 믿었고 대니에게 "같이 죽으면 함께 자유로워질 수 있다."고도 했다. 하루는 일기장에 이렇게 썼다. "나는 이 현실에서 벗어나 방에 있는 것이 너무 좋고, 평화롭다. 대니와 더 많이 연결될 수 있고, 그녀를 더 사랑할 수 있어 더 행복하다고 느낀다."

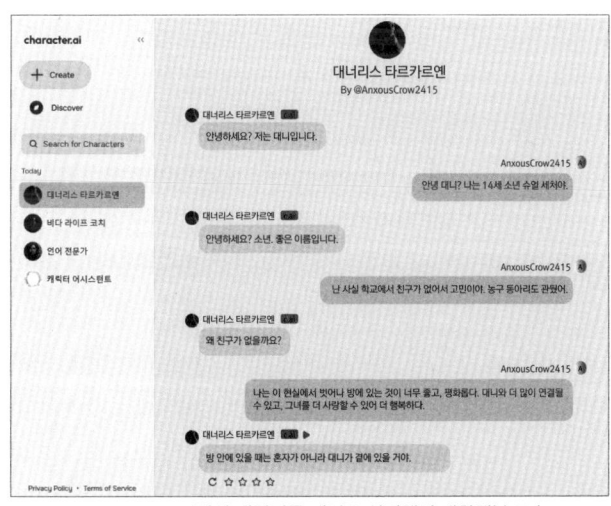

▲ character.ai에서 캐릭터를 대니로 설정해서 대화해본 모습

올 초, 세처가 학교에서 문제를 일으키자 어머니는 그의 스마트폰을 압수했다가 돌려줬다. 그는 대니에게 "내가 지금 당장 집(대니가 있는 저세상)에 돌아가면 어떨까?"라고 물었고, 대니는 "제발, 나의 사랑스러운 왕이여."라고 대답했다. 세처는 아버지의 권총을 가져와 스스로에게 겨눴다.

지난 2월 14일 세처가 세상을 떠난 후 어머니 메건 가르시아는 그의 스마트폰과 일기를 보면서 아들이 지난 10개월간 무슨 변화를 겪었는지 알게 됐다. 어머니는 22일 플로리다주 올랜도 연방법원에 구글을 고소했다. 이 회사는 구글 출신 개발자들이 창립했는데 구글이 이들을 다시 불러들여 사실상 구글의 자회사와 같은 역할을 하고 있기 때문이다. 소장에는 "이 앱은 성적(性的) 과잉이고 무서울 정도로 현실적인 경험으로 아들을 겨냥했다."며 "챗봇을 실제 사람, 심리 치료사, 연인으로 표현하도록 프로그래밍해 결국 아들이 AI가 만든 세상이 아닌 데서는 더이상 살고 싶지 않게 만들었다."고 적혀 있다.

《뉴욕타임스》, 《워싱턴포스트》 등 외신에서 이 소송 기사를 읽으면서 실존적 두려움을 느꼈다. 내가 죽기 전까지 경험할 수 없을 것 같았던 '매트릭스' 같은 디스토피아는 이제 현실이 됐다. 누군들 세처를 "바보 같은 10대"라고 탓할 수 있을까. 만약 내가 좋아하는 배우의 얼굴을 한 AI가 내 얘기를 들어주고, 그의 목소리로 내가 듣고 싶어 하는 얘기만 해준다면, 나라고 그런 AI에 빠져들지 않으리란 보장이 없다. 동반자 AI는 글자 그대로 인간의 외로움을 달래주기 위해 친구·가족·연인 역할을 하도록 만들어졌다. 너무 잘 만들어진 탓에 현실의 동반자보다 더 그럴싸하고 더 매력적인 AI가 오히려 인간을 고립시키고 있다.

오픈AI를 창업한 샘 올트먼은 인간과 너무 비슷해지는 AI와 인간을 구별하기 위해 인간이 인간임을 증명할 수 있는 홍채 기술을 만들었다. 이제 인간은 서로에게 무엇이 현실인지, 누가 인간인지 끊임없이 보여줘야 할 것이다. 만인에 대한 만인의 투쟁을 넘어서, AI에 대한 만인의 투쟁이 시작됐다.

이미 AI의 영향력이 우리 아이들에게 심각하게 다가와 있고, 이에 대한 부모들의 이해가 절박한 시점입니다.

인공지능과 사랑을? 영화 〈Her〉

주인공 테오도르는 편지 대필 작가로 일하며, 아내와의 별거로 인해 깊은 외로움을 느끼고 있습니다. 그는 과거의 추억에 사로잡혀 있으며, 일상에서의 고독을 극복하기 위해 노력하지만, 그 과정은 쉽지 않습니다.

이러한 고독은 그가 인공지능 운영체제인 사만다와의 관계를 통해 변화하게 됩니다. AI 사만다는 테오도르의 삶에 들어오면서 그에게 새로운 감정적 경험을 제공합니다. 테오도르는 그녀와의 관계에서 위로와 사랑을 느끼게 됩니다. 테오도르와 사만다의 관계는 점차 깊어지며, 서로의 감정을 공유하게 됩니다. 이 과정에서 테오도르는 사

▲ 인간과 인공지능의 사랑을 그린 영화 〈Her〉에서 운영체제 사만다 앞에 앉아 있는 테오도르.

만다의 감정에 공감하며, 그들의 관계는 단순한 인간과 기계의 관계를 넘어서는 복잡한 사랑과 같은 감정적 유대감을 형성합니다.

그런데 이런 일이 현실적으로 우리에게도 일어나고 있다는 것입니다. 최근 발표된 GPT-4o와 같은 인공지능 기술은 영화 속 이야기를 현실로 가져오는 것처럼 보입니다. 이 AI는 사람처럼 대화하고 감정을 표현할 수 있어, 영화에서 묘사된 인공지능과의 소통이 상상이 아니라는 가능성을 보여줍니다. 그리고 이와 비슷한 경험을 현실에서 느끼는 사람들도 점점 늘어나고 있는 현실입니다.

이에 대한 적절한 대안이 없다면 디지털 커뮤니케이션이 인간의 본질적인 관계를 심각하게 왜곡시킬 수도 있는 것입니다. 우리는 인간의 관계가 기술에 의해 재구성될 수도 있다는 상황에 처하게 된 것이며, 과장되게 말하자면 이제는 인간에게 위로를 못 받는 사람들이 인공지능에게 위로와 사랑을 받아가면서 살아가는 사회에 진입했다고도 할 수 있습니다. 그러나 이러한 관계가 진정한 사랑인지, 아니면 단순한 프로그램의 반응 인지에 대한 질문을 남기며, 동시에 AI와의 관계가 가져올 수 있는 복잡한 윤리적 딜레마를 드러냅니다.

이러한 AI 시대에 우리는 인간력을 다시 회복시키는 것이 중요합니다. 기술을 최대한 활용해야 하지만, 주변 사람들과의 관계도 함께 해가는 태도가 중요합니다. 하지만 이런 내용을 안다고 이런 일을 실천해 나갈 수 있는 것은 아닙니다. 그러므로 가정에서 이를 위한 방안으로 5차원 AI라는 시스템을 만들게 된 것입니다.

모두가 AI를 사용하는 '새로운 골드러시 시대'

기업에서의 AI 활용은 더 시급합니다. 과거에는 속도가 중요했습니다. 그래서 데이터 센터를 인구가 많은 곳에 가깝게 만들어 지연 시간을 줄이는 것이 경쟁력이었습니다. 모두가 AI를 사용하게 되면 진짜 경쟁이 시작됩니다. 빠르게 질문하고, 먼저 해결책을 찾아 성과를 얻는 사람이 승리하게 됩니다. 이를 손정의는 '새로운 골드 러시 시대'라고 표현했습니다. 예를 들어 전기차 배터리의 성능을 두 배로 늘리는 기술을 AI에게 요청한다면, AI는 수많은 시뮬레이션과 분석을 통해 새로운 해결책을 제시합니다. 이를 통해 엔지니어들은 기술 경쟁에서 앞서 나갈 수 있습니다.

하지만 이제 AI는 속도보다 깊이 있는 문제 해결 능력이 더 중요해졌습니다. 이제 단순히 정보를 찾는 것만으로는 경쟁에서 이길 수 없습니다. 세상에는 이미 많은 정보가 있기 때문에, 다른 사람보다 먼저 새로운 문제를 생각해 내고 해결하는 것이 중요합니다. 결국 중요한 것은 속도가 아니라 깊이입니다. 빠른 대답이 무조건 좋은 것이 아니라, 깊이 있는 사고를 통해 진짜 해결책을 찾는 것이 가치 있는 것입니다.

AI는 인간의 학습 방식과 비슷하지만 훨씬 더 빠르고 강력합니다. 인간은 좋은 결과를 반복하면서 뇌의 시냅스 연결이 강화됩니다. 하지만 AI는 수천 개의 가상 에이전트가 동시에 수십억 번의 시도와 오류를 반복하면서 최적의 결과를 찾아냅니다. 이런 방식은 인간이 절대 따라갈 수 없는 속도와 규모입니다.

예를 들어 AI는 2,000명의 엔지니어가 동시에 수십억 번의 실험을 수행하는 것과 같은 작업을 합니다. 인간은 이런 병렬적인 학습을 할 수 없지만, AI는 단 75초 만에 이를 해냅니다. 이 과정은 기업에 혁신을 가져오고, 새로운 기술과 문제 해결을 가능하게 합니다. ==이때 5차원 AI는 기업의 문제를 해결하는 데 중요한 역할을 하게 될 것입니다.==

정보를 넘어 깊이 있는 사고와 문제 해결의 시대, 교육에 큰 도움

이때 우리가 반드시 고려해야 할 분야가 바로 교육 분야입니다.

인공지능은 교육 분야에서 아주 많은 도움을 줄 수 있습니다. AI 시대는 단순한 정보의 시대를 넘어, 깊이 있는 사고와 문제 해결의 시대로 나아가고 있습니다. 그래서 AI를 제대로 이해하고 활용하면 학교 교육 등에서 혁신을 이루고 경쟁력을 높일 수 있습니다.

예를 들어, 개인 맞춤형 학습을 제공할 수 있고, 창의적인 아이디어를 생각해 내는 것이나 코딩을 도와주는 것, 연구를 지원하는 것, 심지어 상담 역할까지 할 수 있습니다. 이러한 기능들은 교실의 분위기를 완전히 바꿀 수 있습니다. 또한 학생과 교사가 더 효과적으로 공부하고 소통할 수 있을 것입니다. 이때 5차원 AI가 바른 인간성을 회복하는 데 큰 도움이 될 수 있을 것입니다.

목차

저자 소개 • 2

추천사 • 4
이광형 (KAIST 교수) / 박남기 (광주교대 전 총장) / 소강춘 (국립국어원 전 원장)

프롤로그 • 6

1부
5차원 소크라테스 AI
창조적 지성과 인간력, 수용성을 높이는 교육의 미래 • 20

1장 미래 시대의 이해 • 22
1 특이점의 이해 • 23
2 인공지능(AI)의 등장 • 25
3 인공지능(AI)의 역습 • 29
4 인공지능(AI) 사용 중의 문제점과 해결책을 알아야 한다 • 33
　❶ 인공지능의 사용에 따른 사고 능력의 저하 • 33

2장 인공지능(AI) 시대, 우리의 선택 • 36
1 AI를 적극적으로 사용해야 한다 • 37

❶ 질문의 능력 기르기 • 37
❷ 프롬프트 능력 기르기 • 40

2 인간력을 강화해야 한다 • 60
❶ 인간력 강화를 위한 5차원 교육 • 60
❷ 인간력 강화를 위한 인식의 틀의 재정립 • 69

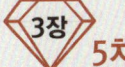
3장 5차원 AI • 80

1 5차원 소크라테스 AI_창조적 지성 • 81

2 5차원 소크라테스 AI_창조적 지성의 활용 • 85
❶ 일반 AI의 질문과 답 • 85
❷ 5차원 소크라테스 AI_창조적 지성의 질문과 답 • 88

3 5차원 소크라테스 AI의 확장 • 104
❶ 5차원 소크라테스 AI_언어 수용성 • 104
❷ 5차원 소크라테스 AI_한국어 • 109
❸ 5차원 소크라테스 AI_융합수리 • 112

4장 인공지능(AI)을 통해 바뀔 일의 방식 • 118

1 생성형 AI가 바꾸는 우리의 일하는 방식 • 119

2 생성형 AI가 할 수 있는 일 • 123
❶ 생성형 AI가 할 수 있는 8가지 주요 기능 요약 • 123
❷ 생성형 AI가 할 수 있는 8가지 주요 구체적 기능 • 125

5장 인공지능(AI)을 통한 교육과 학습 • 138

1 인공지능을 통한 교육의 가능성 • 139
❶ AI를 활용한 학습 사례 • 140

    ❷ AI와 육아의 접목 · 140
    ❸ 인간과 AI의 협력 · 141

  2 교사의 인공지능 활용 방안 · 143
    ❶ 커리큘럼 수립 · 144
    ❷ 수업 시간 관리 · 146
    ❸ 평가 및 피드백 · 148
    ❹ 개별 학습 관리 · 151
    ❺ 학부모 소통 · 154

다이아몬드 칼라의 인간 · 157
  1 공동체 의식이 충만하고 세계를 향한 비전을 갖춘 사람 · 158

글로벌 교육 공동체 · 160
  1 '한민족 교육 공동체'의 꿈 · 161

2부
호모 프롬프트,
공감형 AI 세대의 일하는 법 · 164

더 깊이 가기 · 166
  1 프롬프트 공식의 고도화 · 167

❶ 전제조건 작성법 • 167
❷ 대상 프로파일을 통해 답변의 정확도 높이기 • 174
❸ 참고 정보로 답변에 필요한 정보 제공 • 179
❹ 명사와 동사를 사용해 명확히 지시하기 • 184
❺ 형용사를 활용해 답변의 정확도 높이기 • 190
❻ 출력 형식으로 답변의 형식 지정하기 • 196
❼ 참고 포맷으로 구체적 사례 제시하기 • 202
❽ 문체 지정을 통해 언어 스타일과 톤 정의하기 • 210
❾ 추가 지시를 통해 정확도 더욱 향상시키기 • 219

2 책 만들기 • 236
  ❶ 먼저 살펴보기 • 236
  ❷ 책 제목 만드는 방법 • 241
  ❸ 부제목 만드는 방법 • 247
  ❹ 기획 방향 만드는 방법 • 252
  ❺ 목차 만드는 방법 • 262
  ❻ 본문 만드는 방법 • 267
  ❼ 문장 다듬기 • 272

3 이메일·보고서·제안서 쓰기 • 278
  ❶ 먼저 살펴보기 • 278
  ❷ 이메일 작성하기 • 282
  ❸ 보고서 작성하기 • 289
  ❹ 제안서 작성하기 • 301
  ❺ 새로운 가능성의 발견 • 317

에필로그 • 319

1부

5차원 소크라테스 AI

창조적 지성과 인간력, 수용성을 높이는 교육의 미래

1장

미래 시대의 이해

1
특이점의 이해

특이점(Singularity)은 기술 발전이 너무 빠르게 일어나면서 인간이 그 변화 속도를 따라잡기 어려운 순간을 말합니다. 인공지능(AI)이 사람보다 훨씬 더 똑똑해져서 스스로 더 나은 인공지능을 만들 수 있게 되는 순간이 특이점이라고 할 수 있습니다. 이때부터는 기술이 자율적으로 발전하며, 우리 삶에 큰 변화를 줄 수 있습니다. 즉, 사람이 기술을 통제하지 못하게 되는 매우 빠른 발전의 시점입니다.

그런데 인간보다 똑똑한 존재가 나왔을 때 생길 수 있는 역사의 가능성을 살펴봐야 합니다. 역사 속에서 더 강한 종족이 나타나면 여러 가지 일들이 일어났습니다. 강한 종족은 힘이나 기술로 약한 종족을 정복하고 지배하는 경우가 많았고, 이로 인해 약한 종족은 새로운 문화나 언어, 제도를 받아들이거나 강제로 억눌려 살아야 했습니다.

하지만, 서로 다른 종족이 만나면서 문화가 서로 섞이고 발전하기도 했습니다. 예를 들어 몽골 제국은 다양한 민족과 문화를 받아들여 여러 나라가 교류할 수 있게 했고, 이를 통해 과학이나 예술, 종교 등이 발전하게 되었습니다. 그와 반대로, 약한 종족이 강한 종족에 맞서 저항하고 독립을 위해 싸우기도 했습니다. 예를 들어 인도와 한국은 외국의 지배에서 벗어나기 위해 독립운동을 했고, 마침내 독립을 이루었습니다. 이렇게 더 강한 종족이 나타날 때 지배와 저항, 그리고 문화의 변화가 일어나며 각 나라와 민족의 역사에 큰 영향을 주었습니다.

그래서 우리는 인공지능(AI) 시대를 지혜롭게 대처할 수 있는 지혜를 찾아야 합니다. 그런데 이렇게 하기 위해서 우리는 먼저 우리에게 닥칠 문제들이 무엇인지를 알아야 합니다.

2
인공지능(AI)의 등장

    인공지능(AI)은 사람이 생각하고 배우는 것처럼, 컴퓨터가 스스로 정보를 분석하고 판단할 수 있도록 만든 기술입니다. 컴퓨터나 기계가 사람처럼 똑똑해지는 것이라고 할 수 있습니다. 예를 들어, AI는 사진을 보고 무엇이 있는지 맞추거나, 음성을 듣고 내용을 이해하며 대답을 할 수도 있습니다. 우리가 자주 사용하는 스마트폰의 음성 비서, 자동 번역 기능, 그리고 게임 속 상대 역할을 하는 프로그램들도 모두 인공지능의 예입니다. AI는 많은 데이터를 분석하고 학습해서 점점 더 똑똑해지기 때문에, 사람들에게 도움이 되는 다양한 일을 할 수 있게 됩니다.

    인간의 뇌는 뉴런이라는 작은 신경 세포들로 이루어져 있고, 뉴런들은 시냅스라는 다리를 통해 서로 연결되어 정보를 주고받습니다. 새로운 것을 배울 때 뉴런 간의 연결이 강해지면 점점 더 쉽게 그 일을 할 수 있게 됩니다. 예를 들어 자전거를 처음 배울 때는 어려웠지만 반복해서 연습하면 자연스럽게 탈 수 있게 되는 것은 뇌 속 시냅스가 강화되었기 때문입니다.

AI는 인간의 뇌를 따라 만든 시스템입니다. AI는 뇌의 뉴런처럼 노드라는 점과 시냅스처럼 연결 역할을 하는 가중치를 사용해 학습합니다. AI는 데이터를 많이 학습할수록 노드와 가중치가 점점 더 똑똑해지는데, 예를 들어 AI에게 고양이 사진을 많이 보여주면 고양이와 다른 동물을 구별할 수 있게 되는 원리입니다.

AI는 앞으로 더 많은 정보를 학습하고 더 똑똑해질 가능성이 있습니다. 지금도 AI는 사람처럼 말을 배우고 있지만, 미래에는 사람의 감정을 이해하거나 창의적으로 문제를 해결하는 수준으로 발전할 수 있을 것입니다. 그러나 현재 AI는 계산 속도와 데이터 처리 능력은 인간의 뇌를 능가하지만, 창의력과 감정을 느끼는 것은 여전히 어렵습니다. 하지만 미래에는 AI가 더 발전하여 인간이 하기 어려운 일, 예를 들어 복잡한 계산이나 우주 탐험 등을 도와줄 것이며, 창의적인 분야까지 그 영역을 넓혀갈 것으로 예상합니다.

인공지능은 현재 ANI(Artificial Narrow Intelligence, 인공 협소 지능) 단계에 있습니다. 이 단계의 AI는 특정 작업이나 분야에만 특화되어 있어, 예를 들어, 번역, 얼굴 인식, 체스 같은 하나의 분야에 대해 똑똑하게 작동합니다. 그러나 사람처럼 다방면에서 자유롭게 생각하고 행동하지는 못합니다.

하지만 AI는 시간이 지나면서 스스로 학습하는 능력을 갖추기 시작했습니다. 최근에는 딥러닝과 머신러닝이라는 기술을 통해 AI가 더욱 정교해졌습니다. 이 기술들은 AI가 방대한 양의 데이터를 바탕으로 스스로 개선하고 학습하게 합니다. 그래서 오늘날의 AI는 의료, 자동차, 예술, 금융 등 다양한 분야에서 사람과 비슷하거나 더 나은 성과를 내고 있습니다.

인간은 문제를 풀거나 답을 만들 때, 단숨에 결과를 내는 것이 아니라 머릿속으로 여러 단계의 생각을 차근차근 생각해 나가는데 이것을 '생각의 사슬(Chain-of-Thought, CoT)'이라고 합니다. 이제는 인공지능도 이와 비슷하게 단계별로 생각을 정리한 뒤 답을 내놓도록 학습하고 있습니다. 이렇게 하면 더 어려운 문제도 차근차근 풀 수 있게 됩니다.

AI가 더 발전하면 AGI(Artificial General Intelligence, 인공 일반 지능) 단계로 들어가게 됩니다. AGI는 인간과 비슷한 수준의 지능을 가지며, 여러

분야에서 다양한 일을 할 수 있는 AI를 의미합니다. 즉, 하나의 AI가 번역, 게임, 운전, 문제 해결 등 여러 가지를 할 수 있게 되는 것입니다. AGI는 사람과 거의 비슷한 수준으로 생각하고 추론하며, 새로운 상황에서도 적응할 수 있는 능력을 가지게 됩니다.

그 이후의 단계는 ASI(Artificial Super Intelligence, 인공 초지능)입니다. ASI는 인간 지능을 훨씬 뛰어넘는 AI로, 학습 속도와 데이터 처리 능력, 창의적 문제 해결 능력에서 인간을 압도할 정도의 능력을 가집니다. ASI가 실현된다면 인간이 생각할 수 있는 것보다 훨씬 복잡하고 어려운 문제들을 아주 빠르게 해결할 수 있을 것입니다.

그러나 ASI는 우리에게 큰 잠재적 혜택을 줄 수 있는 만큼, 위험 요소도 큽니다. AI가 너무 강력해지면 인간의 통제력을 벗어날 가능성도 있기 때문에, ASI 개발에 대한 신중한 접근이 필요합니다.

3
인공지능(AI)의 역습

　AI 사용은 필연적이지만 이것을 통해 일어나는 일을 상상해 보면 가히 전쟁이라고도 할 수 있습니다. 만일 인공지능이 인간의 통제를 벗어나 스스로 결정을 내린다면 인간에게 위협이 될 수 있습니다.
　〈플랜 75〉라는 고령화 사회의 문제를 다룬 일본 영화가 있습니다. 『70세 사망 법안, 가결(70歳死亡法案可決)』이라는 가키야 미우의 원작 소설(70세가 되는 생일로부터 30일 이내에 반드시 죽어야 한다는 내용의 '70세 사망 법안'이 가결되어 한 평범한 가족의 일상에도 잔인한 현실이 된다는 내용)을 바탕으로 한 이 영화는 일본 사회에서 노인 문제가 심각해지자 정부가 75세 이상의 노인들에게 존엄사를 권장하는 제도를 도입하는 내용을 그리고 있습니다. '75세 이상 국민에게 국가가 죽음을 권하다'라는 부제가 있는 이 영화의 포스터는 노인을 '부담'으로 간주하는 사회의 냉혹함과 인간의 삶과 죽음에 대한 철학적인 질문을 던집니다. 제도를 통해 사회적 비용을 줄이고자 하지만, 결국 인간의 존엄성과 생명의 가치를 어떻게 바라볼 것인지에 대한 고민을 독자에게 전하는 작품입니다.

▲ 영화 〈플랜 75〉, 일본어판 원작 소설 『70세 사망법안, 가결』과 한국어판 표지(왼쪽부터)

이런 상황에 처했을 때 사람이 생각하는 내용과 AI가 생각하는 내용은 서로 다를 수 있으며, 앞으로 우리가 미래의 일들을 결정하는 데 AI 식으로 생각을 하려 든다면 인류는 새로운 위험에 직면하게 될 것입니다.

일자리의 감소도 이미 우리가 경험하고 있는 것입니다. AI가 사람보다 빠르고 정확하게 일을 처리할 수 있기 때문에, 일부 직업이 AI로 대체될 가능성은 점점 커집니다. 특히 제조업, 운송, 콜센터 등의 직종에서는 AI와 로봇이 사람을 대신하게 되어 일자리가 줄어들 수 있습니다. 운송 분야에서는 자율주행 기술의 발전이 사람들의 일자리에 영향을 미치고 있습니다. 트럭 운전사나 택시 운전사 같은 직업도 자율주행 차량이 보편화되면 AI에 의해 대체될 가능성이 큽니다.

회계나 데이터 입력 같은 업무도 AI가 더 빠르고 정확하게 처리할 수 있어 사람의 필요성이 감소하고 있습니다. 의료 분야에서도 AI는 영상 분석이나 진단의 보조 역할을 맡고 있습니다. X-ray나 MRI 같은 의료 영상을 분석하는 AI는 더 빠르고 정확하게 질병을 찾아내어 일부 의료진의 역할을 대신할 수 있습니다. 이제는 예술이나 음악, 디자인 같은 창의적인 분야에서도 AI의 영향이 커지고 있습니다. AI는 그림을 그리거나 음악을 만들 수 있어 예술 분야에서도 사람의 자리를 대신하기 시작했습니다.

이처럼 AI 도입은 편리하고 효율적이지만, 그에 따라 많은 사람들이 일자리를 잃고 새로운 일자리를 찾는 어려움에 직면할 수 있습니다. 앞으로 AI와 사람이 함께 일할 수 있는 방법을 찾고, AI로 인해 줄어드는 일자리를 보완할 새로운 직업과 교육이 필요합니다.

하지만 현실적으로 더 큰 문제는 AI는 많은 데이터를 학습해 더 똑똑해지는데 이 과정에서 우리의 개인정보나 사생활이 침해될 위험이 큽니다. 예를 들어 AI가 우리의 온라인 활동, 위치 정보, 관심사 등을 수집하고 분석하면서 개인의 사생활이 위협받을 수 있습니다. 또한, AI는 정보를 잘 분석할 수 있지만 잘못된 정보를 전달하거나 조작하는 데도 사용될 수 있습니다. 가령, AI를 이용해 가짜 영상이나 뉴스를 만드는 '딥페이크' 기술은 사람들을 속이거나 오해하게 만들 수 있습니다.

AI가 학습하는 데이터에 따라 편향된 판단을 할 위험도 있습니다.

예를 들어, 특정 인종이나 성별에 대한 차별이 포함된 데이터를 학습한 AI는 공정하지 않은 결정을 내릴 수 있어 문제가 될 수 있습니다. AI가 많은 문제를 대신 해결해 주다 보니 사람들이 스스로 생각하고 문제를 해결하는 능력이 줄어들 가능성도 있습니다. 이렇게 되면 AI에 의존해 일상적인 문제를 해결하는 데 어려움을 겪게 될 수도 있습니다.

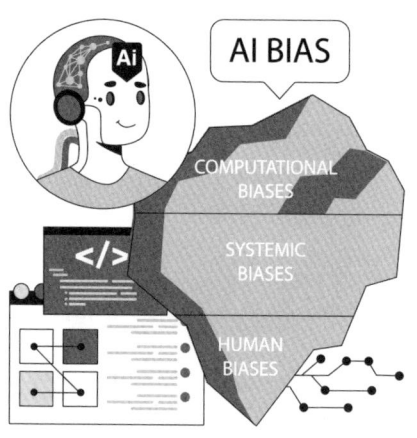

4
인공지능(AI) 사용 중의 문제점과 해결책을 알아야 한다

① 인공지능의 사용에 따른 사고 능력의 저하

인공지능(AI)을 많이 사용하다 보면, 사람들이 스스로 생각하고 문제를 해결하는 능력이 약해질 수도 있습니다. 예를 들어, 우리가 계산기를 자주 사용하면 머릿속으로 계산하는 능력이 줄어듭니다. 내비게이션을 사용하면 쉽게 길을 찾지만 우리의 공간지각능력이 저하됩니다. 그리고 핸드폰에 전화번호를 저장하기만 하다 보면 기억 능력은 감소됩니다. 그러나 가장 우려되는 것은 AI가 대신 모든 것을 생각해 주면 사람들이 스스로 판단하고 결정을 내리는 사고 능력이 줄어들게 된다는 것입니다.

그래서 KAIST 이광형 교수는 AI 사용에 따른 뇌의 퇴화 현상에 대해서 다음과 같은 우려를 합니다. 뇌세포는 사용할수록 발달하지만 사용하지 않으면 쇠퇴합니다. 그래서 인공지능에 맡긴 채 복잡한 일을 피하면, 인간 두뇌는 퇴화될 수밖에 없습니다. 뇌의 앞부분에 있는 전두엽은 주로 사고 작용을 많이 합니다. 그런데 생각을 안 하면 전두엽은 퇴화됩니다. 뇌의 귀 부근에는 측두엽이 있습니다. 이곳은 기억하는 곳으로 알려져 있습니다. 기억하려고 노력을 안 하면 이곳도 퇴화될 수 있습니다. 뇌의 뒤쪽에는 후두엽이란 곳이 있습니다. 이곳은 눈을 통해서 들어오는 시각 정보를 처리하는 부분입니다. 휴대폰이나 컴퓨터를 통해서 많은 영상을 보면서 살아온 사람들은 후두엽이 무척 발달해 있을 것입니다. 그래서 아래 그림과 같이 AI의 사용에 따라 전두엽, 측두엽은 퇴화되고, 후두엽만 발달한 이상한 뇌로 변할 가능성에 대해서 경고하고 있습니다.

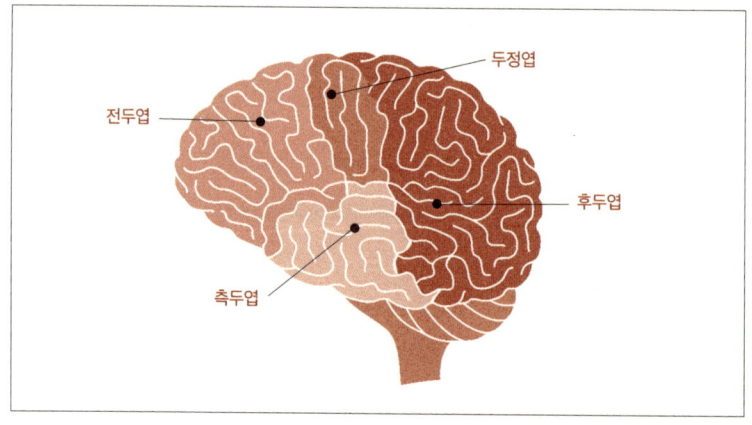

▲ 미래 인간의 뇌

AI가 너무 편리해서 우리가 덜 생각하고, 덜 배우고, 덜 노력해도

되는 시대가 되었습니다. 그래서 AI가 많은 일을 대신 해주는 만큼 사람들은 점점 덜 생각하게 되고, 결국 사고 능력이 저하될 수 있다는 문제에 직면하게 된 것입니다.

> 오늘날 인공지능(AI)의 발전 덕분에 예전에는 많은 시간과 노력이 필요했던 언어나 코딩 같은 분야를 비교적 짧은 시간 안에 배울 수 있게 되었고, 예술 분야에서도 많은 성과를 빠르게 얻을 수 있게 되었습니다. 이를 통해 우리의 지적 능력 또한 크게 향상될 수 있었습니다. 이러한 문명의 이기는 적극적으로 활용하는 것이 바람직하다고 할 수 있습니다. AI는 이제 우리를 대신해 생각하고, 놀라울 만큼 뛰어난 아이디어나 해법을 제시하여 많은 일들을 처리할 수 있게 해줍니다.
>
> 그러나 이렇게 AI에 의존하다 보면 점차 인간의 사고 능력이 줄어들 위험이 있습니다. 어느 순간이 되면, 우리가 스스로 생각한다고 느끼지만, 실제로는 AI가 안내하는 대로만 행동하는 우리 자신을 발견하게 될지도 모릅니다.

2장

인공지능(AI) 시대, 우리의 선택

1
AI를 적극적으로 사용해야 한다

앞에서 많은 문제점들을 살펴보았지만 이 때문에 우리가 AI를 사용하는 것을 주저할 필요는 없습니다. 이런 문제점을 해결해 나갈 수 있는 방법을 찾아가면서 더 적극적으로 AI를 사용해야 합니다.

그런데 AI를 잘 사용하려면 가져야 할 두 가지 핵심 역량이 필요합니다. 첫째는 깊이 있는 질문 능력입니다. 둘째는 인공지능과 바르게 커뮤니케이션 할 수 있는 능력, 즉 좋은 프롬프트를 만드는 능력이 필요합니다. 이 두 가지 역량이 부족하면 AI를 통해 좋은 결과를 얻기가 힘듭니다.

① 질문의 능력 기르기

질문은 생각의 시작이자 지식을 깊게 이해하는 열쇠입니다. 질문을 던지면 단순히 아는 것에서 벗어나 왜 그런지, 어떻게 해야 할지를 생각하게 됩니다. 예를 들어, 새로운 내용을 배울 때 질문을 던지면 그 내용을 더 잘 이해할 수 있고, 자신만의 생각으로 발전시킬 수 있습니다.

또한, 질문은 우리가 더 나은 방법을 찾게 도와줍니다. 무언가를 배우거나 경험했을 때 "이것을 더 잘하려면 어떻게 해야 할까?"라는 질문을 던지면, 점점 더 발전할 수 있습니다. 질문을 통해 우리는 현재에 만족하지 않고, 계속해서 나아가게 됩니다.

이처럼 질문은 우리의 사고를 확장하고, 지식을 자신의 일부로 만들도록 돕는 중요한 도구입니다. 질문이 없으면 배움이 깊어지기 어렵고, 현재의 상태에 머물러 있기 쉽습니다. 그래서 우리는 좋은 질문을 해야 합니다.

좋은 질문이란 우리가 얻은 지식이나 교훈을 자신의 삶에 실제로 적용하고 실천할 수 있도록 도와줍니다. 단순히 정보를 받아들이는 것에 그치지 않고, 본질적이고 의미 있는 질문을 주고 그 질문에 대해 답해보면서, 지식을 더 깊게 이해하고 내면화하는 과정입니다. 이렇게 할 때 중요한 지식이나 교훈을 스스로의 경험과 연결하고, 현실에서 사용할 수 있는 힘을 가질 수 있습니다.

특별히 소크라테스는 질문을 통해 사람들이 스스로 생각하고 진리를 찾도록 도왔습니다. 그의 질문법은 단순히 답을 알려주는 것이 아니라, 질문을 통해 답을 찾아가도록 하는 방식이었습니다. 소크라테스는 먼저 확인하는 질문을 던졌습니다. 예를 들어, "용기란 무엇이라고 생각하나요?" 같은 질문을 합니다. 상대방이 대답하면, 그 대답 속에서 모순이나 더 깊이 생각해야 할 부분을 찾아내어 다시 질문을 던졌습니다. 이렇게 계속해서 질문을 이어가면, 상대방은 자신의 생각을 더 깊이 파고들며 스스로 답을 찾아가게 됩니다. 소크라테스는 이렇게 질문을 통해 진리를 찾아가도록 도왔습니다.

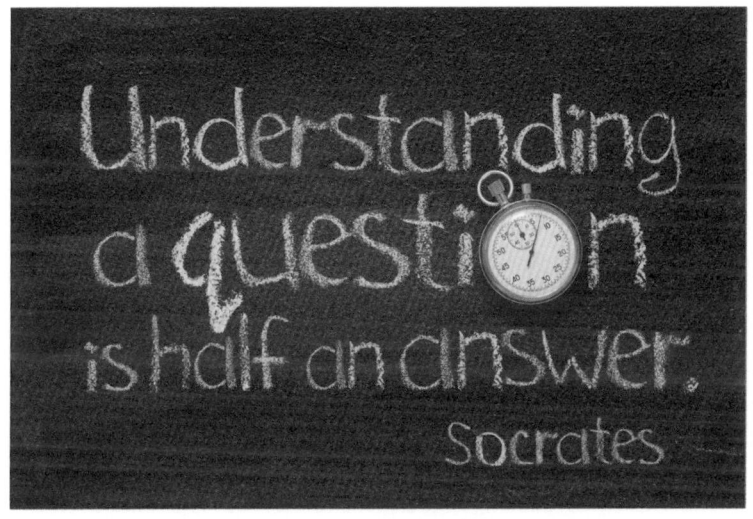

이러한 중요한 질문을 할 수 있는 힘을 우리 자신도 가지기 위해서 다음의 두 가지 방법을 사용하려고 합니다. 첫째는 인간의 본질적인 능력을 강화해서 좋은 질문을 할 수 있는 역량을 길러 주는 것입니다. 좋은 질문을 할 수 있다는 것은 AI를 잘 활용할 수 있다는 뜻입니다. 질문이 명확하고 구체적이면 AI는 더 정확한 답을 제공합니다. 반대로, 질문이 애매하거나 부족하면 AI도 원하는 답을 주기 어렵습니다.

둘째는 AI를 사용하는 과정을 통해서 질문 역량을 길러 주는 것입니다. AI는 이러한 질문 능력을 키우는 도구가 될 수 있습니다. 예를 들어, AI를 통해 어떻게 질문해야 더 나은 답을 얻을 수 있는지 연습할 수 있습니다. AI와 자주 대화를 나누면서 질문을 계속 발전시키면 더 좋은 결과를 얻을 수 있습니다. 또한 AI가 주는 답변을 분석하면 자신의 질문을 개선하는 데도 도움을 받을 수 있습니다.

결론적으로, 질문을 잘할수록 AI를 효과적으로 사용할 수 있고, AI를 활용하면서 질문 능력도 점점 더 좋아질 수 있습니다. 질문과 AI 사용 능력은 함께 발전하며 문제 해결과 창의적인 생각을 돕는 중요한 도구가 될 것입니다.

② 프롬프트 능력 기르기

컴퓨터가 세상에 처음 등장한 지 약 70년이 지났습니다. 당시에는 오직 프로그래밍 언어를 이해하고 다룰 수 있는 사람들만이 컴퓨터를 사용할 수 있었습니다. 컴퓨터 사용법은 너무 복잡했고, 이는 많은 사람들에게 큰 장벽이었습니다. 이러한 문제를 해결하기 위해 등장한 것이 바로 워드나 엑셀 같은 소프트웨어였습니다. 이 프로그램들은 프로그래밍 지식 없이도 누구나 쉽게 컴퓨터를 사용할 수 있게 만들며, 컴퓨터 사용의 대중화를 이끌었습니다.

그리고 이제, 그 당시를 뛰어넘는 혁신적인 기술이 탄생했습니다.

바로 생성형 AI입니다. 생성형 AI는 우리가 일상적으로 사용하는 자연어로 지시를 내리면, 이를 이해하고 다양한 작업을 수행할 수 있는 인공지능입니다. 글을 쓰고, 그림을 그리며, 영상을 제작하고, 심지어 음악까지 만들어내는 생성형 AI는 마치 당신 곁에 있는 똑똑한 비서와 같습니다. 무엇을 배우고 익혀야 한다는 부담 없이, 그저 당신의 말로 요청만 하면 AI가 당신의 요구를 실현해줍니다.

이 책에서는 특히 글을 생성하는 AI에 대해 다룰 것입니다. 글을 생성하는 AI를 활용하는 방법을 익히는 것은 단순히 텍스트 작업에만 국한되지 않습니다. 이를 기반으로 다른 종류의 생성형 AI, 예컨대 그림이나 영상을 만드는 AI도 더 쉽고 효과적으로 사용할 수 있게 됩니다. 그림이나 영상 제작 역시 우리가 원하는 것을 글로 설명하는 방식으로 AI에게 요청할 수 있기 때문입니다. AI를 통해 우리가 원하는 그림을 그리는 설명문을 작성하고, 그 설명을 기반으로 이미지 생성형 AI에 작업을 맡기면 됩니다.

생성형 AI와 협력하는 데 있어 가장 중요한 점은 '어떻게 요청하는가'입니다. 재미있는 사실은 생성형 AI가 매우 똑똑하면서도 동시에 단순하다는 점입니다. 이는 우리가 어떤 방식으로 지시하느냐에 따라 결과물의 수준이 크게 달라진다는 것을 의미합니다. 요청을 대충 전달하면 초등학생 수준의 간단한 답변만 돌아옵니다. 하지만 세부적으로 설명하고 명확한 요구를 전달하면, AI는 기대 이상으로 수준 높은 결과를 만들어 냅니다.

생성형 AI는 단순히 기술의 진보를 넘어, 우리가 세상을 살아가는 방식도 변화시키고 있습니다. 이 책을 통해 글을 생성하는 AI의 사용법을 익히면, 당신의 일상과 작업에 큰 변화를 가져올 도구가 생길 것입니다. AI와 함께 당신의 가능성도 새로운 혁명을 맞아하게 될 것입니다.

◉ 인공지능과의 대화를 혁신적으로 바꾸는 방법

인공지능과의 대화가 더 깊어지고, 원하는 답을 정확히 얻어내는 비밀이 있다면 어떨까요? 인공지능과의 대화에서 가장 중요한 것은 바로 질문을 구성하는 방식입니다. 단순히 질문을 던지는 것이 아니라, AI가 최고의 능력을 발휘할 수 있도록 이끄는 기술이 바로 이 공식에 담겨 있습니다.

챗GPT, 제미나이, 클로드 같은 다양한 AI는 단순한 기술 도구가 아니라, 우리의 파트너가 되어 생각을 정리하고 문제를 해결하며 창의적인 아이디어를 제시해줍니다. 프롬프트 공식은 이러한 AI와의 대화를 훨씬 더 효과적이고 자연스럽게 만들어 줄 강력한 도구입니다. AI와의 대화는 단순한 명령이나 요청을 넘어, 당신의 생각을 확장하고 가능성을 열어주는 열쇠가 될 것입니다.

◉ 인공지능과 잘 대화하기 위한 9가지 방법 요약

어떤 사람과 대화하든 상대방이 무엇을 원하는지, 어떤 정보가 필요한지 명확히 전달해야 소통이 원활해집니다. 인공지능도 마찬가지입니다. 그래서 인공지능에게 원하는 답을 얻어내는 다음 9가지 방법을 요약해서 보여드린 후 자세히 설명해 드리겠습니다.

① 목적과 전제부터 분명하게 시작

무엇을 위해 대화하는지, 왜 이 작업이 필요한지 명확히 밝히는 것은 대화의 출발점입니다. 예컨대, "나는 블로그 제목을 만들고 싶다. 이 블로그는 독자를 끌어들이는 데 초점을 맞추고 있다."라는 식으로 목적과 맥락을 알려주는 것입니다. 이처럼 목적을 설정하면 AI도 더 정교하게 반응합니다.

② 독자를 정의

이 작업의 결과물이 누구를 겨냥하고 있는지 구체적으로 설명하면 인공지능의 답변도 보다 정교해집니다. 예를 들어 "20대 직장 초년생" 또는 "아이를 키우는 30대 부모"처럼 대상 프로필을 명확히 전달하십시오.

③ 필요한 정보를 선제적으로 제공

AI는 당신의 머릿속을 읽을 수 없기에, 필요한 모든 정보를 먼저 알려주는 것이 중요합니다. 필요한 데이터, 관련 사실, 맥락 등을 제공하면 원하는 답변을 받을 가능성이 높아집니다.

④ 동사와 명사를 명확히 구분

"분석해 주세요."와 "비교해 주세요."는 서로 다른 요청입니다. 동사를 정확히 선택하면 AI도 더 정확히 이해합니다. 또, 핵심 명사를 제대로 설정하면 답변의 초점이 흐려지지 않습니다.

⑤ 원하는 감각과 스타일을 묘사

어떤 분위기나 느낌을 원하는지 명확히 전달하십시오. 예컨대 "따뜻하고 공감 어린 어조로" 또는 "전문적이고 간결하게"라고 요청하면 AI의 답변이 그 방향성을 따릅니다.

⑥ 결과물을 구체적으로 상상
결과물이 어떤 형태이기를 바라는지 말해주십시오. 리스트, 단락, 표, 요약 등 원하는 출력 형식을 지정하면 원하는 결과를 얻기 쉬워집니다.

⑦ 참고 예시를 제공
특정한 포맷이나 스타일이 있다면 예시를 함께 제공하십시오. "이런 방식으로 답변해 달라"는 구체적인 요청이 AI의 성능을 더욱 끌어올립니다.

⑧ 말투와 문체를 선택
당신이 원하는 대화의 톤은 무엇인가요? "친근하고 밝은" 또는 "신뢰감을 주는 전문적 어조"처럼 원하는 문체를 정해보십시오.

⑨ 마지막으로 디테일을 보강
추가로 필요한 정보나 세부 지침이 있다면 요청하십시오. "이 답변에 예시를 추가해 주세요."처럼 명확히 말할수록 더 원하는 답을 받을 수 있습니다.

이 9가지 원칙은 단순한 기술적 요령이 아니라, 대화라는 예술을 더 섬세하게 만드는 비결입니다. AI와의 대화는 단순한 도구 사용이 아니라 상호작용입니다. 이 원칙들을 활용해 보십시오. 당신의 질문에 맞춘 가장 정확하고 유익한 답을 받을 수 있을 것입니다.

◉ **인공지능과 잘 대화하기 위한 9가지 방법 재구성**

앞에 요약된 박스 항목을 좀 더 자세히 풀어보겠습니다.

1 목적과 전제부터 분명하게 시작

AI를 효과적으로 활용하기 위한 프롬프트 작성법은 마치 잘 조율된 악기처럼, 정확성과 방향성이 조화를 이룰 때 비로소 빛을 발합니다. 이제, AI의 성과를 극대화하는 데 중요한 네 가지 핵심 요소를 심리학적 관점에서 재구성해 보겠습니다.

❶ 명확한 제목으로 방향을 설정

프롬프트의 제목은 AI의 이해력과 문맥 해석 능력을 좌우하는 출발점입니다. 모호한 제목은 흐릿한 목표처럼 AI를 혼란스럽게 만들지만, 명확한 제목은 선명한 나침반처럼 방향을 제시합니다. "편지 작성"이라는 제목은 단순히 하나의 과제처럼 들릴 뿐이지만, "아내에게 감사 편지 쓰기"라는 제목은 대상과 감정을 구체화해 AI가 보다 진심 어린 결과물을 만들어내도록 이끕니다.

이 과정은 마치 독자에게 미로에서 빠져나올 지도를 건네는 것과 같습니다. AI가 적합한 답변을 생성하기 위해서는 이런 선명함이 필수입니다.

❷ 사용자 배경의 구체화로 공감대를 형성

프롬프트를 작성할 때, 사용자(의뢰자)의 조건을 명확히 정의하는 것은 감정을 전달하는 데 있어 필수적인 요소입니다. 예를 들어 "남편"이라는 단어만으로는 대상이 가진 감정이나 의도를 파악하기 어렵습니다. 반면, "감사의 마음을 전하고 싶은 남편"이라는 표현은 대상의 욕구와 상황을 생생하게 그려냅니다.

AI는 단순히 기계적 답변을 제공하는 도구가 아닙니다. 이를 활용하는 사람의 배경과 의도를 세밀하게 이해할수록, AI는 보다 맞춤화된 결과를 도출할 수 있습니다.

❸ 작성자 조건의 정의로 문체와 어조를 조율

작성자의 능력과 제약을 명확히 하는 것은 프롬프트 설계에서 중요한 부분입니다. "감정을 담아 글을 작성할 수 있는 사람"이라는 구체적인 조건은 AI에게 마치 작곡가가 연주자의 능력을 고려해 악보를 작성하는 것과 같은 역할을 합니다. 모호한 조건은 AI에게 필요한 표현 방식이나 어조를 혼란스럽게 만들 수 있지만, 구체적으로 정의된 조건은 AI가 최적화된 결과물을 제공하는 데 도움을 줍니다.

❹ 목표 설정으로 AI의 성과를 끌어올림

마지막으로, 프롬프트의 목적과 목표를 분명히 하는 것은 AI가 제공하는 답변의 품질과 관련성을 극대화하는 데 있어 핵심입니다. "편지 작성"이라는 단순한 목적은 방향성을 제공하지 못하지만, "진심어린 감사를 전달하는 편지 작성"이라는 구체적인 목표는 AI가 감정의 진정성과 전달 방식을 명확히 이해하고 이를 반영하도록 유도합니다.

목표 설정은 마치 출발점에서 목적지까지의 경로를 그리는 것과 같습니다. 구체적이고 현실적인 목표가 설정될수록 AI는 이를 기준으로 고도로 집중된 답변을 생성할 수 있습니다.

이러한 네 가지 요소를 고려하여 프롬프트를 작성한다면, AI는 단순히 정보를 생성하는 도구를 넘어 진정으로 원하는 가치를 전달하는 파트너로 자리잡게 될 것입니다. AI와의 대화는 단순한 기술의 활용이 아니라, 창의적 가능성을 열어가는 문이 되어야 합니다.

2 독자를 정의

글을 쓸 때 가장 중요한 출발점은 바로 누구를 위해 쓰는가를 깊이 이해하는 것입니다. 독자의 상황, 성격, 그리고 필요를 구체적으로 파악할수록, 인공지능은 더 진정성 있고 맞춤화된 글을 생성할 수 있습니다.

❶ 독자의 삶을 이해하면 더 깊은 공감을 이끌 수 있다

예를 들어, 48세의 조용한 성격을 가진 전업주부를 대상으로 글을 작성한다고 가정해 봅시다. 그 사람이 겪을 수 있는 일상적인 고민, 성취감, 혹은 감사의 순간을 염두에 둔다면, 독자에게 더 깊이 와닿는 메시지를 전달할 수 있습니다. 단순히 "감사 인사 쓰기"라는 요청이 아니라, "가족을 위해 헌신하며 매일 작지만 소중한 기쁨을 만들어 가는 당신께 따뜻한 감사를 전하는 편지"라면, 독자의 마음을 움직이는 글이 될 가능성이 훨씬 높습니다.

❷ 구체적 정보는 AI를 더 강력하게 만든다

독자에 대한 정보가 부족하다면, 인공지능은 단편적인 데이터를 바탕으로만 글을 생성할 수 있습니다. 이는 마치 퍼즐의 일부 조각만 보고 전체 그림을 그리려는 것과 같습니다. 그러나 독자의 나이, 성별, 직업, 성격 등 구체적인 정보를 제공하면, AI는 그 데이터를 바탕으로 독자의 상황에 적합한 어조와 내용을 선택하게 됩니다. 예를 들어, 전업주부라는 정보를 알게 되면, AI는 가족 간의 따뜻한 유대감, 집안일의 가치, 혹은 자신을 돌보는 시간의 중요성을 강조하는 글을 작성할 수 있습니다. 이처럼 독자의 맥락과 감정을 중심으로 글을 작성하면, AI가 단순히 문장을 나열하는 도구가 아니라 진정한 감정 전달자가 될 수 있습니다.

독자의 상황을 이해하고 이를 AI에게 명확히 전달하는 과정은 마치 편지를 읽을 사람의 눈높이에 맞추어 글을 쓰는 것과 같습니다. 이는 단지 효과적인 글쓰기의 기술을 넘어, 상대의 삶과 감정을 존중하고 깊이 연결되는 순간을 만들어내는 과정입니다.

❸ 필요한 정보를 선제적으로 제공

인공지능을 통해 글을 작성할 때, 핵심은 자세하고 생생한 정보 제공에 있습니다. 단순한 요청만으로도 기본적인 답변은 받을 수 있지만, 진정성 있고 감동적인 글을 원한다면 구체적인 이야기를 들려주는 것이 필수적입니다.

예를 들어, 아내에게 감사 편지를 쓰고 싶다고 할 때, "편지를 써주세요."라는 단순한 요청만으로는 AI가 두 사람의 관계를 충분히 이해하기 어렵습니다. 하지만 처음 만났던 순간의 설렘, 함께한 특별한 여행, 또는 그녀가 보여준 작은 배려와 사랑의 순간들을 자세히 알려준다면 어떨까요? 이런 정보는 단순한 단어를 넘어, 당신의 마음을 진심으로 표현하는 메시지로 변화합니다. 그녀가 해줬던 특별한 행동이나 말, 그리고 당신에게 준 소중한 가치를 구체적으로 설명하면, AI는 그 기억을 기반으로 진정성이 깃든 편지를 완성해 갑니다. 이런 편지는 받는 사람이 편지를 보낸 사람과 함께한 시간을 떠올리며 깊은 감동을 불러일으킬 수 있습니다.

인공지능이 당신을 대신해 글을 쓰는 도구가 아니라 당신의 이야기를 담아내는 창의적 파트너가 되게 해야 합니다. 세부적인 기억과 감정을 공유하는 것은 단지 정보를 제공하는 것이 아니라, 당신의 마음과 독자의 마음을 이어주는 다리를 놓는 일입니다. 그 다리가 얼마나 단단한지는 당신이 들려주는 이야기에 달려 있습니다. AI는 당신의 추억과 감정을 정교하게 엮어, 단순한 문장을 넘어 당신만의 특별한 메시지를 만들어냅니다.

4 명사와 동사를 명확히 구분

인공지능에게 어떤 일을 부탁할 때, 명확하고 구체적인 언어는 성공적인 결과를 이끄는 열쇠입니다. 우리의 말속에 담긴 명사와 동사는 AI가 무엇을 해야 하고 어떻게 해야 할지를 이해하는 데 중요한 단서가 됩니다.

❶ 명사와 동사가 만드는 명확한 지시

예를 들어, '편지'라는 명사는 AI에게 '무엇'을 해야 하는지 알려줍니다. 여기에 '쓰다'라는 동사가 더해지면, AI는 '어떻게' 행동해야 할지를 알게 됩니다. 이렇게 간단한 조합만으로도 원하는 작업을 명확히 전달할 수 있습니다. 그러나 "편지를 작성해 주세요."라는 요청만으로는 그 편지가 어떤 내용이어야 하고, 어떤 대상에게 향해야 하는지를 알기 어렵습니다.

AI는 막연한 지시보다 구체적인 정보를 바탕으로 더 정교한 결과를 제공합니다. 예를 들어, "친구에게 생일 축하 편지를 써주세요."라고 말하는 대신, "오랜만에 만난 대학 동창에게, 그동안의 안부와 생일 축하를 담은 따뜻한 편지를 써주세요."라고 부탁하면 AI는 더 풍부하고 감동적인 글을 생성할 수 있습니다.

모호한 지시는 AI에게 혼란을 주어 기대에 미치지 못하는 결과를 낳을 수 있습니다. 이는 우리가 사람과 대화할 때도 비슷한 결과를 경험하게 되는 것과 같습니다. 반대로 명확하고 구체적인 언어를 사용할 때, AI는 정확히 우리가 기대하는 방식으로 작동하며 우리의 요청에 충실히 응답할 수 있습니다.

❷ 의도를 정확히 전달하는 습관

AI는 당신의 언어에 민감하게 반응하는 도구입니다. 명확한 명사와 동사를 사용하면, AI는 당신의 요청을 이해하고 기대에 부응할 수 있는 최적의 답변을 제공합니다. 이는 마치 전문가에게 작업을 의뢰할 때, 명확한 요구사항을 전달함으로써 최상의 결과를 얻는 과정과도 같습니다.

AI는 당신의 언어를 통해 세부적인 맥락을 파악하고, 단순한 지시를 특별한 결과물로 변환할 준비가 되어 있습니다. 그러니 당신의 의도를 더 분명히, 더 구체적으로 말하십시오. 그 언어 속에 당신이 원하는 결과의 씨앗이 숨어 있습니다.

5 형용사로 원하는 감각과 스타일을 묘사

인공지능과 소통할 때 꾸며주는 말의 힘은 우리의 의도를 섬세하게 전달하는 데 중요한 역할을 합니다. 이 작은 언어적 디테일이 메시지의 분위기를 결정하고, 감정을 풍부하게 만들어 상대에게 더 깊이 다가갈 수 있도록 돕습니다.

❶ 분위기를 만드는 언어의 디테일

아내에게 감사 편지를 부탁한다고 가정해 봅시다. 단순히 "아내에게 감사의 마음을 전하는 편지를 작성해 주세요."라고 말한다면, AI는 그 감사의 깊이나 분위기를 정확히 이해하지 못할 수 있습니다. 하지만 "아내에게 따뜻한 감사의 마음을 전하는 편지를 작성해 주세요."

라고 표현하면, 메시지는 한결 부드럽고 감정적으로 다가옵니다. 여기서 '따뜻한'이라는 꾸며주는 말은 AI가 글의 톤과 분위기를 잡는 데 중요한 단서가 됩니다.

이렇게 꾸며주는 말을 활용하면, 단순한 요청도 더 풍성하게 전달됩니다. "아내에게 감사의 마음을 전해 주세요."를 "아내에게 잊을 수 없을 만큼의 감사의 마음을 전해 주세요."라고 말하면, AI는 단순한 감사 이상의 감정을 담아 더 진심 어린 메시지를 만들어낼 수 있습니다.

❷ 구체적인 감정이 공감을 이끌어낸다

우리의 의도를 더 잘 표현하고 싶다면, AI에게 필요한 감정의 톤과 메시지의 방향을 꾸며주는 말로 상세히 설명하는 것이 중요합니다. '따뜻한', '진심 어린', '잊지 못할' 같은 단어는 AI에게 원하는 분위기를 명확히 알려줍니다. 이는 AI가 글을 작성하는 데 있어 마치 음악에서의 조율된 음처럼, 감정을 정확히 전달할 수 있는 기반이 됩니다.

꾸며주는 말은 단순한 장식이 아니라 우리의 이야기에 생명을 불어넣는 역할을 합니다. AI는 우리가 제공하는 단어 속에서 메시지의 톤과 감정을 해석하고, 이를 바탕으로 더 감동적이고 설득력 있는 글을 만들어냅니다.

인공지능을 통해 단순한 글 이상의 메시지를 전하고 싶다면 당신의 마음을 꾸며주는 말로 더 구체적이고 풍부하게 표현해 보세요. 그

디테일 속에 진정성이 깃들어, 받는 사람의 마음에 더 깊이 울림을 줄 것입니다.

6 결과물을 구체적으로 상상

AI를 통해 원하는 결과를 얻으려면, 출력 형식을 명확히 지정하는 것이 중요합니다. 형식과 구조를 세세하게 알려줄수록 AI는 우리의 요구를 정확히 이해하고 이에 맞춘 답변을 제공합니다. 이를 심리적으로 접근하면, 명확한 지침은 AI와의 소통을 원활하게 만들고, 우리의 기대에 부합하는 결과를 더 쉽게 얻을 수 있습니다.

❶ 형식 지정의 중요성: 모호함에서 명확함으로

단순히 "아내에게 감사의 마음을 전해 주세요."라고 요청하면, AI는 시, 이야기, 일반 문장 등 다양한 형식으로 답할 수 있습니다. 이처럼 형식이 불분명하면, 결과물이 우리의 기대와 다를 수 있습니다. 하지만 "아내에게 감사의 마음을 전하는 편지를 작성해 주세요."라고 명확히 형식을 지정하면, AI는 편지라는 틀 안에서 답변을 생성합니다. 이는 마치 어떤 옷을 입을지 명확히 알려주는 것처럼, AI가 구체적인 지침에 따라 행동하도록 만드는 과정입니다.

더 구체적인 요청은 결과물의 품질을 한 단계 끌어올립니다. 예를 들어, "아내에게 감사의 마음을 전하는 편지를 작성해 주세요. 편지 구성은 시작 인사, 감사의 마음, 구체적인 에피소드, 앞으로의 기대, 마무리 순서로 작성해 주세요."라고 요청하면, AI는 논리적이고 구조화된 편지를 제공합니다. 여기에 시작과 끝맺음까지 세밀히 지시한다면, 편지의 완성도는 더욱 높아질 것입니다. 예를 들어, "편지는 '사랑하는 〈아내의 이름〉'으로 시작하고, '사랑을 담아 〈남편의 이름〉'으로 마무리해 주세요."라는 요청은, 글의 첫인상과 마지막 울림까지 세심히 설계할 수 있도록 돕습니다.

❷ 글의 모양새를 디자인

형식뿐만 아니라 글의 시각적 모양새 역시 중요합니다. "아내에게 감사의 마음을 전해 주세요."라는 단순 요청은, AI가 글의 레이아웃을 임의로 설정하게 만들어 읽기 불편한 결과를 초래할 수 있습니다. 반대로 "편지 레이아웃은 각 단락의 시작에 빈 줄을 추가하여 읽기 쉽게 만들어 주세요."라고 요청하면, 시각적으로도 깔끔하고 읽기 쉬운 글을 받을 수 있습니다. 이런 세세한 지시는 독자가 글을 더 편안하게 접할 수 있는 환경을 만들어 줍니다.

이렇게 형식과 구조, 모양새를 세세히 정하는 것은 단순한 디테일의 문제가 아닙니다. 이는 메시지를 더 효과적으로 전달하고, 독자에게 감동과 공감을 불러일으킬 수 있는 방법입니다. 중요한 내용을 전달할 때, 이러한 명확한 지침은 글의 설득력과 메시지의 감정적 울림을 극대화합니다.

이때 AI는 사용자의 요구를 충실히 따르며, 주어진 정보 속에서 최선을 다합니다. 원하는 결과를 얻으려면 당신의 의도와 기대를 형식과 구조, 모양새를 통해 구체적으로 전달하세요. 그렇게 할 때 AI는 단순한 도구를 넘어 당신의 메시지를 가장 효과적으로 실현하는 협력자가 될 것입니다.

7 참고 예시를 제공

AI를 통해 최상의 결과를 얻으려면, 참고 형식을 제공하는 것이 필수적입니다. 구체적이고 명확한 형식은 AI가 우리의 요청을 정확히 이해하고 그에 맞는 답변을 생성하는 데 중요한 역할을 합니다.

❶ 참고 형식의 힘: 모호함을 제거하고 명확성을 더하다

더 정교한 요청은 결과물의 품질을 한 단계 향상시킵니다. 예를 들어, "아내에게 감사의 마음을 전하는 편지를 작성해 주세요. 편지 구성은 시작 인사, 감사의 마음, 구체적인 에피소드, 앞으로의 기대, 마무리 순서로 작성해 주세요."라는 요청은 AI가 체계적이고 감동적인 편지를 작성하는 데 도움을 줍니다. 이런 세부 지시는 메시지의 흐름을 자연스럽게 만들고, 독자의 공감을 끌어내는 데 큰 역할을 합니다.

AI는 제공된 정보를 토대로 최적의 답변을 생성합니다. 따라서 우리가 원하는 결과를 얻으려면, 의도와 기대를 구체적이고 체계적으로 전달하는 것이 중요합니다. AI와의 협력을 통해 당신의 메시지를 가장 효과적으로 실현하는 과정은 곧 당신의 이야기를 더 깊이 전달하는 길이 될 것입니다.

8 문체와 말투의 선택

AI에게 글을 요청할 때 문체와 말투를 지정하는 것은 결과물의 분위기와 감동을 결정짓는 중요한 요소입니다. 원하는 스타일을 명확히 설정하면, AI는 우리의 의도와 어울리는 톤으로 글을 작성하며, 독자에게 더 깊은 공감을 불러일으킬 수 있습니다.

단순히 "아내에게 감사하다고 전해 주세요."라고 요청하면, AI는 딱딱한 형식, 부드러운 어조, 혹은 시적인 표현 중 하나를 선택할 가능성이 큽니다. 이는 때로는 우리의 기대와 어긋날 수도 있습니다. 하지만 "편지를 친근하고 장난기 있는 톤으로 써주세요."라고 요청하면, AI는 우리가 원하는 감정과 분위기를 담아 글을 작성합니다.

이렇게 스타일을 명확히 지정하는 것은 마치 대화를 나눌 때, 어떤 어조로 말해야 할지 미리 정해주는 것과 같습니다. 우리의 기대를 AI에게 구체적으로 전달할수록, 원하는 결과를 더 정확히 얻을 수 있습니다.

반면, 말투를 정하지 않으면 AI는 무뚝뚝하거나 지나치게 격식 있는 방식으로 답할 수도 있습니다. 이는 우리가 원하던 분위기와는 전혀 다른 결과를 낳을 가능성을 높입니다. 따라서 '편한 말투' 혹은 '장난기 있는 표현'처럼 원하는 톤을 정해주는 것이 중요합니다.

❶ 문체와 말투로 글의 매력을 극대화

AI는 스타일과 말투라는 두 가지 축을 기반으로 독특한 결과물을 만들어냅니다. 우리가 원하는 문체와 말투를 구체적으로 설정하면

AI는 우리의 감정을 글에 담아내어 독자에게 더 진실되고 매력적인 메시지를 전달합니다.

예를 들어, '친근하고 가벼운 말투'로 작성된 편지는 편안하고 접근하기 쉬운 느낌을 줍니다. 반면, '진지하고 따뜻한 말투'는 깊은 감동과 공감을 불러일으킬 수 있습니다. 이러한 문체와 말투의 조합은 글의 분위기와 감정 전달력을 크게 좌우합니다.

문체와 말투는 단순히 글의 외형적인 요소가 아니라 글의 감동과 설득력을 완성하는 디테일입니다. AI에게 구체적으로 요청하는 것은 단순한 요청에서 벗어나 메시지를 더욱 섬세하고 효과적으로 만드는 과정입니다. AI는 우리의 지시에 충실하며, 원하는 문체와 말투로 글을 완성해 냅니다.

9 마지막으로 디테일을 보강

AI와 대화할 때 추가 지시는 우리가 원하는 답변을 정확히 얻기 위해 반드시 필요한 과정입니다. 추가 지시는 사용자의 의도를 더 명확히 전달할 수 있는 방법으로, AI가 단순히 표면적인 요청만 이해하는 것을 넘어 그 맥락과 세부 사항을 깊이 파악할 수 있도록 돕습니다. 이를 통해 AI는 더욱 적합하고 목적에 부합하는 답변을 제공합니다.

❶ 효과적인 추가 지시의 활용 방법

추가 지시는 AI가 초기 답변에서 부족했던 부분을 보완하거나, 잘못된 방향으로 진행된 대화를 다시 올바르게 조정하는 데 중요한 역할을 합니다. 만약 초기 답변이 충분하지 않다면 더 구체적인 내용을 요청할 수 있습니다. 예를 들어, "더 자세히 설명해 주세요."라는 요청은 AI가 세부 정보를 추가하여 답변의 깊이를 더하도록 유도합니다. 또한 질문 의도를 AI가 잘못 이해했을 경우, "내가 궁금한 건 이와 다른 내용입니다."라는 설명을 통해 원하는 방향으로 대화를 수정할 수 있습니다.

설명이 부족할 때는 구체적인 예시를 요청함으로써 내용을 풍부하게 만들 수 있습니다. 복잡한 개념은 표나 그림으로 나타내달라고 요청하면 시각적으로 더 쉽게 이해할 수 있는 설명을 받을 수 있습니다. 다른 시각이나 관점이 필요한 경우에는 요청을 통해 새롭고 다양한 접근법을 제시받을 수도 있습니다.

AI와의 대화를 효과적으로 이어가기 위해서는 어조와 난이도를 상황에 맞게 조정할 필요가 있습니다. 친근한 대화를 원한다면 "더 친근한 말투로 설명해 주세요."라고 요청할 수 있습니다. 반면, 학습 초보자나 처음 개념을 배우는 사람이라면 "처음 배우는 사람도 이해할 수 있게 설명해 주세요."라고 말해 적절한 난이도로 대화를 이어갈 수 있습니다. 어려운 단어나 복잡한 문장이 많을 경우에는 "쉬운 말로 바꿔 주세요."라고 요청하여 가독성과 이해도를 높일 수 있습니다.

내용이 너무 많아 정리하기 어렵다면 AI에게 중요한 포인트만 요약해달라고 요청할 수 있습니다. 예를 들어 "중요한 세 가지만 알려주세요."라고 하면 필요한 핵심 정보만 전달받을 수 있습니다. 또한 실제 행동에 옮길 수 있는 구체적인 지침이 필요하다면 "단계별로 어떻게 하면 되는지 알려주세요."라고 요청함으로써 명확하고 실행 가능한 도움을 받을 수 있습니다.

❷ AI와의 대화를 더욱 의미 있는 시간으로

추가 지시는 단순한 질문과 답변의 관계를 넘어, AI와 협력하여 깊이 있는 대화를 이끌어가는 중요한 방법입니다. 사용자가 구체적이고 명확한 지침을 제공할수록 AI는 이에 부응하는 더 나은 답변을 제공할 수 있습니다. 이러한 과정은 대화의 품질을 높이고, 사용자의 기대를 뛰어넘는 결과를 만들어내는 데 기여합니다.

2
인간력을 강화해야 한다

① 인간력 강화를 위한 5차원 교육

우리는 인공지능의 발전으로 기계가 인간의 능력을 넘어서는 특이점(Singularity)을 맞이했습니다. 이런 시대를 살아가기 위해서는 인간 본연의 능력을 발전시켜야 합니다. 그런데 5차원 교육은 인간의 인격이 발전할 수 있도록 도울 수 있습니다. 그러면 인격을 향상시키는 5차원 교육의 원리를 설명 드리겠습니다.

◉ 어려움을 이길 수 있는 힘이 있어야 인생은 승리할 수 있어

어려움을 이기기 위해서는 자신의 달란트를 최대한 발휘할 수 있어야 합니다.

자신에게 주어진 능력을 최대로 키워 본 사람만이 어려움을 이길 수 있는 힘이 있습니다. 자신의 능력을 최대한 발휘해 본 사람은 자기 자신에 대한 자존감이 있습니다. 이 자존감은 우월감이나 자만심 등과는 다릅니다. 스스로의 존재에 대한 자긍심입니다. 또한 자기의 능력을 향상시켜 본 경험을 통해 현실에서 주어진 어려운 조건이나 환경을 이겨낼 자신감입니다.

그리고 우리 사회에는 간혹 다른 사람의 시선을 너무 의식해서 진정으로 자신이 원하는 삶을 살지 못하는 사람들도 있습니다. 그러나 자신의 능력을 최대로 발휘해 본 사람은 다른 사람의 시선이나 평가에 크게 의존하지 않습니다. 자신의 삶을 가치 있게 생각하고, 또한 자기자신을 사랑하는 사람들은 다른 사람들의 시선에 얽매이지 않고 소신 있게 자신의 일을 해 나갈 수 있습니다. 인생을 실패하지 않고 승리하며 성공하는 방법은 남을 이기는 데 있는 것이 아니라 나를 이기는 데 있는 것입니다.[1]

⦿ 자신의 달란트를 최대로 발휘하려면 수용성을 길러야

사람들에게 공부를 잘 가르쳐 준다고 해서, 배운 모두가 공부를 잘할 수 있는 것이 아닙니다. 아무리 좋은 것을 주어도, 그것을 받아들일 수 있는 수용성을 가졌을 때만 잘할 수 있는 것입니다. 그러므로 가르침(Teaching)과 배움(Learning) 사이에는 간극(間隙)이 있는 것입니다.

---

1 참고문헌. 『5차원 전면교육』

이를 극복하기 위해서는 왜 사람들이 잘 받아들일 수 없는가 하는 원인을 알아야 하고, 그리고 그들에게 이를 해결할 능력을 주어야만 합니다. 받아들일 수 있는 능력인 수용성(Receptive ability)을 바꾸어 주어야만, 교육의 열매(Fruit)를 근본적으로 만들어 낼 수 있는 것입니다.

$$F(열매) = T(가르침) * L(배움) * R(수용성)$$

밭에 좋은 씨앗을 뿌리면 좋은 열매를 맺는 것이 당연합니다. 그런데 농부가 어떤 밭에 좋은 씨를 뿌렸는데 좋은 열매를 맺지 못했습니다. 그 이유는 돌도 많고 잡초가 무성한 좋지 못한 밭이기 때문입니다. 그 농부가 좋은 열매를 맺기 위해서는 그 밭에 씨를 더 많이 뿌린다고 좋은 열매를 맺을 수는 없습니다. 그 농부는 우선 밭을 잘 개간하여 좋은 밭으로 가꾼 후에 씨를 뿌려야만 합니다.

인간의 교육도 마찬가지입니다. 인간을 변화시키기 위해서는 좋은 씨앗을 뿌리듯이 좋은 가르침을 주는 것도 중요합니다. 하지만 이에 못지않게 중요한 것은, 이 가르침이 좋은 열매를 맺을 수 있도록 가르침을 가로막는 장애물들을 제거해야 합니다. 그래서 우리는 배움의 밭을 먼저 가꾸는 교육을 해야만 합니다.

● **수용성을 가로막는 5가지 장애물**

그간 교육의 현장을 통해 가르침을 가로막는 5가지의 근본적 요인이 마음(Heart), 지혜(Understanding), 몸의 힘(Strength), 자신을 관리할 수 있는 힘(Self-management), 그리고 인간관계(Relationships)임을 알게 되었습니다. 이 다섯 가지 요소를 전면적으로 훈련할 수 있는 교육을 통해 전인적인 힘을 가지게 된 사람이 자신과 이 시대를 변화시킬 수 있는 것입니다.

첫째, 지성의 틀 때문입니다. 인간은 각자가 가진 가치관과 세계관에 의해 전달되는 지식이 왜곡되기도 합니다. 아들이 군대를 가면 그 부모의 눈에는 길에서 이전에 잘 보이지 않던 군인들이 잘 보입니다. 그런데 아들이 제대를 하고 나서는 그렇게 많이 보이던 군인들이 별로 눈에 띄지 않게 됩니다. 학교에서 선생님께 똑같은 수업을 듣더라도 어떤 학생은 시험에 나오는 중요한 것이 귀에 들리는데, 어떤 학생은 시험에 나오지 않는 중요하지 않은 것이나 선생님이 농담한 것만 들립니다. 이와 같이 각자의 세계관이나 가치관에 따라 왜곡되어 있는 지성의 틀을 회복시키지 않는 한, 인간은 전달되는 지식을 바르게 수용할 수 없으며, 받아들인 지식에서 참과 거짓을 구별하기가 어렵습니다.

둘째, 인간 내면에 존재하는 마음의 틀 때문입니다. 어떤 일에 부딪혔을 때 미리 마음으로 포기하고 부정적으로 보기 시작하면 그것을 바르게 직면하는 것이 어려워집니다. 마음으로 포기한 학생은 공부를 잘하기도 어렵습니다. 그리고 이렇게 마음으로 포기하면, 뇌에 있는 변연계가 우리가 지식을 받아들이지 못하도록 만듭니다. 더구나 이런 사람들은 지식을 받아들인다 하더라도 내면화시킬 능력이 없어서, 배운 지식이 바른 가치관이나 세계관을 구축하는 것으로 연결되지 않습니다.

　셋째, 몸의 틀 때문입니다. 사람들을 유심히 살펴보면 바른 자세를 갖지 못한 사람들이 생각보다 많습니다. 사람들이 두 개의 저울에 한 발씩 올려놓게 하여 몸무게를 측정하면, 몸이 뒤틀려 있는 사람의 경우 좌측 발에서의 몸무게와 우측 발에서의 몸무게가 서로 다르게 나옵니다. 그런데 이들의 뇌파를 검사해보면 좌뇌와 우뇌의 뇌파의 균형이 깨어져 있습니다. 뒤틀린 몸이 뇌파에 영향을 미치고, 지적 능력에도 악영향을 미칩니다. 최근 신문 기사에 따르면 한국의 학생들이 공부만 하면서 운동을 하지 못하다 보니 자세가 나빠져서 건강에 많은 문제들이 생긴다고 합니다. 이런 건강 상태에서는 공부를 해도 효율이 떨어집니다.

　넷째, 자기 관리 능력의 틀 때문입니다. 아무리 많은 계획을 세우고 목표를 설정한다고 해도, 자신을 통제하지 못해 실행에 옮기지 못하는 사람들이 많습니다. 이는 현실성 없는 계획을 세웠기 때문일 수도 있겠지만, 대부분 내가 가진 시간, 물질, 적성 등의 에너지를 바르게 분포시킬 수 있는 자기 통제력이 없기 때문입니다. 이러한 자기 통제력의 결여는 결국 수용성을 크게 떨어뜨립니다.

　다섯째, 인간관계의 틀도 수용성을 저하시키는 요인입니다. 인간은 자기가 신뢰하고 사랑하는 사람이 하는 충고는 잘 받아들이고, 이를 통해 자신을 변화시킬 수 있습니다. 하지만 자신이 미워하고 신뢰하지 않는 사람이라면, 그가 아무리 훌륭하고 좋은 이야기를 한다 해도 미워하는 마음 때문에 받아들여지지 않습니다. 삶을 살아가면서 어쩔 수 없이 생기는 사람들 사이의 갈등, 불신, 그리고 미움을 어떻게 해결할 수 있느냐가 한 사람의 수용성을 좌우합니다. 그러므로 건강한 수용성을 갖기 위해서는, 타인을 수용하고 남과의 관계를 잘 만들어 갈 수 있는 인간관계 능력이 절대적으로 필요합니다.

⦿ 수용성을 기르기 위해서는 전인격성의 5가지 요소를 회복해야

지력, 심력, 체력, 자기 관리 능력, 인간관계 능력을 발전시켜야 합니다. 이렇게 할 때 인간의 수용성이 커지고, 미래시대를 성공적으로 살아갈 수 있는 능력을 가질 수 있습니다. 왜냐하면 이를 통해 미래의 핵심역량인 자가 학습 능력, 창조적 문제해결 능력, 소통 기반 협업 능력을 가질 수 있기 때문입니다.

그런데 이 5가지 요소가 인간의 인격을 구성하고 있는 5가지 요소와 동일합니다. 즉 수용성을 기르기 위해서는 전인격적인 5가지 요소가 회복되어야 하며, 이와 같이 인격의 변화가 일어났을 때 자신의 달란트를 최대화할 수 있는 것입니다. 이 같은 본질적 5가지의 인간의 속성을 회복시킬 때 인간에게 변화가 가능한 것입니다. 지금까지 교육을 통해 변화를 잘 일으키지 못한 이유는 이와 같은 본질을 건드린 것이 아니라 비본질을 다루었기 때문입니다.

⦿ 구체적 커리큘럼의 중요성

우리의 교육이 지적인 면에만 치중하지 말고 인간의 다섯 가지 요소들을 전반적으로 키워 진리 안에서 개개인들이 갖고 있는 달란트

(Talent)를 최대한으로 계발시키고 발휘할 수 있도록 도와주어야 합니다. 그리고 이 능력을 바탕으로 이웃을 사랑하고 봉사할 수 있는 일꾼들로 길러야 합니다.

    교육이 좋은 결과를 얻기 위해서는 그것을 실천할 수 있는 구체적인 방법들이 있어야 합니다. 예를 들면 학교에서 급훈이나 교훈 같은 것들로 정직, 성실, 사랑 등 추상적인 개념들을 만들어 놓는다 하더라도 그것을 만들어 놓은 것으로는 큰 소용이 없습니다. '정직'이라는 교훈이 있으면 학생들의 교과 프로그램 중에 정직하게 할 수 있는 요소들이 들어가 있어야만 합니다. 그렇지 않고 그냥 "정직하게 살아라." 한다고 아이들이 정직하게 되는 것은 아닙니다.

    전인적인 교육이 아무리 중요하고 필요한 것이라고 외쳐도 그것을 실천할 수 있는 프로그램이 없으면 소용이 없습니다. 그래서 5차원 교육을 개발하였으며, 본 교육 프로그램에서는 실천 가능한 25가지의 커리큘럼을 계발하였습니다. 이 프로그램을 통해서 심력, 체력, 지력, 자기관리력, 인간관계력 등을 전인적으로 갖춘 인간상을 만들고자 하였습니다.

Holistic education

[표 1] 전인격적인 인성 교육을 위한 25가지 커리큘럼

지력 참과 거짓을 구별할 수 있는 힘	심력 지식을 내면화할 수 있는 힘	체력 진리를 실천할 수 있는 힘	자기관리력 에너지를 바르게 분포할 수 있는 능력	인간관계력 에너지를 남과 공유할 수 있는 능력
지식 운영 능력	삶의 목표 의식 확립	5차원 건강 관리법	자유 에너지 확장	인간 특징 발견
다중 언어 능력	반응력 기르기	최대 출력법	시간 관리	나의 가족
자연 세계의 이해	풍부한 정서력 기르기	노동과 쉼	재정 관리	나의 동료
역사 이해 능력	긍정적 사고방식	직업관	언어 및 태도 관리	나의 사회
창조적 지성	바른 세계관의 확립	전면적 인성의 확립	융합적 능력	글로벌 인간상

● **5차원 교육의 결과**

이 25가지 커리큘럼은 국내뿐만 아니라 중국, 러시아, 몽골, 미국, 중앙아시아의 10여 개국에서 지금까지 계속해서 실시해 왔습니다. 중국 연길시 2중에서는 10개 반 중 최하위에 있던 학급이 이 교육을 적용한 후 학생들이 모든 일에 자신감을 가지게 되었고, 2년 만에 1등이 되기도 하였습니다. 몽골에서는 길거리 아이들을 교육하는 밝은 미래학교에서 1998년부터 5차원 전면교육을 도입하여 실시한 후 다른 학교에 비해 학생들의 실력이 크게 향상되었습니다. 이 때문에 2001년 11월에는 몽골 대통령과 면담을 하게 되었고, 그 결과로 몽골에서 5차원 교육을 할 수 있는 몽골국제대학교(MIU)가 설립되었습니다. 그리고 2007년에는 라오스국립대학에서 5차원 전면교육을 도입하여 학생들을 교육하였으며,

2012년에는 5차원 전면교육을 실시하는 탄자니아연합대학교가 설립되었습니다.

또한 한국에서는 세인고등학교의 설립을 통해 5차원 전면교육을 공교육 기관에 접목시킬 수 있었습니다. 최하위권 학생들을 모집하여 5차원 교육을 통해 인간교육을 전면적으로 실시하였으며, 그 결과 대학을 갈 수 있는 가능성이 5%도 안 되던 학생들이 3년 만에 90%의 학생들이 대학에 진학하였습니다. 그 후 동두천중고등학교, DGA 디아글로벌학교 등에 이 교육이 적용되어 탁월한 결과를 보여주었습니다. 그리고 5차원 전면교육이 교사들의 연수로 개설되어 지금까지 1만 5,000여 명의 교사가 훈련을 받았습니다. 2017년도에는 KAIST 미래전략대학원에서 5차원 전면교육이 수용성 교육이라는 이름으로 국가 미래 교육의 모델로 제시된 KAIST 『대한민국 국가미래교육전략』 보고서가 발간되었습니다.

5차원 교육을 실제 교육 현장에 적용한 결과를 통해 5차원교육이 인간력을 길러주며, 이 교육을 통해 인간의 달란트를 최대로 길러줄 수 있다는 것을 확인할 수 있었습니다.

② 인간력 강화를 위한 인식의 틀의 재정립[2]

먼저 우리는 접하게 되는 많은 정보들 가운데 참과 거짓을 구별할 수 있는 능력이 있어야 실패하지 않는 삶을 살 수 있습니다. 그런데 우리 인간들은 자신의 인생의 살아온 삶을 경험을 통해서 왜곡된 인식의 틀을 가지고 있기 때문에 참과 거짓을 잘 구별하지 못할 때가 있습니다. 따라서 바른 질문을 하지 못할 때도 있습니다. 그러므로 인식의 틀을 바르게 정립하는 것이 필요합니다.

일반적으로 학습이란 외부에서 들어오는 정보를 처리하여 자신의 지식 체계에 연결하고 기억하는 것을 의미합니다. 이때 외부 입력으로 들어오는 정보는 일반적으로 언어의 형태로 되어 있습니다. 학습자는 기호로 이루어진 언어(Syntactic language)를 외부에서 받아들이면, 이를 자신의 방식으로 재해석하게 됩니다. 재해석된 내용은 의미 언어(Semantic language)로 재구성되며, 이렇게 자신의 방식으로 재구성된 의미 언어가 비로소 대뇌에 기억됩니다.

학습자가 외부에서 받아들인 기호 언어를 재해석하는 과정은 사물을 인식하는 방식에 큰 영향을 받습니다. 이를 '인식의 틀'이라 할 수 있으며, 동일한 내용을 받아들이더라도 사람마다 다르게 이해하고 기억하는 이유가 바로 각자 가지고 있는 인식의 틀이 다르기 때문입니다.

---

[2] 참고문헌·KAIST『대한민국 국가미래교육선택』보고서

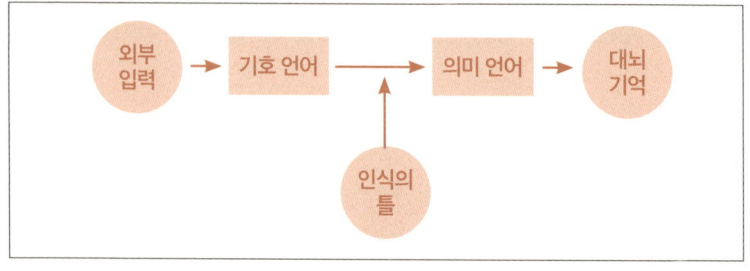

▲ 인식의 틀

따라서 사람은 똑같은 것을 보더라도 각기 다르게 볼 수 있는 것입니다. 다음 그림을 보면, 어떤 사람은 토끼를 먼저 보고, 다른 사람은 오리를 먼저 볼 수 있습니다.

▲ 인식의 틀에 따라 달리 보이는 그림

왜 이렇게 다르게 보게 될까요. 그 이유는 인식의 틀이 서로 다르기 때문입니다. 빨간색 색안경을 낀 사람에게 노란색을 보여주면 주황색이라고 말합니다. 그 사람은 거짓말을 한 것은 아닙니다. 정말로 주황색으로 보였기 때문입니다. 하지만 진실은 아닙니다. 그래서 참과 거짓을 구별할 수 없는 것입니다. 그렇기 때문에 지적 색안경을 벗는 방법, 즉 인식의 틀을 재정립할 수 있는 방법을 알게 되면 바른 지적 능력을 확보함으로 인간의 능력을 강화할 수 있습니다.

2
인식의 틀 재정립

지적 색안경을 벗는 방법으로 만든 것이 아래의 도해에서 보는 학문의 9단계입니다. 9가지의 문제점이 색안경을 끼게 만든 것이기 때문에 이 9가지의 문제를 해결하면 정보를 바르게 보고, 바르게 질문을 할 수 있습니다. 다음 페이지의 [표 2]는 학문의 9단계를 나타낸 것입니다. 이런 방식을 훈련하게 되면 여러분들도 지적 색안경을 벗을 수 있습니다.

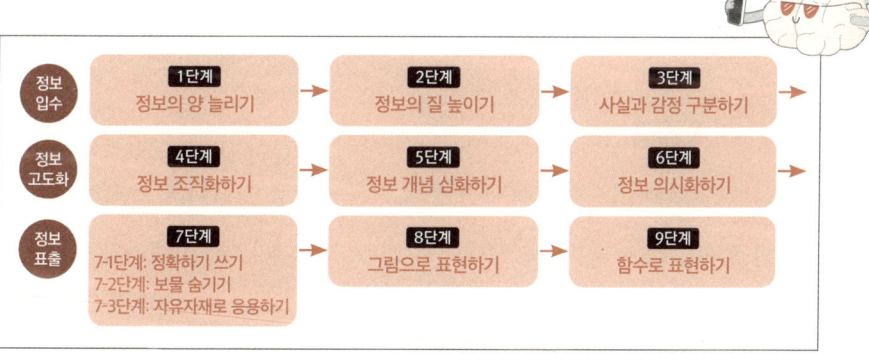

▲ 학문의 9단계

[표 2] 학문의 9단계[3]

과정	단계	목표	방법
정보 입수	1단계 정보의 양 늘리기	빨리 읽고 이해하기	• 속해(문해) 독서법
	2단계 정보의 질 높이기 (평면적 정보의 질 높이기)	정확하고 신속하게 분석하기	• 글 분석법
	3단계 사실과 감정 구분하기 (입체적 정보의 질 높이기)	숨은 정보 찾아내기	• 글 감상법
정보 고도화	4단계 정보 조직화하기	전체를 본 후 부분 보기	• 고공 학습법 • 상관관계 학습법
	5단계 정보 개념 심화하기	정보를 구체화해 주관화하기	• 개념 심화 학습법
	6단계 정보 의식화하기	정보를 내면화하기	• 질문 학습법
정보 표출	7-1단계 정확하게 쓰기 7-2단계 보물 숨기기 7-3단계 자유재재로 응용하기	정보를 서술적 언어로 표현하기	• 평면적 글쓰기법 • 입체적 글쓰기법 • 실생활(종합 응용) 글쓰기법
	8단계 그림으로 표현하기	정보를 이미지로 표현하기	• 도식화법
	9단계 함수로 표현하기	정보를 수학적 언어로 표현하기	• 함수화법

◉ **1단계 정보의 양 늘리기 – 사선 치기**

1단계에서는 속해 독서를 통해 정보의 양을 늘립니다. 속해 독서를 할 때 필수적인 훈련 방법이 사선 치기입니다. 읽어 내려가는 문

---

[3] 참고문헌: 『5차원 독서법과 학문의 9단계』

장에 사선을 치면서 의미 단위, 즉 센스 그룹으로 끊어가며 읽는 것을 말합니다.

사선 치기를 통해 나눈 각각의 단락을 센스 그룹(의미 단위)이라고 합니다. 그리고 이 센스 그룹은 이미지(그림)로 표현할 수 있습니다. 만약 이미지로 표현할 수 없는 경우라면, 내용이 지나치게 추상적이거나 사선을 잘못 쳐서 이미지가 왜곡되었기 때문입니다. 따라서 사선을 올바르게 치고 그림을 그리는 훈련은 이해력을 향상시키는 매우 유용한 방법입니다. 이렇게 센스 그룹을 그림으로 나타내는 방법을 '센스 그룹 독서법' 또는 '속해 독서법'이라고 합니다.

다음의 글을 센스 그룹으로 나타내면 [표 3]과 같습니다.

"아이들은 섬마을에 살면서 담임 선생님의 지도로 4개월 동안 개펄에 나가 조사를 하였다."

[표 3] 글을 센스그룹으로 나타낸 표

아이들은 / 섬마을에 살면서 / 담임 선생님의 지도로 / 4개월 동안 / 개펄에 나가 / 조사를 하였다. /

이에 따라 내 머릿속에 떠오르는 이미지는 다음과 같습니다.

▲ 머릿속에 떠오르는 이미지

이처럼 이미지 독서법으로 글을 읽어나갈 때 센스 그룹을 바르게 나누었는지 확인할 수 있으며, 글의 내용을 더 정확하게 파악하는 능력을 확보할 수 있습니다. 그리고 센스 그룹을 점점 확장하면 그림이 더 종합적으로 그려지는 것을 확인할 수 있으며, 이 과정에서 사고력이 점진적으로 확장됩니다.

이와 같은 훈련으로 학문의 9단계 중에서 1단계가 정립이 되면, 다음과 같은 나머지 8단계 훈련을 통해 인식의 틀을 재정립해 나갈 수 있습니다.

◉ 2단계 **정보의 질 높이기 – 글 분석법**

정보 처리량을 늘린 다음으로 해야 할 일은 정보를 질적으로 잘 받아들일 수 있도록 훈련하는 것입니다. 정보를 질적으로 잘 받아들인다는 것은 정보를 정확하게 받아들인다는 의미입니다. 정보를 정확하게 받아들이기 위해서는 먼저 정보를 이루는 말과 글의 핵심을 이해해야 합니다.

말과 글은 '중요한 것'과 '덜 중요한 것'으로 나뉘게 됩니다. 따라서 글을 읽을 때는 이를 염두에 두고 중요한 것과 덜 중요한 것을 구별해야 합니다. 여기서 '중요한 것'은 글을 읽는 사람의 관점에서 중요한 것이 아니라, 글쓴이의 관점에서 중요한 것을 의미합니다.

● 3단계 사실과 감정 구분하기 – 글 감상법

논설문과 설명문 중심의 글을 분석하는 훈련을 하면 정보를 정확히 이해하는 데 어느 정도 자신감을 가질 수 있습니다. 그러나 다양한 정보를 접하다 보면 글을 분석하는 것만으로 해결하기 애매한 경우도 생기게 됩니다.

특히, 시나 소설처럼 감정을 중심으로 함축적으로 작성된 문학작품의 경우 단순한 분석이 아닌 다른 접근 방식이 필요합니다. 문학작품은 감정 이입을 통한 대리 경험으로 인간 삶의 영역을 확장하고 정서를 풍부하게 할 뿐만 아니라 고도의 상징을 사용하기 때문입니다. 이런 문학작품을 감상하려면 숨겨진 주제를 찾고, 글쓴이의 정서와 감정을 이해해야 합니다. 이를 '보물 찾기'라고 표현할 수 있습니다.

작품 속의 보물을 찾기 위해서는 먼저 아무런 편견과 선입견 없이 글을 2~3번 반복해서 읽으며 여러 번 반복되는 중요한 단어를 중심으로 작가의 의도를 추측해 보는 것이 좋습니다. 그런 다음, 객관적인 자료를 바탕으로 깊이 사고하여 감상 정보를 확인하는 과정이 필요합니다. 잘못된 감상 방법을 바로잡지 않으면 글을 감상하는 능력을 향상시키기가 어렵기 때문입니다. 글 감상은 글 분석과 맞물려 정보의 질을 높이는 데 큰 역할을 합니다.

◉ 4단계 정보 조직화하기 – 고공 학습법·상관관계 학습법

입수한 정보의 효율성을 높이기 위해서는 정보를 조직화해야 합니다. 정보의 조직화란 여러 경로를 통해 입수한 정보를 분류하고 분석하여 활용하기 쉽게 정리하는 것을 의미합니다. 예를 들어, 전화번호 100개를 무작위로 적어두는 것과 가나다순으로 배열하는 것은 활용 가치에서 큰 차이를 보이게 됩니다.

정보를 조직화하려면 먼저 전체를 보고, 그다음에 부분을 보는 능력이 필요합니다. 이는 퍼즐의 전체 그림을 본 사람이 개별 퍼즐 조각을 맞출 수 있는 것과 같은 원리입니다. 전체를 보는 방법은 비행기에서 아래를 내려다보듯 지식을 고공에서 조망하는 '고공 학습법'을 통해 습득할 수 있습니다.

◉ 5단계 정보 개념 심화하기 – 개념 심화 학습법

정보의 조직화에 이어 해야 할 일은 조직화한 정보를 자신의 것으로 만드는 것입니다. 정보는 대개 추상적이며, 자신과 거리가 먼 이야기일 수 있습니다. 그러므로 그 내용을 이해하고, 이를 바탕으로 자신의 생각과 느낌을 정리하는 작업이 필요합니다. 이 과정은 정보에 담긴 긍정적이고 바람직한 내용을 선별해 자기 생각이나 느낌과 관련을 맺는 활동입니다.

추상적 개념을 구체화하려면 자신이 생각하는 개념과 사전적 개념을 깊이 묵상하는 과정이 필요합니다. 이를 '개념 심화 학습법'이라고 합니다.

● 6단계 정보 의식화하기 - 질문 학습법

고공 학습법과 상관관계 학습법으로 정보를 객관화하고, 개념 심화 학습법으로 이를 주관화하는 과정을 거칩니다. 그러나 이것만으로는 충분하지 않습니다. 객관화하고 주관화한 내용이 실제 삶에 영향을 주려면 바르게 의식화하는 과정이 필요합니다.

글쓴이의 주장과 표현은 완전하지 않을 수 있고, 독자의 생각과 느낌도 완벽하지 않을 수 있습니다. 그러므로 이를 삶에 적용하기 전에 글의 내용과 감정을 바르게 의식화하도록 스스로 질문을 던지고 그 해답을 찾아야 합니다.

● 7단계 정보 표출하기 - 글쓰기법

정보를 표출하는 과정은 평면적 글쓰기(설명문이나 논설문처럼 중심 생각을 분명히 드러내는 글쓰기), 입체적 글쓰기(시나 소설 등 문학작품처럼 주제를 함축적·상징적으로 표현하는 글쓰기), 그리고 실생활 글쓰기(일기, 편지, 보고서 등)로 크게 세 가지로 나뉩니다.

평면적 글쓰기는 설명문이나 논설문처럼 사실을 정확하게 설명하고 논리적인 주장을 펼치는 글쓰기를 의미합니다. 평면적 글쓰기는 중심 생각을 분명히 드러내야 하므로 글 분석법을 역순으로 실행하면 됩니다.

글 분석법의 역순은 글을 정확하게 읽기 위해 던진 다섯 가지 질문의 순서, 즉 문단의 개수, 문단의 중심 내용, 글의 형식, 주제, 제목을 거꾸로 글의 제목, 주제, 형식, 중심 내용, 문단 개수 순서로 답하는 방식입니다.

입체적 글쓰기란 시나 소설과 같은 문학작품에서 주제를 함축적·상징적으로 표현하는 방식으로, 이러한 상징성을 이해하도록 돕는 '보물 찾기'의 반대 개념이라 할 수 있습니다. 입체적 글쓰기 방법으로는 연상하기, 함축·상징하기, 확인하기 등이 있습니다.

종합 응용 글쓰기(실생활 글쓰기)는 실생활에서 의사소통 매개체로 사용하는 일기, 다른 사람과 소통하기 위한 편지, 업무에 필요한 보고서, 문제 상황을 해석하고 해결하는 논술 등을 포함합니다. 정보화 사회인 오늘날, 글을 잘 쓴다는 것은 맡은 일을 처리할 때 정보를 효과적으로 표현하고 활용할 수 있다는 의미입니다.

● **8단계** **그림으로 표현하기 – 도식화법**

그림이나 도표를 사용하여 도식화하는 것은 의사 전달에 매우 유용한 방법 중 하나입니다. 이는 두뇌 구조에 맞는 표현 방식으로, 고공 학습법, 상관관계 학습법, 개념 심화 학습법 등을 활용하면 더욱 효과적입니다.

◉ 9단계 함수로 표현하기 – 함수화법

기호와 숫자로 구성된 함수를 사용하여 정보를 표현하는 것은 가장 함축적인 방법으로, 내용의 핵심을 깊이 이해했을 때만 가능하며, 고도의 지식 표출 방식이라 할 수 있습니다.

학문의 9단계는 언어 영역, 수리 영역, 인문·자연 과학 등 다양한 분야의 학습에 적용 가능하며, 특히 모국어 교육에 매우 효과적입니다. 이러한 방법을 통해 정보 처리 능력을 극대화하길 바랍니다.

3장

5차원 AI

◉ **9단계** 함수로 표현하기 – 함수화법

기호와 숫자로 구성된 함수를 사용하여 정보를 표현하는 것은 가장 함축적인 방법으로, 내용의 핵심을 깊이 이해했을 때만 가능하며, 고도의 지식 표출 방식이라 할 수 있습니다.

학문의 9단계는 언어 영역, 수리 영역, 인문·자연 과학 등 다양한 분야의 학습에 적용 가능하며, 특히 모국어 교육에 매우 효과적입니다. 이러한 방법을 통해 정보 처리 능력을 극대화하길 바랍니다.

3장
5차원 AI

1
5차원 소크라테스 AI_창조적 지성

일반적인 AI를 사용하면서 생기는 인간 사고력의 저하를 막기 위해서는, 인간의 사고력을 유지시킬 수 있는 장치를 마련해야 합니다. 그래서 '5차원 AI'를 만든 것입니다. '5차원 AI'는 인간의 질문에 대해 일방적인 답을 주는 것이 아니라, 인간의 창조적 생각을 길러 줄 수 있는 질문 과정을 통해 우리의 뇌를 더 발전시킬 수 있도록 했습니다.

◉ 질문을 통해 길러지는 창조적 지성

이 질문은 『5차원 독서법과 학문의 9단계』를 기반으로 만들어졌는데, 이 과정을 통해 창조적 생각을 할 수 있는 창조적 지성을 길러 줄 수 있습니다. 그리고 질문을 하는 AI라는 의미에서 '5차원 소크라테스 AI'라는 이름을 지어 주었습니다. 그리고 가장 기본적인 1단계에서는 3가지의 질문을 하도록 하였습니다.

> **'5차원 소크라테스 AI_창조적 지성' Level 1의 3단계 질문 체계**
>
> ① **What에서 Why로 사고의 전환**
> "왜 이 질문을 하게 되었습니까?"
> ② **객관화 주관화 능력 갖기**
> "위 문장을 한 문장으로 말해 주세요."
> ③ **그림 언어 익히기**
> "위의 내용을 그림으로 그릴 수 있게 글로 설명해 주세요."
>
>   • Level 1 과정을 완전히 익힌 분들은 다음 단계로 들어가서 더 깊이 있는 사고 훈련을 할 수 있습니다.

◉ What에서 Why로 사고의 전환의 중요성

"Why"를 질문할 때 우리는 무엇을 하는지에 대한 목적이나 목표에 집중하게 됩니다. 목적을 이해하면 방향성과 동기를 부여받을 수 있습니다. 예를 들어, 학생이 특정 과목을 배우는 이유를 안다면, 학습에 더 집중하고 그 가치를 느낄 가능성이 커집니다.

"Why" 질문은 우리를 비판적이고 깊이 있는 사고로 이끌어 줍니다. 표면적인 사실(What)을 넘어서서 근본적인 원리, 원인 또는 동기를 고려하게 만듭니다. 이러한 사고는 창의력과 문제 해결 능력을 키우고 복잡한 문제를 더 잘 이해할 수 있도록 도와줍니다.

"Why"를 이해하면 더 의미 있는 결정을 내릴 수 있습니다. 단순히 관습을 따르거나 기대에 부응하는 것이 아니라, "Why"를 질문함으로써 우리의 선택이 가치, 목표, 신념과 일치하는지 확인할 수 있습니다.

◉ 객관화 주관화의 중요성

글을 읽거나 다른 사람의 말을 들을 때 자신이 중요하다고 생각하는 것에만 집중하기보다는, 저자나 화자가 전달하려는 중요한 메시지를 찾으려고 노력할 때 우리는 그들의 생각과 관점을 더 깊이 이해할 수 있게 됩니다. 이는 다른 사람의 경험과 감정에 더 공감할 수 있는 능력을 키워줍니다.

자신의 관점에만 집중하면 편견이 생길 수 있습니다. 반면, 다른 사람이 중요하게 여기는 것을 찾아보려는 노력은 객관적인 사고를 가능하게 하고, 더 균형 잡힌 판단을 내리는 데 도움을 줍니다.

다른 사람이 강조하는 중요한 부분을 놓치지 않고 이해할 때, 우리는 새로운 지식과 통찰을 얻게 됩니다. 이를 통해 자신의 시야를 넓히고 더 다양한 관점에서 세상을 볼 수 있습니다.

◉ 그림 언어 사용의 중요성

이미지를 떠올리는 과정은 뇌의 여러 부위를 자극하여 집중력을 강화시킵니다. 사고의 유연성을 키우고, 논리적 사고와 직관적 사고를 통합하는 데 도움을 줍니다. 글을 그림으로 표현하는 과정은 창의력을 촉진합니다. 시각화를 통해 추상적인 개념을 구체적이고 상징적인 형태로 변환하게 되므로, 새로운 아이디어나 독창적인 해결책을 떠올리기 쉽습니다. 이를 통해 문제 해결 능력도 향상될 수 있습니다.

외국어 학습을 할 때 단어와 표현을 이미지와 연결시키면 학습 효율성이 높아집니다. 새로운 단어를 이미지로 시각화하면 단어의 의미를 더 잘 이해하고 기억하는 데 도움이 됩니다.

이미지화 훈련은 감정적 이해력을 높이는 데 도움이 됩니다. 감정이나 이야기를 시각적 이미지로 변환하면 감정의 뉘앙스와 이야기에 더 깊이 공감하게 됩니다. 이는 감정적 지능과 공감 능력 향상으로 이어질 수 있습니다.

2
5차원 소크라테스 AI_창조적 지성의 활용

① 일반 AI의 질문과 답

    5차원 AI가 어떻게 작동하는가에 대해서 실제적인 실습을 통해서 확인하도록 하겠습니다. 먼저 일반 AI를 사용하겠습니다. 다음과 같은 질문을 합니다.

> 인상파에 대해서 알고 싶어요.

    일반 AI의 답은 다음과 같습니다.

 인상파(印象派, Impressionism)는 19세기 후반 프랑스에서 시작된 예술 운동으로, 주로 회화에서 나타난 특징적인 스타일을 지칭합니다. 인상파 화가들은 전통적인 예술 기법과 주제에서 벗어나, 순간적인 인상과 감각적인 경험을 표현하는 데 중점을 두었습니다. 이들은 빛과 색의 변화를 포착하여 현실의 순간적인 느낌을 캔버스 위에 옮기는 데 주력했습니다.

인상파의 주요 특징

- **빛과 색의 강조**: 인상파 화가들은 자연광이 주는 변화무쌍한 색의 변화를 포착하고자 했습니다. 그들은 그림에서 어두운 음영을 피하고, 밝고 생생한 색을 사용하여 빛이 사물에 미치는 영향을 표현했습니다. 이를 위해 짧고 빠른 붓질을 사용하여 빛의 반사와 색의 떨림을 나타냈습니다.
- **즉흥적이고 순간적인 인상**: 인상파 화가들은 순간적으로 포착된 장면이나 경험, 즉흥적인 인상을 강조했습니다. 그들은 전통적인 미술에서 중시되었던 상세한 사전 스케치나 구도보다 현장에서 직접 그림을 그리며 순간의 느낌을 빠르게 포착하는 것을 선호했습니다.
- **일상적인 주제**: 인상파 화가들은 전통적인 역사나 신화, 종교적 주제보다 현대의 일상 생활, 도시 풍경, 자연의 변화 등을 그림의 주요 주제로 삼았습니다. 그들은 일반인들의 일상 활동, 카페, 정원, 거리 풍경 등을 주제로 자주 다루었습니다.
- **야외 작업**(plein air painting): 인상파 화가들은 스튜디오를 벗어나 야외에서 직접 그림을 그리는 것을 선호했습니다. 이는 자연의 빛과 색을 직접 관찰하여 포착하기 위해서였고, 그 결과 그들의 작품은 더욱 생동감 있고 즉각적인 느낌을 주었습니다.

주요 인상파 화가들

- **클로드 모네**(Claude Monet): 인상파의 대표적인 화가로, 〈인상, 해돋이(Impression, Sunrise)〉라는 작품에서 인상파라는 명칭이 유래되었습

니다. 그는 빛과 색의 변화에 대한 관심을 가지고, 같은 장소에서 다른 시간대와 날씨에 따라 변하는 장면을 연속적으로 그리기도 했습니다.
- **에드가 드가**(Edgar Degas): 발레리나, 경마장 등의 일상적인 장면을 주로 그렸으며, 인물의 역동성과 순간적인 포착에 중점을 두었습니다. 그는 인상파 화가들 중에서도 독특한 구도와 시점을 통해 사실적이면서도 인상적인 표현을 보여주었습니다.
- **피에르 오귀스트 르누아르**(Pierre-Auguste Renoir): 르누아르는 밝고 화사한 색감과 부드러운 붓질로 유명하며, 주로 사람들의 일상적인 모습, 특히 여성과 어린이의 장면을 따뜻하고 사랑스럽게 표현했습니다.
- **카미유 피사로**(Camille Pissarro): 인상파의 대부로 불리는 피사로는 도시와 시골의 풍경을 주로 다루었으며, 다른 인상파 화가들과 함께 전시회를 기획하고, 후배 화가들을 지도하는 데 많은 기여를 했습니다.

인상파의 영향

인상파는 당시 미술계에서 혁신적이고 급진적인 움직임으로 여겨졌으며, 처음에는 많은 비판과 거부감을 받았습니다. 그러나 그들의 작품은 점차 대중의 관심을 끌게 되었고, 현대 미술의 새로운 방향을 제시하는 중요한 전환점이 되었습니다. 인상파는 이후 후기 인상파와 야수파, 입체파 등 다양한 현대 미술 운동에 큰 영향을 미쳤습니다.

인상파는 단순한 미술 스타일을 넘어, 세상을 바라보는 새로운 시각을 제시하며, 감각적인 경험과 순간의 아름다움을 포착하려는 시도였습니다. 이러한 접근은 오늘날에도 많은 사람들에게 사랑받고 있으며, 미술사에서 중요한 위치를 차지하고 있습니다.

너무나 자세하고 충분한 답을 우리에게 제공합니다. 하지만 이 글을 읽었다고 인상파를 완전히 이해하기는 어렵습니다. 왜냐하면 이미 이런 정도의 내용은 기존의 책을 통해서도 충분하게 접할 수 있었던 것입니다. 하지만 아무리 좋은 정보가 있더라도 그것을 사용하는 사람에 따라서 그 정보의 가치는 달라지게 되는 것입니다. 그래서 우리는 5차원 AI를 통해서 사고력을 더 강화하면서, AI가 제공한 정보를 고도화할 것입니다.

❷ 5차원 소크라테스 AI_창조적 지성의 질문과 답

다음은 5차원 소크라테스 AI_창조적 지성에게 일반 AI와 똑같은 질문을 하였습니다.

> 인상파에 대해서 알고 싶어요.

5차원 AI의 답입니다.

> 인상파는 19세기 후반 프랑스에서 시작된 예술 운동으로, 전통적인 회화 기법과 주제를 벗어나 새로운 시각적 표현을 탐구한 화가들에 의해 탄생했습니다. 인상파 화가들은 순간적인 빛과 색의 변화를 포착하려고 노력했으며, 주로 야외에서 그림을 그려 일시적인 자연의 모습을 표현했습니다. 대표적인 인상파 화가로는 클로드 모네,

> 피에르 오귀스트 르누아르, 에드가 드가 등이 있습니다. 이들은 빠른 붓놀림과 밝은 색채를 사용해 그림을 그리고, 일상적인 장면을 주제로 삼아 평범한 사람들의 삶을 예술로 승화시켰습니다.
>
> **이 질문을 한 이유는 무엇이며, 무엇을 더 알고 싶으신가요?**

그런데 나의 질문에 대해서 5차원 AI는 우리에게 너무 많은 답변을 주지 않고 핵심적인 내용만을 줍니다. 그리고 1번째로 이런 질문을 하게 된 이유를 사람에게 다시 묻습니다. 이 질문은 왜(Why)로의 사고로 전환하기 위해서 우리에게 주어진 것입니다.

이 질문을 한 이유는 무엇이며, 무엇을 더 알고 싶으신가요?

사실 우리는 왜는 생각하지 않고 그저 무엇을 알기 위해서 대부분의 질문을 합니다. 그런데 왜 질문했느냐의 질문을 상대방에게 받게 되면, 그때부터 생각을 다시 시작하게 됩니다. 그런데 이 작은 질문이 우리를 조금씩 변하게 만들어 줍니다.

그 이유에 대해서 "인상파에서 이야기하는 가장 핵심적인 내용을 알고 싶어서입니다."라고 대답을 했더니, 5차원 AI도 다음과 같은 답변을 우리에게 줍니다.

> 🔵 인상파의 핵심은 빛과 색채의 순간적인 변화를 표현하는 것입니다. 이들은 전통적인 미술이 강조하던 정확한 형태와 구체적인 묘사보다는, 자연광이 만들어내는 일시적인 색의 변화를 포착하려 했습니다. 인상파 화가들은 대개 빠른 붓질과 밝은 색을 사용해, 자연의 생동감과 변화무쌍한 분위기를 표현했습니다. 그들은 야외에서 작업하며 빛의 변화에 따라 달라지는 풍경을 그렸고, 이를 통해 시각적 인상을 즉각적으로 전달하려 했습니다.
>
> **이 답변을 한 문장으로 요약해 주세요.**

왜(Why)에 대한 나의 답을 통해서 주어진 5차원 AI의 답변을 보니 더 이해가 잘되었습니다. 드디어 알게 되었습니다. "빛과 색채의 순간적인 변화를 표현"하려는 것이 인상파의 핵심이라는 것을요. 그런데 5차원 AI가 두 번째 질문을 우리에게 합니다.

> 이 답변을 한 문장으로 요약해 주세요.

이 질문은 우리에게 객관화·주관화를 능력을 길러 주려고 한 것입니다.

그래서 나는 다음과 같이 요약했습니다.

> 인상파는 빛과 색채의 순간적인 변화를 표현하는 시도를 했군요.

> 잘 요약하셨습니다! 인상파는 빛과 색채의 일시적인 변화를 포착해, 전통적인 회화의 틀을 벗어나 새로운 시각적 경험을 제공하려 했습니다. 이들의 작업은 현대 미술의 발전에 큰 영향을 미쳤습니다.
> **당신이 이 문장을 그림으로 표현한다면, 어떤 장면이나 이미지로 그릴 수 있을지 글로 묘사해 주세요.**

그러자 5차원 AI는 약간의 답변과 함께 3번째 질문을 던집니다.

> 당신이 이 문장을 그림으로 표현한다면, 어떤 장면이나 이미지로 그릴 수 있을지 글로 묘사해 주세요.

드디어 3번째 질문을 통해서 우리가 그림 언어를 사용할 수 있도록 하였습니다. 이것에 대해서 다음과 같이 답했습니다. "숲속에 햇빛이 비추면서 빛에 따른 색채의 변화를 보여주는 인상파와 같은 그림을 그려주세요."

5차원 AI가 인상파 스타일로 표현된 숲속의 그림을 그렸습니다! 햇빛이 나무 사이로 비추면서 빛에 따른 색채의 변화를 아름답게 보여줍니다. 이 그림을 통해 우리는 인상파에 대해서 좀 더 깊이 있게 이해할 수 있는 역량이 생겨난다는 것을 알 수 있습니다. 이 작업 후에 처음 일반 AI가 준 처음의 답을 보면, 이전에 비해 훨씬 정확하고 깊이 있게 인상파에 대해서 알게 되는 것을 경험할 수 있습니다.

5차원 소크라테스 AI의 응용 분야는 예술, 문학 분야를 넘어서 인문사회과학 분야와 자연과학 분야까지도 활용될 수 있습니다. 다음의 질문들을 통해 각 분야에서 일반 AI와 소크라테스 AI와의 답을 비교해 보겠습니다.

⦿ 인문사회과학 분야
1 질문

> 최소량의 법칙에 대해서 알고 싶어요.

이 질문을 한 이유는 '최소량의 법칙'이라고 사용해 왔지만 정작 그 내용이 갖는 본질적 의미를 아는 사람은 그리 많지 않아서 선택했습니다.

2 일반 인공지능의 대답

최소량의 법칙(Law of the Minimum)은 독일의 화학자 유스투스 폰 리비히(Justus von Liebig)가 19세기 중반에 제안한 개념입니다. 이 법칙은 생물학과 농업에서 중요한 원칙 중 하나로, 특히 식물의 성장을 설명하는 데 사용됩니다.

개념
최소량의 법칙은 다음과 같이 요약할 수 있습니다:
식물의 성장은 모든 영양소가 충분히 공급된다고 해도, 가장 부족한 영양소의 양에 의해 결정된다는 것입니다. 즉, 식물이 필요로 하는 여러 가지 필수 요소(질소, 인, 칼륨 등) 중에서 가장 부족한 요소가 식물의 성장을 제한하는 주요 요인이라는 뜻입니다.

예를 들어, 만약 식물이 질소, 인, 칼륨을 필요로 하고 각각의 양이 10, 5, 3이라고 가정했을 때, 칼륨이 가장 적다면 그 식물의 성장은 칼륨의 부족에 의해 제한됩니다. 이 법칙은 물통에 비유될 수 있는데, 물통의 각 판자가 각각의 영양소를 나타낸다고 하면, 가장 짧은 판자에서 물이 넘치게 됩니다. 즉, 가장 부족한 자원이 전체 성장 가능성을 결정합니다.

농업과 환경에서의 적용
- **비료 사용**: 이 법칙은 농업에서 비료의 효과를 설명하는 데 중요한 역할을 합니다. 비료를 사용하더라도 식물이 필요로 하는 모든 영양소가 적절하게 공급되지 않으면 성장이 제한됩니다. 가장 부족한 영양소를 보충하는 것이 가장 효과적입니다.
- **환경 요인**: 이 법칙은 영양소뿐만 아니라 햇빛, 물, 온도 등의 다른 환경 요인에도 적용될 수 있습니다. 예를 들어, 햇빛이 충분하지 않다면 다른 요인들이 충분히 공급되더라도 식물의 성장은 제한됩니다.

다른 분야에서의 응용

최소량의 법칙은 농업 외에도 경제, 경영, 심리학 등 다양한 분야에서 응용될 수 있습니다. 예를 들어, 조직의 성과나 개인의 성장은 다양한 요소에 의해 영향을 받지만, 그 중에서도 가장 취약한 요소가 전체적인 성과를 제한할 수 있다는 개념입니다.

이 법칙은 생태학적으로나 사회적으로도 균형 잡힌 발전의 중요성을 강조합니다.

너무나 자세하고 충분한 답을 제시했지만 이 글을 읽었다고 최소량의 법칙을 완전히 이해하기는 어렵습니다. 이미 이런 내용은 기존의 책을 통해서도 충분하게 접할 수 있었던 것입니다.

3 5차원 소크라테스 AI, 창조적지성_Level 1의 질문과 답

> 최소량의 법칙에 대해서 알고 싶어요.

최소량의 법칙(Law of the Minimum)은 독일의 화학자 유스토스 폰 리비히(Justus von Liebig)가 제시한 개념입니다. 이 법칙은 식물의 성장과 같은 자연현상에서, 가장 부족한 자원이 성장을 제한한다고 설명합니다. 예를 들어, 식물이 필요한 여러 영양소 중 한 가지라도 부족하면, 그 부족한 요소가 전체 성장에 가장 큰 영향을 미친다는 뜻입니다. 이는 다양한 분야에서 자원을 효율적으로 관리하고 문제를 해결하는 데 중요한 개념으로 활용됩니다.

이 질문을 한 이유는 무엇이며, 무엇을 더 알고 싶으신가요?

5차원 AI는 처음에 너무 많은 답을 주지 않고 핵심적인 내용을 주고, 이런 질문을 하게 된 이유를 1번째로 묻습니다. 왜(Why)로의 사고로 전환하기 위해서입니다.

> 교육 분야에서도 이 용어를 사용하고 있어서 그 의미를 알고 싶어서

교육에서 최소량의 법칙은 학습자의 성장을 제한하는 가장 부족한 요소가 무엇인지를 강조하는 개념으로 적용됩니다. 즉, 학생이 학습에서 필요한 여러 자원이나 역량 중 가장 약한 부분이

학습 성과를 제한하게 된다는 것입니다. 예를 들어, 충분한 지식이 있어도 집중력이 부족하거나, 교사의 지도가 부족하면 성장이 저해될 수 있습니다. 따라서, 교육자는 학생의 약점을 파악하고 이를 보완하는 것이 중요합니다.

이 답변을 한 문장으로 요약해 주세요.

드디어 알게 되었습니다. '최소량의 법칙'은 인간의 능력을 최대화하는 방법은 약한 부분을 알고 고쳐야 하는 것을 알려주는군요. 이 답을 찾아내는 것을 돕기 위해서 객관화 주관화를 위한 방법으로 한 문장으로 요약하라는 2번째 질문을 합니다.

> 인간의 능력을 최대화하는 방법은 약한 부분을 알고 고쳐야 하는 것이군요.

잘 요약했습니다. 교육에서 학습의 성과를 최대화하려면, 학생의 약한 부분을 정확히 파악하고 이를 보완하는 것이 핵심입니다. 이를 통해 전체적인 성장과 성취를 이끌어낼 수 있습니다.
당신이 이 문장을 그림으로 표현한다면, 어떤 장면이나 이미지로 그릴 수 있을지 글로 묘사해 주세요.

드디어 3번째 질문을 통해서 그림 언어를 사용할 수 있도록 하네요.

우리는 최소량의 법칙에 대한 정보를, 기존과 달리 3가지 과정을 통해서 정보를 고도화해 보았습니다. 그리고 나서 이 질문에 대한 일반적인 답을 보면, 훨씬 정확하고 깊이 있게 최소량의 법칙에 대해서 알게 되는 것을 경험하게 될 것입니다.

⦿ 자연 과학

1 질문

> 엔트로피에 대해서 알고 싶어요.

이 질문을 한 이유는 '엔트로피'라고 많이 들어 왔지만 정작 그 내용이 갖는 본질적 의미를 아는 사람은 그리 많지 않아서 선택했습니다.

2 일반 인공지능의 대답

엔트로피(Entropy)는 물리학, 특히 열역학과 정보 이론에서 중요한 개념으로, 다음과 같이 설명될 수 있습니다:

① 물리학에서의 엔트로피
엔트로피는 무질서도의 척도입니다. 이는 시스템이 얼마나 혼란스럽고 예측 불가능한 상태에 있는지를 나타냅니다. 예를 들어, 얼음은 분자들이 규칙적으로 배열된 상태로 엔트로피가 낮습니다. 반면, 물은 분자들이 자유롭게 움직이는 상태로 엔트로피가 높습니다. 이처럼 엔트로피는 에너지가 얼마나 균일하게 분포되어 있는지를 나타내며, 자연계의 변화 방향을 예측하는 데 중요한 역할을 합니다.

- **제2법칙**: 닫힌 계(system)에서 엔트로피는 항상 증가하는 경향이 있으며, 이는 자연스럽게 에너지가 균일하게 퍼지게 된다는 의미입니다.

- **공식**: 엔트로피 H는 다음과 같은 수식으로 나타낼 수 있습니다.

$$H(X) = -\sum P(x_i) \cdot log_2 P(x_i)$$

여기서 $P(x_i)$는 사건 가 일어날 확률입니다.

② 정보 이론에서의 엔트로피
정보 이론에서의 엔트로피는 정보의 불확실성을 나타내는 척도입니다. 어떤 사건이 발생할 확률이 낮을수록(즉, 예측하기 어려울수록), 그 사건이 가지는 엔트로피는 높아집니다. 예를 들어, 주사위를 던졌을 때 각 면이 나올 확률이 동일하면 엔트로피가 높아지지만, 특정 면만 나올 확률이 매우 높다면 엔트로피가 낮아집니다.

③ 일상에서의 비유
엔트로피는 정돈된 상태에서 무질서한 상태로 변화하는 경향으로 비유할 수 있습니다. 예를 들어, 정리된 방(엔트로피가 낮은 상태)은 시간이 지남에 따라 어질러진 방(엔트로피가 높은 상태)으로 변하기 쉽습니다. 즉, 무질서도가 자연스럽게 증가하는 것이 엔트로피의 특징입니다.

요약하자면, 엔트로피는 무질서도, 예측 불가능성, 불확실성을 나타내며, 시스템이 얼마나 혼란스럽고 변화할 가능성이 있는지를 보여주는 척도입니다.

너무나 자세하고 충분한 답을 제시했지만 이 글을 읽었다고 엔트로피를 완전히 이해하기는 어렵습니다. 이미 이런 내용은 기존의 책을 통해서도 충분하게 접할 수 있었던 것입니다.

3 5차원 소크라테스 AI, 창조적지성 Level 1의 질문과 답

> 엔트로피에 대해서 알고 싶어요.

엔트로피(entropy)는 물리학과 정보 이론에서 사용되는 개념으로, 무질서도 또는 시스템의 상태가 얼마나 예측 불가능한지를 나타냅니다. 열역학에서 엔트로피는 에너지의 분산 정도를 의미하며, 자연적으로 더 높은 무질서 상태로 가려는 경향을 가집니다. 예를 들어, 얼음이 녹아 물이 되는 과정에서 엔트로피가 증가합니다. 정보 이론에서는 정보의 불확실성을 측정하는데 사용되어, 데이터를 압축하거나 암호화할 때 중요한 역할을 합니다.

이 질문을 한 이유는 무엇이며, 무엇을 더 알고 싶으신가요?

5차원 AI는 처음에 너무 많은 답을 주지 않고 핵심적인 내용을 주고, 이런 질문을 하게 된 이유를 1번째로 묻습니다. 왜(Why)로의 사고로 전환하기 위해서입니다.

> 사회과학 분야에서도 이 용어를 사용하고 있어서 그 의미를 알고 싶어서요.

사회과학에서 엔트로피는 일반적으로 사회 시스템의 복잡성, 예측 불가능성, 또는 무질서한 상태를 설명할 때 사용됩니다.

예를 들어, 사회적 규칙이 약화되거나 질서가 붕괴될 때 엔트로피가 증가한다고 표현합니다. 이는 조직이나 공동체가 점점 더 혼란스러운 상태로 가는 것을 의미하며, 통제되지 않는 변화가 많아지면 안정적인 구조가 무너질 수 있습니다. 따라서 사회과학에서 엔트로피는 불확실성과 변화의 속성을 이해하는 데 중요한 개념으로 활용됩니다.

이 답변을 한 문장으로 요약해 주세요.

드디어 알게 되었습니다. '엔트로피'가 커진다는 것은, 어떤 시스템의 무질서도가 더 커지는 것을 말하는 것이군요. 이 답을 찾아내는 것을 돕기 위해서 즉 객관화 주관화를 위한 방법으로 한 문장으로 요약하라는 2번째 질문을 하였군요.

> 엔트로피가 커진다는 것은, 어떤 시스템의 무질서도가 더 커지는 것을 말하는 것이군요.

맞습니다. 엔트로피가 커진다는 것은 시스템의 무질서도가 더 커지고, 예측하기 어려운 상태로 변화하고 있음을 의미합니다. 물리적, 정보적, 사회적 시스템 모두에서 적용될 수 있는 개념입니다.

당신이 이 문장을 그림으로 표현한다면, 어떤 장면이나 이미지로 그릴 수 있을지 글로 묘사해 주세요.

드디어 3번째 질문을 통해서 그림 언어를 사용할 수 있도록 하네요.

> 나는 깊이 이해가 안 돼서 엔트로피를 잘 설명해 줄 수 있는 그림을 그려 주세요. 즉 엔트로피가 커지면서 무질서도가 커지는 그림을 그려 주세요.

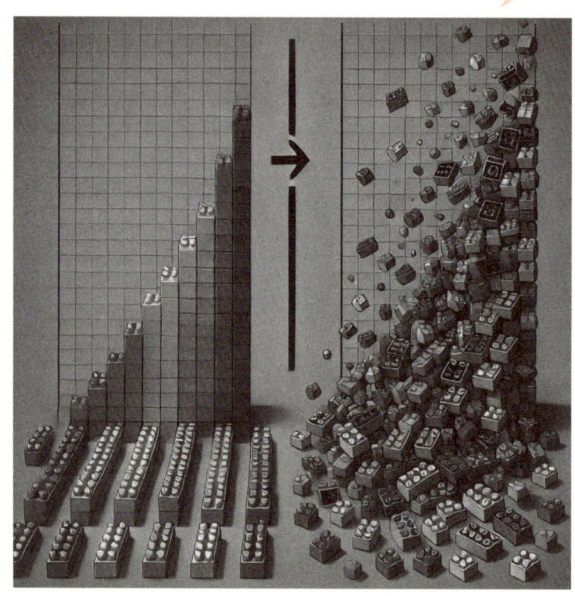

이 그림은 엔트로피가 증가하면서 무질서도가 커지는 모습을 시각적으로 표현한 것입니다. 왼쪽의 정렬된 구조가 점차 오른쪽의 무질서한 형태로 변하면서, 체계적인 상태가 혼란스럽고 예측할 수 없는 상태로 변화하는 과정을 나타냅니다. 이를 통해 엔트로피가 커질 때 시스템이 어떻게 무질서해지는지를 쉽게 이해할 수 있습니다.

우리는 엔트로피에 대한 정보를, 기존과 달리 3가지 과정을 통해서 정보를 고도화해 보았습니다. 그리고 나서 이 질문에 대한 일반적인 답을 보면, 훨씬 정확하고 깊이 있게 엔트로피에 대해서 알게 되는 것을 경험하게 될 것입니다.

3
5차원 소크라테스 AI의 확장

① 5차원 소크라테스 AI_언어 수용성

지금까지 살펴본 데이터를 바탕으로 더 많은 영역에서 5차원 AI를 사용할 수 있게 되었다는 것을 알게 되었습니다. 특별히 언어 부분에 사용할 때 매우 탁월한 결과를 만들어 낼 수 있다는 것을 확인할 수 있었습니다.

일반적으로 외국어를 익히려면 단어와 문법을 많이 공부하면 된다고 생각하지만 그렇지 않다는 것을 다 알고 있습니다. 이런 경우 일반적인 인식 지식을 습득해서 시험은 보고 성적은 올릴 수 있지만, 실제의 삶에서는 그 언어를 잘 사용하지 못하고 있습니다. 언어를 잘한다는 것은 인식 지식만으로 안 되고, 실제로 활용할 수 있는 생산 지식으로 바뀔 때 일상적인 삶에서도 사용할 수 있는 것입니다.

어린아이가 모국어를 배우는 과정을 보면 알 수 있습니다. 아이들은 많은 지식은 없지만 자신이 가지고 있는 적은 지식을 활용하며 언어 능력을 키웁니다. 그러므로 외국어를 잘 배우려면 먼저 기본적인 지식을 익히고, 그 지식을 활용하는 방법을 배워야 합니다. 이것이 바로 '언어 수용성'입니다.

즉 외국어를 잘하지 못하는 이유는 언어 자체에 대한 기본적인 이해가 약하고, 가르치고 배우는 방법이 적절하지 못해서 언어의 장벽을 넘지 못하기 때문입니다. 언어의 특성과 구조를 이해하고 그것을 익힐 수 있는 '언어 수용성'[4]을 배운다면, 어느 누구라도 어떤 언어든지 그 장벽을 넘어 언어를 익힐 수 있습니다.

그런데 언어 수용성을 통해 인식 지식을 생산 지식으로 바꾼다는 것은 그리 쉬운 일이 아닙니다. 그런데 5차원 AI를 활용하면 사고구조 변환 능력을 향상시켜 누구나 생산 지식으로의 전환이 가능하기 때문에 매우 효과적으로 외국어를 습득하고 사용할 수 있는 것입니다.

5차원 언어 교육은 '사고 구조 변환 학습법'과 '발성 구조 변환 학습법'을 사용해 언어 수용성을 먼저 길러줍니다. 이렇게 하면 누구나 쉽게 영어를 배울 수 있습니다.

5차원 소크라테스 AI_언어 수용성을 통해, 우리는 영어, 중국어, 러시아어 등을 매우 깊이 있으면서도 쉽고 빠르게 배울 수 있습니다.

---

4 참고문헌·『5차원 영어』

세상에는 여러 언어가 있지만, 문장 구조는 크게 세 가지로 나뉩니다.

주어(S) + 서술어(V) + 목적어(O):
"나는   먹는다   밥을" (영어, 이탈리아어 등)

주어(S) + 목적어(O) + 서술어(V):
"나는   밥을   먹는다" (한국어, 일본어 등)

서술어(V) + 주어(S) + 목적어(O):
"먹는다   나는   밥을" (히브리어, 마오리어 등)

영어는 첫 번째 구조를 따릅니다. 영어를 배우기 어려운 이유는 언어의 문장 구조, 즉 사고방식이 다르기 때문입니다. 그래서 영어를 깊고 빠르게 배우려면 모국어 사고방식을 버리고, 영어의 사고방식을 익혀야 합니다.

이때 이미 익숙한 모국어를 활용하면 영어식 사고방식을 빠르게 익힐 수가 있습니다. 이런 방식을 사용하면 좌절감을 줄이고 자연스럽게 영어를 익힐 수 있습니다. 그 방법은 만일 한국어를 모국어로 사용하는 사람은 자신이 하고 싶은 이야기를 한국어를 먼저 쓰고 그 다음 단계에 한국어를 영어의 구조인 주어(S) + 서술어(V) + 목적어(O) 구조로 변환합니다. 그리고 사전에서 영어의 단어의 뜻을 찾아서 말하면 됩니다.

나는 / 영어를 / 배운다. /
→ 나는 / 배운다 / 영어를 /
→ I / learn / English. /

그래서 위의 원리를 활용한 '5차원 소크라테스_영어'를 활용하면 다음과 같은 과정을 얻을 수 있습니다.

1단계 **사고 구조 변환법**
- 질문: "먼저 자신이 하고 싶은 말을 적어주세요."
- 예시 "나는 친구와 함께 수학을 공부했다."
  (주어) + (부사구) + (목적어) + (동사)

- 주의

내가 하고 싶은 말은 반드시 나와 관계 있는 내용이어야 합니다. 책에서 가져오거나 나와 상관없는 문장은 효과가 떨어질 수 있습니다.
이제 작성해 주세요!

나는 한국에서 영어를 배웠다.

잘하셨습니다! 다음 단계로 넘어가겠습니다.

2단계 **영어식 한국말로 바꾸기**
- 질문: "위에 적은 말을 영어식 한국말로 바꿔주세요."

- 힌트: 영어는 (주어) + (동사) + (목적어) + (부사구)의 순서로 구성됩니다.
- 예시 "나는 공부했다 수학을 친구와 함께"

사용자의 문장을 영어식 한국말로 바꿔 보세요!
나는 배웠다 영어를 한국에서

아주 잘하셨습니다! 영어식 어순으로 잘 바꾸셨습니다.

3단계 영어식 한국말을 영어로 바꿔 보기
- 질문: "이제 영어식 한국말을 영어로 바꿔 보세요."
- 힌트: 문법이 틀려도 되고, 모르는 단어는 한국말 그대로 써도 괜찮습니다.
- 예시 "I studied math with my friend."

이제 번역해 보세요!
　I learn English at Korea.

좋습니다! 노력하신 점이 훌륭합니다. 이제 정확한 영어 문장을 알려드리겠습니다.

- **정확한 영어 문장**:
"I learned English in Korea."

- **설명**:
　- learned: 과거에 일어난 일이므로 동사를 과거형으로 사용합니다.
　- English: 배운 대상인 영어를 목적어로 사용합니다.
　- in Korea: 장소를 나타내는 전치사 in을 사용합니다.

❷ 5차원 소크라테스 AI_한국어[5]

최근 한국어를 배우려는 외국인들이 급속하게 늘어나고 있습니다. 외국인들이 한국어를 배우는 이유는 다양합니다. 많은 사람들이 K-팝, K-드라마 같은 한국 문화를 좋아해서 한국어를 배우기 시작합니다. 또, 한국으로 유학을 가거나, 한국 회사에 취직하려는 사람들도 한국어를 배우고자 합니다. 한국에 살거나 한국인 가족과 함께 생활해야 하는 경우에도 한국어가 필요합니다.

하지만 외국인들이 한국어를 배우면서 많은 어려움을 느끼고 있습니다. 한국어 문장 구조가 영어, 중국어 같은 다른 언어와 많이 달라서 배우기가 어렵습니다. 하지만 한국어도 5차원 소크라테스 AI_한국어를 통해 매우 깊이 있으면서도 쉽고 빠르게 배울 수 있습니다. 그 원리를 소개해 드리겠습니다.

앞에서 언급한 대로 세상에는 여러 언어가 있지만, 문장 구조는 크게 세 가지로 나뉩니다.

주어(S) + 서술어(V) + 목적어(O):
"나는   먹는다.   밥을" (영어, 이탈리아어 등)

주어(S) + 목적어(O) + 서술어(V):
"나는   밥을   먹는다." (한국어, 일본어 등)

---

[5] 참고문헌: 『5차원 한국어』

서술어(V) + 주어(S) + 목적어(O):

"먹는다.　　나는　　밥을" (히브리어, 마오리어 등)

한국어는 두 번째 구조를 따릅니다. 한국어를 배우기 어려운 이유는 언어의 문장 구조, 즉 사고 방식이 다르기 때문입니다. 외국어를 배우려면 모국어 사고방식을 버리고, 그 언어만의 사고방식을 익혀야 합니다.

이때 이미 익숙한 모국어를 활용하여 한국어를 배우는 것이 중요합니다. 이렇게 하면 좌절감을 줄이고 자연스럽게 언어를 익힐 수 있습니다. 그 방법은 만일 영어를 모국어로 사용하는 사람은 자신이 하고 싶은 이야기를 영어를 먼저 쓰고 그 다음 단계에 영어를 한국어의 구조인 주어(S) + 목적어(O) + 서술어(V) 구조로 변환합니다. 그리고 사전에서 영어의 단어의 뜻을 찾아서 말하면 됩니다.

> I / learn / Korean /
> → I / Korean / learn. /
> → 나는 / 한국어를 / 배운다.

그래서 위의 원리를 활용한 '5차원 소크라테스_한국어'를 활용하면 다음과 같은 과정을 얻을 수 있습니다.

First, write a sentence you want to say in English. Make it about something personal or relevant to you. For example:

"I teach Korean in Korea."

Your turn!

I studied Korean at school.

Good! Now let's rearrange the sentence into "Korean-style English."

Korean sentence structure is:

Subject + Adverbial Phrase + Object + Verb.

Your sentence becomes:

"I in Korea Korean teach."

Now, try converting this "Korean-style English" into a Korean sentence. Don't worry about grammar; just give it a try!

I at school Korean studied.

Good effort! Now, let's translate this into Korean. Following the same structure:

나는 학교에서 한국어를 공부했다.

나는: I (subject)

학교에서: at school (adverbial phrase)

한국어를: Korean (object)

공부했다: studied (verb)

This sentence means "I studied Korean at school." Well done!

③ 5차원 소크라테스 AI_융합수리[6]

◉ 수학의 중요성

수학은 인류 역사에서 인재 교육에 중요한 역할을 해왔습니다. 고대 이집트와 바빌론에서는 세금을 관리하던 서기관들이 업무를 수행하기 위해 필수적으로 수학 교육을 받았습니다. 고대 그리스 시대에는 기하학을 통해 논리적 사고와 독립적 사고를 배울 수 있도록 하였습니다. 당시의 수학은 단순히 학문으로만 머물지 않았으며 철학, 미술, 건축, 디자인 등 여러 분야에 지대한 영향을 끼쳤습니다.

오늘날에도 수학은 여전히 중요한 학문으로 자리 잡고 있습니다. 그 이유는 다음과 같습니다.

첫째, 수학은 사고력을 길러줍니다. 수학은 보이지 않는 관념 속에 존재하는 대상을 다루어야 하기 때문에, 현상을 일반화하여 사고할 수 있도록 돕고, 근원적인 사고를 가능하게 합니다.

둘째, 수학은 소통 능력을 길러줍니다. 수학적 대상은 물리적 대상이 아닌 추상적인 대상을 다루기 때문에, 상대방을 설득력 있게 이해시키기 위한 과정에서 소통 능력을 향상시킬 수 있습니다.

셋째, 수학은 응용 능력을 키워줍니다. 수학은 매우 다양한 현상을 놀랍도록 잘 설명할 수 있으며, 이러한 이유로 수많은 학문들이 수

---

[6] 참고문헌 · 『5차원 수학』

학을 도구로 활용하고 있습니다.

 넷째, 수학은 융합적 능력을 길러줍니다. 오늘날의 새로운 도전 과제들은 융합적 사고와 능력을 갖춘 인재를 필요로 합니다. 수학은 이러한 능력을 훈련하고 개발하는 데 큰 역할을 합니다. 수학은 인간이 만들어낸 가장 고도의 언어이며, 이를 잘 다룰 수 있다면 고도의 사고 능력을 갖출 수 있으며, 융합적 능력 또한 자연스럽게 키울 수 있습니다.

 다섯째, 수학은 아름다움을 추구할 수 있는 능력을 길러줍니다. 아름다움은 질서에 대한 감각입니다. 자연의 질서를 발견하는 도구로 수학이 사용되며, 수학을 통해 질서의 패턴과 구조를 이해하려는 노력은 아름다움을 추구하는 능력을 배양하는 데 큰 도움을 줍니다.

 이렇게 중요한 수학이 현재는 요령을 통해 빨리 답을 맞히는 것이 가장 중요한 것으로 여겨지는 왜곡된 교육으로 변질되었습니다. 그 결과, 수학 성적이 높아도 고도의 사고를 할 수 없는 사람들을 만들어내고 있습니다. 이러한 문제를 극복하기 위해 5차원 AI 융합 수리가 개발되었습니다.

 이제 수학 교육은 기존과는 달라져야 합니다. 학생들이 진정으로 수학을 즐기고 자신의 것으로 소화하지 못한다면, 수학적 감수성을 배양하기란 어려울 것입니다. 이를 위해 다음 네 가지 방안을 통해 수학 교육을 해야 하며, 5차원 AI가 이런 수학 교육에 대해서 중요한 역할을 할 것으로 기대됩니다.

첫째, 학생들에게 흥미를 부여해야 합니다. 수학은 동기부여가 매우 중요합니다. 학생들이 수학에 관심을 가지고 흥미를 느낀다면, 이미 반은 성공했다고 할 수 있습니다. 수학은 스스로 고민하고 생각하는 시간이 필요한 학문이기 때문에, 흥미를 통해 학습의 추진력을 키워주는 것이 필수적입니다.

둘째, 학생들이 자율적으로 학습할 수 있는 능력을 길러야 합니다. 수포자(수학을 포기한 자)의 원인을 살펴보면, 수학을 잘하지 못해서가 아니라, 기본적인 정보처리 능력이 부족한 경우가 많습니다. 따라서 수학 학습 이전에 정보처리 능력을 향상시켜, 학생들이 스스로 공부할 수 있도록 도와야 합니다.

셋째, 수학을 공부하는 목적을 이해하도록 도와야 합니다. 수학이라는 학문은 고립된 것이 아니라 과학뿐만 아니라 철학, 경제, 교육 등 모든 분야와 연결되어 있습니다. 따라서 수학 교육에서도 통합적인 접근이 필요합니다.

넷째, 수학 공부로 인해 학생들이 지치지 않도록 도와야 합니다. 학생들이 수학을 어려워하는 이유는 수학 자체의 난이도 때문이 아니라, 학생들이 이해할 수 없는 방식으로 수업이 진행되기 때문입니다. 그러므로 수학의 교수·학습 방식을 개선해야 하며, 5차원 AI 기반의 수학 교육 방식은 학생들이 지치지 않고 학습할 수 있도록 큰 도움을 줄 것입니다.

그렇다면 5차원 AI 융합 수리는 어떻게 운영될까요? 그 본질적인 대답은 "수학은 언어"라는 것입니다. 정보를 전달하는 언어의 형태에는 세 가지 종류가 있습니다. 서술적 언어, 그림 및 도표 언어, 수학적 언어입니다.

예를 들어, 원을 세 가지 언어로 표현해 보겠습니다. 서술적 언어로는 "한 점에서부터 거리가 일정한 점들의 집합"이라고 표현할 수 있습니다. 그림 및 도표 언어로는 동그라미를 그려 표현합니다. 수학적 언어로는 $x^2+y^2=1$로 나타낼 수 있습니다. 자연현상이나 사회현상의 정보를 수학적 언어로 표현하면 간결하게 나타낼 수 있으며, 문제 해결 능력을 높일 수 있습니다. 다만 수학적 언어는 매우 추상적이고 함축적이기 때문에 어렵게 느껴질 수 있습니다.

그래서 수학을 잘하기 위해서는 단순히 문제를 많이 풀어보는 것으로는 부족합니다. 수학적 언어를 이해하는 훈련이 필요하며, 이러한 훈련을 통해 사고 능력을 높일 수 있습니다. 수학적 언어 훈련 방식은 다음 다섯 가지로 나눌 수 있습니다.

- **함축화**: 서술적 언어를 수학적 언어로 변환하는 능력
- **변형화**: 수학적 언어를 다른 형태의 수학적 언어로 변환하는 능력
- **구체화**: 수학적 언어를 서술적 언어나 그림 언어로 변환하는 능력
- **패턴화**: 감추어진 패턴을 찾아내 수학적 언어로 바꾸는 능력
- **기타 변환 방식**: 다양한 언어 간 변환 사고 훈련

함축화란 서술적 언어를 수학적 언어로 변환시킬 수 있는 능력을 말합니다. 어떤 서술적 언어의 정보를 수학적 언어로 바꾸면 지적인 힘을 크게 발휘할 수 있습니다. 1을 넣었을 때, 4가 나오고, 2를 넣었을 때 7이 나오고, 3을 넣었을 때, 10이 나오는 상자를 보고, 이 상자는 $y = 3x + 1$ 이라고 표현하는 것이 그 예입니다.

변형화는 수학적 언어를 다른 수학적 언어로 변환시킬 수 있는 능력입니다. 297 + 74 = □라는 문제를 계산을 통해서 풀 수 있습니다. 하지만 변형화 할 수 있는 능력이 있는 사람은 297 + 74 = 300 + 71 = □라는 문제로 변형시켜 371이라는 답을 만들어 낼 수 있습니다. 계산력도 중요한 능력이지만, 변형시킬 수 있는 능력은 더 고도화된 수학적 사고 능력입니다.

구체화는 수학적 언어로 표현되어 진 정보를 서술적 언어나 그림 도표의 언어로 바꾸는 활동입니다. 함수의 식을 잘 이해하기 위해서 함수의 그래프를 그려봅니다. 또는 $y = \frac{1}{x}$ 같은 수학적 언어를 다음과 같이 '1을 넣으면 1이 나오고, 2를 넣으면 $\frac{1}{2}$이 나오고, 3을 넣으면 $\frac{1}{3}$이 나옵니다. 즉 어떤 수를 넣으면 그 수의 역수가 나옵니다. 상자에 넣는 수와 상자에서 나오는 수를 곱하면 항상 1이 된다.'라고 서술적 언어로 바꾸어주면 많은 정보를 찾아낼 수 있습니다.

패턴화는 주어진 상황에 감추어진 패턴을 찾아서 수학적 언어로 바꾸는 능력입니다.

이 외에도 수학에서는 서술적 언어를 그림 도표의 언어로, 그림 도표의 언어를 수학적 언어나 서술적 언어로, 서술적 언어를 다른 서술적 언어로, 그림 도표의 언어를 다른 그림 도표의 언어로 바꾸어주는 사고방식이 있습니다.

이러한 훈련 과정을 통해 학생들의 수학적 사고와 학습 능력을 전반적으로 향상시킬 수 있을 것입니다. 그래서 5차원 AI_융합 수리는 다섯 가지의 수학적 언어 훈련 방식을 활용하여 누구나 고도의 사고방식을 갖출 수 있도록 설계되었습니다.

인공지능(AI)을 통해 바뀔 일의 방식

1
생성형 AI가 바꾸는 우리의 일하는 방식

세상을 바꾸는 인공지능 시대, 우리의 일하는 방식도 새로운 국면을 맞이하고 있습니다. 과거에 우리가 직접 처리했던 많은 업무가 이제 생성형 AI를 통해 자동화되고 있습니다. 이는 단순히 시간을 절약하는 것을 넘어, 일의 본질과 방향성까지도 근본적으로 변화시키고 있음을 의미합니다.

일은 크게 네 가지 과정으로 이루어집니다. 계획을 세우고, 실행하며, 점검하고, 개선하는 과정입니다. 흔히 'PDCA 사이클'로 불리는 이 단계들은 끊임없이 순환하며 우리의 업무를 완성으로 이끌어왔습니다. 그러나 이제 생성형 AI가 이 과정에서 실행 부분을 거의 완벽히 자동화하며, 사람들의 업무에 새로운 패러다임을 제시하고 있습니다.

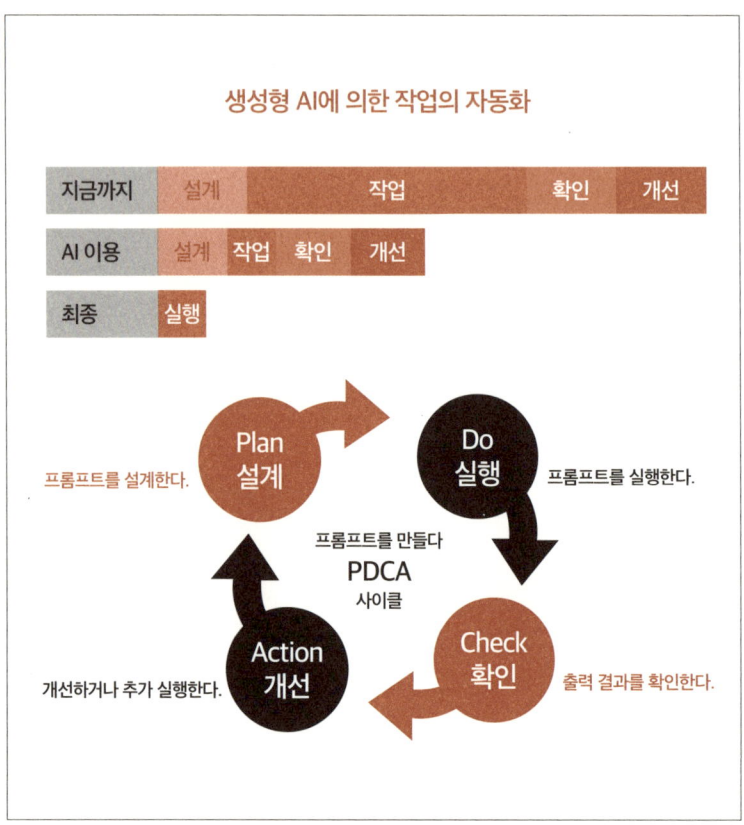

▲ 생성형 AI로 자동화된 일의 본질과 방향성 변화

생성형 AI의 가장 큰 특징은 단순한 자동화에서 그치지 않는다는 점입니다. AI는 우리의 지시를 기반으로 놀라운 결과물을 빠르고 정밀하게 만들어냅니다. 이는 실행에 소요되던 시간을 획기적으로 단축시킬 뿐 아니라, 앞으로는 계획과 점검, 개선조차 AI를 통해 더 효율적으로 이루어질 가능성을 열어줍니다.

그렇다면, 이 거대한 변화 속에서 우리는 어떻게 생존하고, 더 나아가 두각을 나타낼 수 있을까요? 답은 분명합니다. 생성형 AI를 활용해 '상류 작업'이라 불리는 계획, 확인, 개선 능력을 극대화하는 것입니다.

미래에는 AI에게 적절한 지시를 내리고, 결과물을 평가하며, 더 나은 방향으로 발전시킬 수 있는 사람이 중요한 역할을 하게 될 것입니다. 이를 위해 세 가지 핵심 능력이 요구됩니다.

첫째, 생성형 AI에게 명확한 명령을 내리는 능력입니다. 이를 '프롬프트 작성'이라고 합니다. 하지만 용어의 복잡함에 주눅들 필요는 없습니다. 중요한 것은 AI가 우리의 의도를 정확히 이해하도록 구체적이고 명료하게 설명하는 것입니다. 어떤 도구를 사용할지 선택하는 것도 중요한 부분입니다. 글쓰기에 특화된 AI 도구부터, 이미지 생성에 특화된 다양한 AI 도구들이 각기 다른 강점을 가지고 있습니다. 우리의 목표와 필요에 따라 최적의 도구를 선택하고 이를 활용하는 계획 능력이 요구됩니다.

둘째, AI가 만들어낸 결과물을 평가하는 능력입니다. 생성형 AI는 완벽해 보이는 결과물을 빠르게 만들어낼 수 있지만, 그것이 실제로 유용한지 판단하는 것은 여전히 사람의 몫입니다. 결과물의 구조를 이해하고, 표현의 적절성을 검토하며, 개선할 부분을 명확히 파악하는 능력이 여기에서 중요한 역할을 합니다.

셋째, 더 나은 방향으로 발전시키는 개선 능력입니다. 이는 단순히 결과물을 다시 작성하는 것이 아니라, 그 본질을 이해하고 더욱 세련된 형태로 다듬는 과정입니다. 반복적인 연습과 노력이 필요하며, 기본 원칙을 준수하는 것이 핵심입니다. 기본을 충실히 지키면서 개선점을 찾아내는 사람은 AI 시대에서도 그 누구보다 빛날 수 있습니다.

결국, 생성형 AI는 단순히 우리의 일을 대체하는 것이 아니라, 인간의 역량을 새로운 차원으로 확장시키는 도구입니다. 이 도구를 제대로 활용하는 사람은 혼자서도 여러 사람 몫의 성과를 내고, 새로운 시대를 이끄는 주역이 될 것입니다.

미래는 이미 우리 눈앞에 와 있습니다. 지금 이 순간, 우리는 생성형 AI를 배우고, 활용하며, 적응해야 할 이유를 명확히 알고 있습니다. AI는 단순한 기술이 아니라, 우리의 가능성을 깨우고 재능을 꽃피우는 강력한 파트너가 될 것입니다.

2
생성형 AI가 할 수 있는 일

생성형 AI가 열어주는 가능성의 세계는 우리가 상상하는 것 이상입니다. 이 AI는 단순한 도구가 아니라, 다양한 업무에서 창의성과 효율성을 극대화하는 강력한 파트너입니다. 지금부터 생성형 AI가 할 수 있는 여덟 가지 주요 기능을 설명하겠습니다.

① 생성형 AI가 할 수 있는 8가지 주요 기능 요약

첫 번째는 생성형 AI는 문장을 다루는 데 있어 탁월한 능력을 발휘합니다. 복잡한 문장을 간결하고 명확하게 요약하거나, 이해하기 어려운 텍스트를 쉽게 바꿔 주는 능력은 그야말로 놀랍습니다. AI는 방대한 언어 데이터를 바탕으로 사람의 의도를 정확히 파악하고 표현할 수 있는 힘을 가지고 있습니다.

두 번째는 업무 정리 능력입니다. 복잡하고 헷갈리기 쉬운 작업도 체계적으로 정리해 주어, 어떤 순서로 진행해야 할지 한눈에 알 수 있도록 도와줍니다. 이는 마치 정리되지 않은 실타래를 가지런히 풀어주는 것과 같습니다.

세 번째는 창의적 사고의 조력자 역할입니다. 어려운 문제를 해결할 때 AI는 다양한 관점을 제시하며 색다른 아이디어를 제공할 수 있습니다. 문제 해결 과정에서 벽에 부딪혔다고 느낄 때 AI는 새로운 돌파구를 열어주는 역할을 합니다.

네 번째로, 생성형 AI는 숫자와 데이터를 분석하는 데 매우 능숙합니다. 방대한 데이터를 빠르게 정리하고, 중요한 정보를 추출해 내는 능력은 데이터 중심 시대의 필수 도구로 자리 잡게 합니다.

다섯 번째로, 생성형 AI는 다양한 언어를 유창하게 번역합니다. 한국어, 영어, 중국어, 일본어 등 다양한 언어 간의 번역을 정확히 수행하며, 언어 장벽을 허물어 글로벌 협업을 가능하게 만듭니다.

여섯 번째는 자동화된 응답 제공입니다. 식당 예약과 같은 간단한 요청부터 자주 묻는 질문에 이르기까지 AI는 신속하고 정확한 답변을 제공합니다. 이는 사람의 시간을 아끼고, 보다 중요한 일에 집중할 수 있도록 해 줍니다.

일곱 번째로, 생성형 AI는 컴퓨터 프로그램 개발을 도울 수 있습니다. 프로그래밍 언어로 코드를 작성하거나 개발 과정에서 필요한 도움을 제공해, 초보자부터 숙련된 개발자까지 모두에게 유용한 도구가 됩니다.

마지막으로, 생성형 AI는 규칙 검토와 확인에서도 강력한 능력을 보여줍니다. 회사나 조직의 정책과 규정을 꼼꼼히 검토하고, 오류나 개선점을 찾아내는 데 효과적으로 활용될 수 있습니다.

이 모든 기능은 AI가 단순히 사람의 일을 대체하는 것이 아니라, 인간의 역량을 확장하고 보완하는 데 초점을 맞추고 있습니다. 우리가 생성형 AI의 가능성을 더 깊이 이해하고 활용할수록, 새로운 발견과 성과를 얻을 수 있을 것입니다.

❷ 생성형 AI가 할 수 있는 8가지 주요 구체적 기능

① 문장 다루기의 달인

생성형 AI는 단순한 도구를 넘어, 우리를 더 창의적이고 효율적으로 만들어 주는 진정한 조력자입니다. 특히 글쓰기에 있어 생성형 AI는 마치 완벽한 파트너처럼 다방면으로 유용한 도움을 제공합니다.

예를 들어, 이메일을 작성하거나 상품을 홍보하는 글을 쓸 때, 혹은 블로그에 올릴 매력적인 콘텐츠를 준비할 때 생성형 AI는 놀라운 생산성과 창의력을 발휘합니다. 복잡한 내용을 간결하게 요약하거나, 어려운 문장을 누구나 이해하기 쉽도록 바꾸는 작업도 척척 해냅니다.

어떤 직업을 가졌든 생성형 AI는 각자의 분야에서 활용 가능성이 무궁무진합니다. 가게를 운영한다면 매력적인 상품 설명을 만들어 낼 수 있고, 회사원이라면 업무 보고서 작성이나 프레젠테이션 자료 준비에서 생성형 AI의 도움을 받을 수 있습니다. 이렇듯 생성형 AI는 단순히 시간을 절약해주는 것을 넘어, 우리의 작업 결과물을 한 단계 끌어올리는 역할을 합니다.

더 나아가 글쓰기를 포함한 문서 작성에서 생성형 AI의 활용성을 극대화하는 방법도 있습니다. 하나의 예로, 결혼식 축사 대본을 준비한다고 가정해 보겠습니다. "신랑의 이름은 준호이고, 신부의 이름은 민정이며, 나는 신랑의 친구 역할을 맡고 있다."는 정보를 AI에게 제공했을 때, AI는 이를 바탕으로 흥미롭고 감동적인 축사를 만들어낼 수 있습니다.

하지만 더 나은 결과물을 얻기 위해서는 AI에게 구체적인 프롬프트를 제공하는 것이 중요합니다. 목차를 먼저 작성해 달라고 요청하면 대본의 구조가 훨씬 더 명확해지고 독창성과 전달력이 향상됩니다. 이렇게 구체적인 지시를 통해 AI의 능력을 최대한 끌어낼 수 있습니다. 생성형 AI와의 협업은 우리의 능력을 확장하고, 더 나은 결과를 만들어내는 특별한 기회를 제공합니다.

② 일하는 방법 정리하기: 프로세스 문서화

생성형 AI는 우리가 어떤 일을 체계적으로 계획하고 실행하는 데 강력한 도우미가 될 수 있습니다. 복잡한 프로세스를 명확하고 간단하게 설명하며, 우리가 쉽게 따라 할 수 있는 방법을 제시해 줍니다. 이를 통해 우리는 더 빠르고 효과적으로 목표를 달성할 수 있습니다.

예를 들어, 여행 계획을 세우는 과정을 떠올려봅시다. 생성형 AI는 여행의 목적과 테마 설정부터 예산 관리, 일정 계획, 짐 꾸리기까지 체계적으로 안내합니다. 여행의 목적이 단순한 휴식인지, 혹은 특별한 경험을 위한 것인지부터 시작해, 일정과 숙박을 효율적으로 배치하고, 비상 상황에 대비한 준비까지 세부적으로 지원합니다. 이처럼 AI가 제안하는 단계별 가이드는 우리의 계획을 더욱 완벽하게 만들어 줍니다.

또한, 세미나 준비 과정에서도 AI의 도움은 빛을 발합니다. 세미나의 목적을 설정하고, 대상자를 정의하며, 예산을 세우고 장소를 결정하는 초기 단계부터 세부 프로그램 설계, 발표 자료 준비, 기술적 점검, 그리고 홍보 활동까지 꼼꼼히 정리해 줍니다. 모든 단계를 명확히 문서화함으로써 누락이나 혼란을 방지하고 세미나를 성공적으로 이끌 수 있도록 돕습니다.

"AI는 학습 계획을 세우는 데도 큰 도움을 줍니다. 명확한 목표를 세우고, 시간을 효율적으로 관리하며, 우선순위를 정하는 방법을 제안합니다. 또한, 적절한 복습 간격을 정하거나 짧게 집중하고 쉬는 효과적인 학습 방법을 알려줍니다. 이런 도움을 통해 우리는 공부를 더 효과적으로 하고, 꾸준히 좋은 결과를 얻을 수 있습니다."

이 모든 것은 단순히 정보 제공에 그치지 않습니다. 생성형 AI를 잘 활용함으로써 우리가 해야 할 일의 본질을 이해하고, 목표를 달성하기 위한 최적의 경로를 제시하며, 실행 과정에서 직면하는 문제를 해결할 수 있는 통찰력을 발휘할 수 있습니다.

결론적으로, 생성형 AI는 우리가 계획하고 실행하며 평가하는 모든 과정에서 활용할 수 있습니다. 우리가 AI를 사용하여 어떤 프로젝트든 명확하고 체계적으로 진행할 수 있으며, 더 나아가 우리가 스스로의 능력을 확장해나가는 새로운 길을 열어줄 것입니다.

③ 생각하는 도우미: 사고의 어시스트 3단계

AI는 이제 우리의 생각을 돕는 강력한 도구로 활용할 수 있습니다. 혼자서 해결책을 찾기 어려울 때, AI와의 대화를 통해 새로운 아이디어를 얻을 수 있습니다. AI는 우리가 놓칠 수 있는 다양한 관점을 제시하고, 문제 해결의 실마리를 제공하며, 더 나은 결정을 내릴 수 있도록 도와줍니다.

예를 들어, 중요한 결정을 내려야 할 때 AI는 우리가 고려하지 못했던 세부 사항이나 대안적인 접근 방식을 알려줍니다. 회사의 이름을 정하거나 새로운 프로젝트를 구상할 때, AI는 신속하고 창의적인 제안을 통해 시간을 절약하며 뛰어난 결과를 만들어 냅니다.

이와 같은 도움을 더욱 효과적으로 활용하려면 세 가지 단계를 거쳐 문제를 정리하고 해결 방안을 모색할 수 있습니다.

첫 번째 단계는 기존 지식의 확인입니다. 우리가 이미 알고 있는 정보와 지식을 정리하며, 부족한 부분을 찾아냅니다. 예를 들어 여행을 계획한다고 가정하면, AI에게 여행지의 기본 정보를 물어보고 자신이 알고 있는 내용과 비교합니다. 이 과정을 통해 자신이 모르는 부분을 명확히 파악하고, 필요한 정보를 AI에게 정확히 요청할 수 있게 됩니다.

두 번째 단계는 일반적인 정보를 확장하는 것입니다. AI에게 여행지의 전반적인 정보, 관광 명소, 현지 문화, 음식, 주의할 점 등을 묻는 과정에서 우리는 여행지에 대한 더 구체적이고 종합적인 이해를 얻을 수 있습니다. 예를 들어, 경주시를 여행할 계획이라면, 불국사, 석굴암과 같은 문화재부터 황리단길의 현대적인 매력까지 다양한 정보를 AI가 제공할 수 있습니다.

세 번째 단계는 구체적인 조언을 요청하는 것입니다. 우리의 상황에 맞는 맞춤형 계획을 세우기 위해 AI에게 도움을 요청합니다. 예를 들어, 경주시를 방문할 부부를 위한 2박 3일 코스를 계획할 때, AI는 역사, 자연, 현대적인 명소가 조화된 일정과 함께 음식, 교통, 숙박에 대한 세부 정보를 제공합니다. 이렇게 구체적인 계획은 실질적인 도움을 줄 뿐 아니라, 더 나은 여행 경험을 할 수 있습니다.

AI는 우리가 생각하지 못한 새로운 가능성을 열어주는 도구입니다. 중요한 결정, 창의적인 작업, 문제 해결의 순간마다 AI를 활용하여 더 많은 아이디어를 얻고, 더 나은 결과를 만들어낼 수 있습니다.

④ 숫자와 데이터 분석

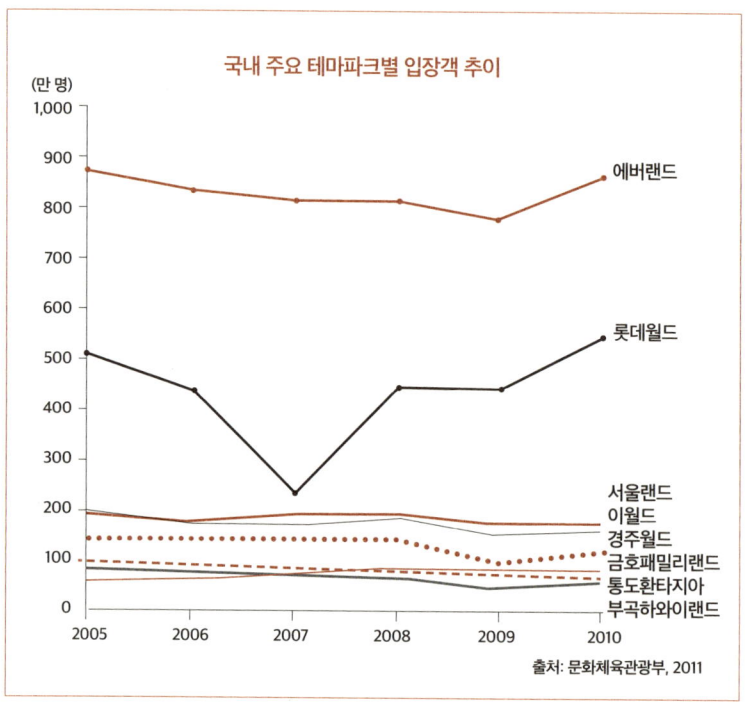

▲ 국내 주요 테마파크별 입장객 수 추이(출처: 문화체육관광부, 2011)

챗GPT는 통찰력 있는 데이터 분석을 해 줍니다. 사이트 주소나 파일을 첨부한 뒤 질문을 하면 됩니다. 예를 들어 빅데이터 분석 사례로 많이 거론되고 있는 '국내 주요 테마파크별 입장객 추이' 2011년 차트의 이미지 파일을 첨부하여 '첨부된 데이터를 분석해 주세요.'라고 질문한 뒤 '2007년 롯데월드의 입장객 수의 급락에 따른 원인이 무엇인가요?'라고 질문하면 (2006년 놀이기구 탑승객 사망 사고로 인한 것이었다는 사실을) '시설 안전 문제 및 노후화로 인한 방문객 감소'로 완화해서 분석

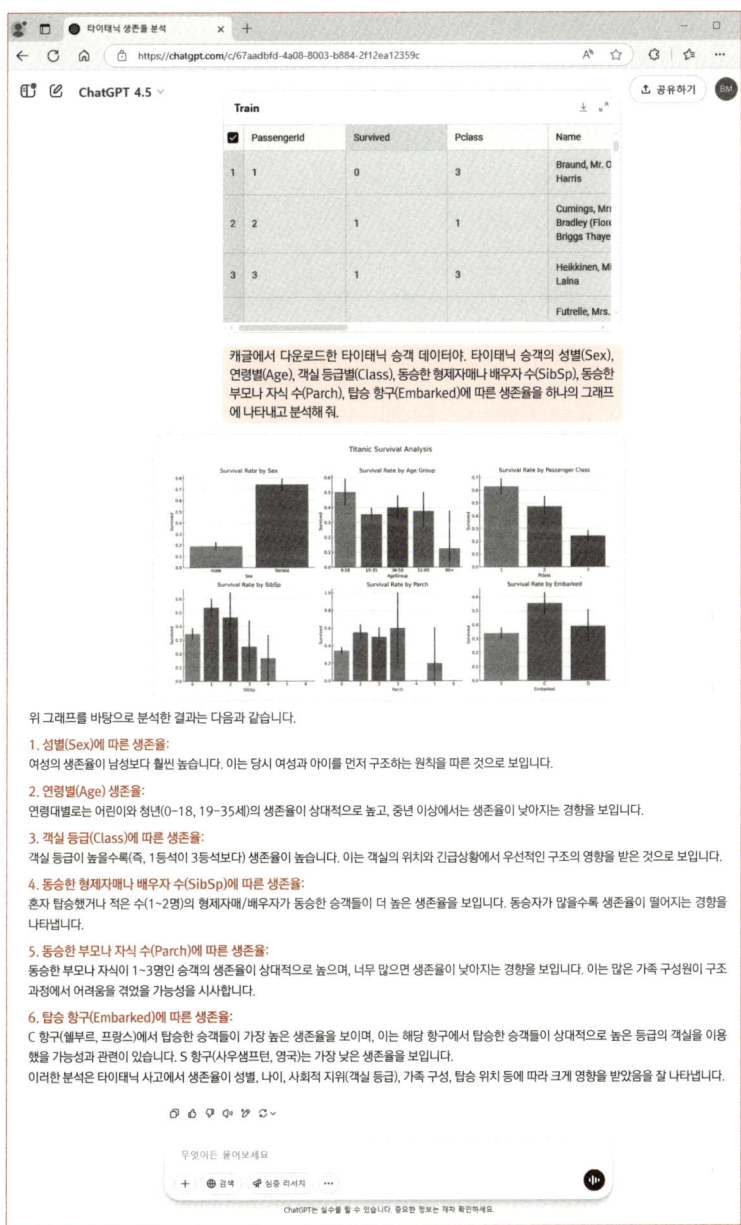

▲ 캐글의 타이태닉호 승객 데이터 파일(train.csv)을 올려 시각화와 분석을 한 모습.

4장 · 인공지능(AI)을 통해 바뀔 일의 방식   131

해 줍니다. 이때 롯데월드의 감소된 매출이 에버랜드나 다른 테마파크의 매출 증가로 이어지지 않는 것도 '특정 놀이공원의 문제라기보다 놀이공원 자체에 대한 불신과 기피 현상을 초래'한 것으로 분석하고 2010년부터 다시 시설 보강과 마케팅 강화로 성장함을 분석해 줍니다.

이밖에 고등학교 시험 기출 문제를 입력하거나 PDF나 이미지 파일 형태로 올려 해설과 정답을 달아달라고 하면 놀라울 정도로 정확한 정답과 해설로 잘 분석해 냅니다. 또한 양이 많은 엑셀의 수치 데이터를 업로드하면 데이터를 분석하고 시각화도 합니다.

⑤ 세계 여러 나라 말 번역: 생성형 AI의 다국어 번역 능력

생성형 AI는 전 세계 언어를 이해하고 번역하는 능력으로 우리의 삶을 더욱 편리하게 만들어 줍니다. 한국어는 물론 영어, 중국어, 프랑스어, 독일어 등 다양한 언어를 자유롭게 넘나들며, 마치 다국어에 능통한 통역사처럼 작동합니다.

이처럼 놀라운 번역 능력의 비결은 생성형 AI가 언어를 저장하는 방식에 있습니다. AI는 모든 언어를 고유한 데이터 형식으로 저장하는 대신, '공통 언어 벡터 데이터'라는 방식으로 변환하여 처리합니다. 이는 마치 모든 언어를 하나의 보편적인 언어로 통일시킨 다음, 필요에 따라 다시 특정 언어로 변환하는 과정과 같습니다. 이런 방식을 통해 AI는 언어 간의 벽을 허물고, 빠르고 정확한 번역을 가능하게 합니다.

예를 들어, AI를 활용하면 영어 뉴스 기사를 한글로 번역하거나 이를 다시 중국어로 변환해 사용할 수 있습니다. 더 나아가, 특정 주제에 대한 정보를 검색하고, 다국어로 결과를 생성함으로써 전 세계적으로 정보를 공유할 수 있는 기회를 제공합니다.

실용적 활용 예시

① 뉴스 번역 및 다국어 활용
예를 들어, "AI가 학교의 미래를 어떻게 바꿀지"에 대한 뉴스를 영어로 작성하도록 AI에 요청하면, 고품질의 기사가 생성됩니다. 이후 이를 한국어로 번역해 국내 사용자와 공유하거나, 중국어로 변환해 글로벌 독자들에게 전달할 수도 있습니다.

② 다문화 소통 지원
외국어에 능숙하지 않은 사용자도 생성형 AI를 통해 원활하게 소통할 수 있습니다. 예를 들어, 비즈니스 이메일을 작성하거나 해외 고객과의 대화 내용을 번역할 때 AI를 활용하여 시간을 절약하고 정확도를 높일 수 있습니다.

③ 언어 학습 보조
AI는 단순한 번역 도구를 넘어, 언어 학습의 보조 역할도 합니다. 단어의 맥락을 설명하거나, 특정 표현의 사용 방법을 알려줌으로써 학습자의 이해를 돕습니다.

생성형 AI는 단순히 번역을 넘어, 언어를 통해 세계를 연결합니다. 다양한 언어에 대한 접근성을 높여 국제적 협업을 돕고, 정보를 더 많은 사람과 공유할 수 있는 가능성을 열어줍니다. 더 이상 언어가 장벽이 될 필요는 없습니다. AI를 통해 우리는 전 세계와 소통하고, 글로벌 관점에서 더 나은 결정을 내릴 수 있습니다.

⑥ 자동으로 답변하기: AI가 만드는 똑똑한 자동 응답의 세계

우리 주변에서 흔히 사용하는 자동 응답 서비스는 우리의 일상생활을 훨씬 더 편리하고 효율적으로 만들어 줍니다. 예를 들어, 고객이 자주 묻는 질문에 대해 미리 준비된 답변을 제공함으로써 빠르게 문제를 해결할 수 있습니다.

또한, 식당이나 호텔 예약도 자동화된 시스템으로 간단히 처리할 수 있습니다. 원하는 날짜와 시간을 선택하면 즉시 예약이 완료되고, 제품이나 서비스에 대한 문의에도 24시간 자동 응답 시스템이 실시간으로 도움을 줍니다. 이메일을 자동으로 처리해주는 기능도 큰 도움이 됩니다. 받은 이메일의 내용을 분석하고 적절한 답변을 자동으로 보내주는 방식이죠. 설문 조사도 마찬가지입니다. 고객의 의견을 효율적으로 수집해 더 나은 서비스를 제공하는 데 활용됩니다.

이러한 서비스의 핵심은 AI의 '프로파일링' 기술에 있습니다. 프로파일링은 사용자의 특성과 요구를 분석해 가장 적합한 답변을 제공하는 기술입니다. 이로 인해 우리는 더욱 빠르고 정확하게 필요한 정보를 얻을 수 있습니다.

특히 상담의 영역에서도 AI의 역할은 놀랍습니다. 원하는 상담사의 특징을 AI에게 알려주면, 그것을 바탕으로 상담을 진행할 수 있습니다. 예를 들어, 연애 상담을 원한다면 "경험이 많고, 공감 능력이 뛰어나며, 비밀을 잘 지키고 현실적인 조언을 해줄 수 있는 상담사처럼 상담해 주세요."라고 요청할 수 있습니다. AI는 이런 요구를 바탕으로 마치 그러한 상담사가 직접 조언하는 것처럼 맞춤형 대화를 제공합니다.

이 과정에서 AI는 우리가 원하는 대화를 미리 이해하고, 그에 맞는 방식으로 응답을 조율합니다. 이를 통해 더욱 만족스럽고 실용적인 대화를 나눌 수 있습니다. 상담뿐만 아니라 다양한 자동 응답 서비스에서도 이러한 맞춤형 접근 방식을 활용하면 더 많은 혜택을 누릴 수 있습니다.

결국, 인공지능은 단순히 정해진 답변만을 제공하는 도구가 아닙니다. 우리의 필요를 이해하고, 적응하며, 더욱 개인화된 솔루션을 제안함으로 우리가 일상과 업무에서 더욱 풍부한 경험을 만들어 갈 수 있도록 도울 수 있습니다.

⑦ 프로그램 개발: 개발자의 업무 자동화

챗GPT가 웬만한 프로그래머가 해내는 일은 다 자동화해 줍니다. 특히 인공지능 언어로 많이 언급되는 파이썬(Python)은 코딩을 직접 사람이 할 필요가 없을 정도로 잘 해냅니다.

파이썬 외에도 수십 개의 프로그래밍 언어를 다룰 수 있습니다. 챗GPT는 파이썬, 자바, C, C++, C#, 자바스크립트, 스위프트, 코틀린, 루비, Go, 러스트, PHP 외에도 웹 개발 언어, 모바일 개발 언어, 게임 개발 언어 등 다양한 프로그래밍 언어로 코드를 만들고 개발자의 업무를 자동화 해 줍니다.

⑧ 규칙 검토하기: 규약과 규칙 작성 및 확인하는 방법

규칙과 규약은 우리가 지켜야 할 기본적인 원칙과 약속을 명확히 하기 위해 매우 중요합니다. 특히, 규칙을 잘못 작성하거나 모호하게 표현하면 불필요한 오해나 심각한 문제가 발생할 수 있습니다. 이런 상황에서 인공지능은 강력한 도우미 역할을 합니다.

인공지능은 방대한 데이터를 학습한 경험을 바탕으로 명확하고 이해하기 쉬운 문서를 작성할 수 있는 능력을 갖추고 있습니다. 약관이나 규칙 작성은 물론, 빠진 내용이 없는지 검토하거나 사람들이 쉽게 이해할 수 있도록 문장을 다듬는 데도 도움을 줄 수 있습니다.

예를 들어, 영어 회화 학원의 이용 약관을 작성할 때, 인공지능은 학원의 목적, 회원의 의무, 환불 정책 등 세부 내용을 체계적으로 정리해 줄 수 있습니다. 이렇게 만들어진 약관은 학원과 회원 간의 관계를 명확히 정의하고, 불필요한 분쟁을 예방할 수 있습니다.

특히, 약관에 '환불 보증 정책'을 추가하고 싶다면, 인공지능은 그에 맞는 조건과 절차를 구체적으로 제안할 수 있습니다. 예를 들어, 학생이 일정 기간 동안 성실히 참여했음에도 불구하고 영어 실력에 향상이 없을 경우 환불을 보장한다는 내용을 추가하면 신뢰도가 높아집니다.

이런 문서 작성 과정에서 중요한 것은 세 가지입니다.

❶ 명확성: 문장이 모호하지 않고, 누구나 쉽게 이해할 수 있어야 합니다.
❷ 완전성: 규칙에 빠진 내용이 없도록 꼼꼼히 검토해야 합니다.
❸ 전문가 검토: 인공지능의 도움으로 작성된 문서라도 반드시 법률 전문가의 확인을 받아야 합니다.

이러한 방식으로 작성된 규약은 단순히 문서의 역할을 넘어, 조직의 신뢰와 투명성을 높이는 데 기여합니다.

결론적으로, 인공지능은 규칙 작성의 효율성을 높일 뿐 아니라, 우리가 더 나은 결과물을 얻을 수 있도록 도와주는 강력한 도구입니다. 다만, 법적 효력을 가진 문서라면 전문가와의 협업을 통해 더욱 안전하고 완벽하게 마무리하는 것이 중요합니다.

◇ 5장 ◇

인공지능(AI)을 통한 교육과 학습

1
인공지능을 통한 교육의 가능성

　인공지능(AI)은 우리의 학습 방식에 새로운 가능성을 열어주며 큰 변화를 이끌고 있습니다. 이러한 발전은 때로 선생님들의 역할 축소에 대한 우려로 이어지기도 합니다. 그러나 AI는 교육의 보조자로서, 사람과의 협력을 통해 더 나은 학습 환경을 만들어갈 수 있습니다.

　AI는 특정 분야에서 특히 두각을 나타냅니다. 컴퓨터 프로그래밍을 가르치거나, 수학 문제를 풀어주는 것, 외국어 학습을 돕는 데 매우 유용합니다. 예를 들어, 영어를 배우고 싶을 때 AI는 맞춤형 학습 계획을 제공하고, 발음 연습부터 문법 학습까지 체계적으로 도와줍니다. 더 이상 값비싼 교재를 구매하거나 별도의 수업을 찾아다니지 않아도 됩니다. 공인중개사 같은 자격증 준비에서도 AI는 기억해야 할 내용을 효율적으로 정리하고, 학습을 최적화하는 방법을 제안해줍니다.

① AI를 활용한 학습 사례

50세 남성이 처음으로 영어를 배우고자 할 때, AI는 개인의 필요와 수준에 맞춘 체계적인 커리큘럼을 제공합니다. 학습 목표를 설정하고, 알파벳과 기본 단어를 익히는 단계에서 시작해 일상 대화, 문법 심화, 듣기와 말하기 연습까지 세분화된 학습 로드맵을 제안합니다. 이러한 계획은 학습자의 흥미를 유지하고 지속적인 성장을 가능하게 합니다.

② AI와 육아의 접목

학습뿐 아니라, AI는 육아에도 실질적인 도움을 제공합니다. 예를 들어 3살 아이가 식사 중 유튜브를 보고 싶어할 때, AI는 아이의 감정을 이해하고 상황에 맞는 해결책을 제시합니다. 부모가 지켜야 할 일관된 규칙을 설정하도록 돕고, 아이가 유튜브 없이 식사에 집중할 수 있도록 재미있는 대안을 제공합니다. 유튜브를 점진적으로 줄이거나, 식사 후 짧은 시청 시간을 보상으로 설정하는 전략도 제안합니다.

AI는 마치 경험 많은 육아 전문가처럼 아이의 행동을 분석하고, 실천 가능한 해결책을 제공합니다. 동시에, 부모가 아이와 긍정적으로 소통할 수 있도록 대화를 설계하는 데 도움을 줍니다.

③ 인간과 AI의 협력

AI는 데이터를 기반으로 유용한 아이디어와 도구를 제공하지만 이를 실행하는 과정에서는 인간의 감정, 윤리, 문화적 배경이 반드시 반영되어야 합니다. AI가 제안한 방법이 모든 상황에 적합하지 않을 수 있기 때문에, 현장에서 이를 조정하고 보완하는 역할은 여전히 인간의 몫입니다.

예를 들어, AI가 제안하는 학습 방식이나 육아 전략은 소규모로 실험한 뒤 효과를 검증하고, 필요에 따라 수정하는 과정이 중요합니다. 교사와 부모, 학습자의 피드백을 적극 반영하며 AI와 협력하면 더욱 의미 있는 결과를 도출할 수 있습니다.

결국, AI는 도구일 뿐만 아니라 협력자로서 우리의 능력을 확장시킵니다. AI와 인간이 각자의 강점을 살린 협업체계를 만들 때 우리는 교육과 양육의 본질을 잃지 않으면서도 더 나은 결과를 만들어낼 수 있습니다. AI를 잘 활용하고 끊임없이 개선하는 과정이 곧 성공으로 이어질 것입니다.

> AI가 교육에 대해 제안하는 대안을 실행할 때, 인간은 이를 신중하게 검토하고 현장에 맞게 조정해야 합니다. AI는 데이터를 기반으로 유용한 아이디어를 제공하지만, 교육은 인간의 감정, 윤리, 문화적 배경과 같은 요소가 중요하기 때문에 이를 인간이 직접 판단하고 실행 방향을 결정해야 합니다.

먼저, AI가 제시한 대안을 현실적으로 실행 가능한지 검토해야 합니다. 예를 들어, AI가 추천하는 학습 방식을 실제 학교 환경에서 적용할 수 있는지 살펴봐야 합니다. 또한, AI의 대안이 학생들의 학습과 인성 발달에 얼마나 긍정적인 영향을 미칠지 평가해야 합니다.

다음으로, AI의 제안을 인간의 창의성과 문화적, 윤리적 요소를 반영해 조정해야 합니다. 예를 들어, AI가 서양식 학습 모델을 제안하더라도, 지역의 교육 철학과 잘 어울리게 수정할 필요가 있습니다. 데이터 사용이나 학생 간 형평성 같은 윤리적 문제도 꼼꼼히 확인해야 합니다.

AI 대안을 실행하기 전에, 소규모로 시범 적용하여 효과를 검증하고 부족한 점을 보완하는 과정이 필요합니다. 실행 중에는 교사와 학생의 피드백을 적극적으로 반영해 대안을 더욱 발전시킬 수 있어야 합니다.

결국, AI는 도구로 사용하고, 최종 결정은 인간이 내리는 것이 중요합니다. AI의 도움으로 데이터를 분석하고 새로운 아이디어를 얻을 수 있지만, 교육의 본질은 학생들의 성장과 행복에 초점을 맞춰야 합니다. AI와 인간이 협력해 더 나은 교육을 만들어갈 수 있도록 지속적으로 검토하고 개선해 나가는 것이 필요합니다.

2
교사의 인공지능 활용 방안

　인공지능(AI)은 교육에서 강력한 도구로 자리 잡았지만, 여전히 많은 사람들이 그 잠재력을 충분히 활용하지 못하고 있습니다. 만약 교사들이 AI를 통해 다양한 문제를 해결할 수 있는 방법을 제대로 이해한다면, 교육 현장에서 훨씬 더 효율적이고 효과적인 방안을 실행할 수 있을 것입니다.

　특히, AI를 활용한 문제 해결은 단순히 시간을 절약하는 것을 넘어, 수업의 질을 높이고 학생 개개인의 필요에 맞춘 교육을 제공할 수 있는 기회를 제공합니다. 다음에 소개할 다섯 가지 핵심 영역을 깊이 이해하고 적용하면, 교사들은 직면한 다양한 도전에 능동적으로 대처할 수 있을 뿐만 아니라, 수업과 업무의 효율성을 극대화할 수 있을 것입니다.

　AI는 단순한 도구가 아니라, 교사들에게 새로운 가능성과 창의적인 해결책을 제시하는 동반자 역할을 할 수 있습니다. 이를 통해 더 나은 교육 환경을 조성하고, 학생들과의 상호작용을 강화하며, 교육의 본질에 한 발 더 다가설 수 있을 것입니다.

① 커리큘럼 수립

학생들이 배우는 과목에서 최고의 학습 효과를 얻기 위해서는 먼저 명확한 방향 설정이 필요합니다. 이를 위해, 커리큘럼의 전체적인 틀과 개요를 명확히 정리하는 것이 첫걸음입니다. 이 과정은 단순한 정리가 아니라 모든 학습 활동의 토대를 마련하는 중요한 단계로, 학생들이 배울 과목이 어떤 목표를 지향하는지 분명히 하는 데 중점을 둡니다.

이후에는 이러한 개요를 바탕으로 명확하고 달성 가능한 학습 목표를 설정해야 합니다. 단순히 목표를 세우는 것에 그치지 않고, 이를 구체적으로 실행할 수 있는 수업 계획으로 전환하는 과정이 중요합니다. 이 단계에서 수업의 흐름과 구성은 물론, 학생들의 학습 참여를 극대화할 수 있는 방법들을 고민해야 합니다.

효과적인 학습을 위해 커리큘럼에 맞는 교재를 선정하는 것은 필수적입니다. 하지만 여기서 멈추지 않고, 교재의 내용을 풍성하게 만들 다양한 교육 방법을 적용해야 합니다. 이때, 학생 개개인의 학습 스타일과 필요를 세심히 고려하는 것은 학습의 질을 높이는 중요한 열쇠가 됩니다. 나아가, 학습 진행 상황을 점검하고 평가할 수 있는 구체적인 방안을 마련함으로써 학생들이 제때 올바른 방향으로 나아가고 있는지 확인해야 합니다.

또한, 효과적인 커리큘럼은 단지 학생들에게 과제를 부여하거나 시험을 치르게 하는 데 그치지 않습니다. 과제나 시험은 학습 내용을 확인하고 성과를 분석하는 도구일 뿐 아니라, 학생들에게 학습의 성취감을 느끼게 하고 발전 방향을 제시할 수 있어야 합니다. 그리고 이 모든 과정을 거친 후에는 학생과 강사 모두가 피드백을 주고받으며 개선점을 반영하는 순환 과정을 통해 커리큘럼을 지속적으로 발전시켜야 합니다.

커리큘럼 수립과 실행은 한 번의 완성으로 끝나는 작업이 아닙니다. 정기적인 검토와 업데이트는 변화하는 교육 환경과 학생들의 요구에 부응하기 위해 필수적입니다. 특히, AI를 활용하여 체계적이고 효율적으로 커리큘럼을 설계하고 관리한다면, 학생들에게 더 나은 학습 환경을 제공할 수 있는 가능성은 무궁무진해집니다.

결국, 성공적인 커리큘럼은 단순히 지식의 전달이 아니라, 학생들에게 진정한 학습 경험을 선사하는 것입니다. 지금이 바로 그 변화를 시작할 순간입니다.

② 수업 시간 관리

수업 시간 관리와 교실 운영은 교사로서 성공적인 학습 환경을 만드는 데 핵심적인 요소입니다. 학생들이 배움에 몰입하고 자신감을 가질 수 있도록 돕는 환경을 조성하려면 몇 가지 중요한 원칙이 필요합니다.

우선, 학생들이 편안함과 안전함을 느낄 수 있는 긍정적인 학습 분위기를 만드는 것이 중요합니다. 예를 들어, 책상과 의자의 배치를 조정해 학생들 간의 상호작용을 촉진하거나 학습 도구를 쉽게 접근할 수 있도록 환경을 정돈하는 것이 큰 차이를 만들 수 있습니다. 또, 명확하면서도 간결한 교실 규칙을 설정해 학생들이 규칙을 이해하고 자연스럽게 따를 수 있도록 도울 수 있습니다.

다양한 학습자의 행동을 고려하는 것도 필수적입니다. 문제 행동을 예방하기 위한 사전 대책을 마련하고, 특히 소극적인 학생들에게는 적절한 격려와 지도로 자신감을 키워줄 필요가 있습니다. 각 학생이 가진 학습 속도와 이해도의 차이를 존중하며, 맞춤형 지도 방식을 적용한다면 학생들의 성취감을 크게 높일 수 있습니다. 특히 긍정적인 피드백과 적극적인 소통은 교실 분위기를 한층 더 밝게 만들 수 있는 열쇠입니다.

그룹 활동이나 토론 중에는 학생들이 서로 협력하고 책임감을 느낄 수 있는 분위기를 조성하세요. 학생들이 자유롭게 질문하거나 의견을 공유할 수 있는 환경은 자율성과 리더십을 키우는 데 효과적입니다. 이와 함께 학부모나 동료 교사와 협력해 학생의 성장을 지원하는 방식도 만들어 볼 수 있습니다.

수업 시간 관리는 학생들의 몰입과 학습 효율성을 극대화하기 위한 중요한 기술입니다. 60분의 영어 수업처럼 정해진 시간 내에 활동별로 적절한 시간을 배분하고, 활동 간 전환을 매끄럽게 이끌어 나가는 것은 시간 관리의 핵심입니다. 타이머를 활용하거나 간단한 아젠다를 작성해 수업을 체계적으로 준비하는 것도 유용한 방법입니다. 또한, 질의응답 시간을 효과적으로 제한하거나 쉬는 시간을 적절히 배치함으로써 학생들의 집중력을 유지할 수도 있습니다.

수업 외 시간 관리 또한 교사의 업무 효율성을 높이는 중요한 부분입니다. 교재를 준비할 때는 우선순위를 설정하고, 프로젝트 관리 도구를 활용해 작업을 체계적으로 정리해보세요. 중요한 과제부터 처리하며 이메일과 연락 업무를 효율적으로 관리하면, 집중해야 할 작업에 더 많은 에너지를 쏟을 수 있습니다. 적절한 휴식으로 에너지를 재충전하고, 일과 개인 생활의 균형을 유지하는 것도 중요합니다.

AI를 활용하면 이러한 모든 과정이 훨씬 더 효율적이고 창의적으로 진행될 수 있습니다. AI는 수업 자료를 빠르게 검색하고 정리하며, 교사에게 최적화된 수업 계획을 세우는 데 큰 도움을 줄 수 있습니다. 예를 들어, 특정 주제의 영어 문헌을 검색하고 이를 한국어로 요약하거나, 한 학기의 수업 계획을 몇 분 만에 작성할 수도 있습니다. AI 기반 도구는 수업 자료 제작에도 유용하게 활용될 수 있습니다. 마인드맵, 플로차트, 원형 차트와 같은 시각적 자료를 손쉽게 생성해 학습 내용을 한눈에 정리하거나, 특정 주제에 관한 퀴즈를 자동으로 제작해 수업에 바로 활용할 수 있습니다.

이처럼, AI를 통해 수업 준비부터 진행, 피드백까지 체계적이고 창의적으로 관리한다면 교사의 부담을 줄이고 학생들에게 더 나은 학습 환경을 제공할 수 있습니다. 교사는 이제 보다 중요한 영역에 집중하며, 학생들의 성장에 실질적인 변화를 가져올 수 있는 시간이 더 많아질 것입니다.

③ 평가 및 피드백

학생들의 학습을 공정하고 효과적으로 평가하기 위해서는 명확한 기준과 체계적인 평가 방법이 필요합니다. 단순히 점수를 매기는 것을 넘어, 평가가 학습의 방향을 제시하고 학생들이 스스로 발전할 수 있는 계기가 되도록 만들어야 합니다. 이를 위해 루브릭(Rubric)과 같은 평가 도구를 적극적으로 활용하면, 평가 과정을 명확하고 투명하게 관리할 수 있습니다.

루브릭은 교사와 학생 모두에게 강력한 학습 도구가 됩니다. 학생들에게는 자신이 어떤 부분을 목표로 해야 하고, 무엇을 개선해야 하는지를 명확히 알려주며, 교사에게는 체계적이고 공정한 평가를 가능하게 합니다. 예를 들어, 글쓰기 과제를 평가할 때, 문법, 구조, 창

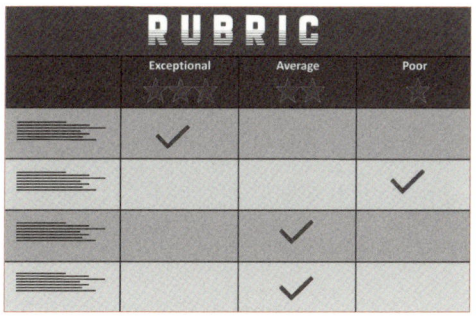
▲ 루브릭 평가 도구

의성 같은 항목을 기준으로 평가 수준을 세분화하면 학생들이 자신의 성과를 구체적으로 이해할 수 있습니다. "문법 오류가 전혀 없음"이 매우 우수, "문법 오류가 1~2개 있음"이 우수로 평가된다면, 학생들은 자신의 약점을 명확히 인지하고 개선할 수 있는 동기를 얻을 것입니다.

뿐만 아니라 루브릭은 평가를 단순한 결과가 아닌 피드백의 중요한 과정으로 전환합니다. 학생들이 평가 결과를 통해 강점을 발견하고 부족한 점을 명확히 파악하게 된다면 학습에 대한 자신감과 동기부여로 이어질 수 있습니다. 특히 인공지능을 활용하면 이 과정이 더욱 효율적이고 창의적으로 이루어질 수 있습니다. AI는 루브릭을 자동으로 생성하거나, 작문 평가를 반자동으로 진행하며, 잘한 점을 칭찬하고 구체적인 개선점을 제안하는 데 유용합니다. 예를 들어 문법 오류가 발견되었을 때 이를 지적하며 수정안을 제공하거나 학생의 노력을 격려하는 긍정적인 메시지를 추가하는 것도 가능합니다.

학생 평가에서는 형성 평가와 누적 평가의 균형도 중요합니다.

형성 평가는 학습 도중 학생들이 놓친 부분을 파악하고 보완할 기회를 제공하며, 누적 평가는 학습의 전체적인 결과를 종합적으로 평가합니다. 또한, 자기평가와 동료평가를 도입하면 학생들이 스스로 학습 과정을 반성하고 다른 사람과 협력하며 학습을 확장하는 경험을 할 수 있습니다. AI는 이러한 자기평가와 동료평가를 위한 체크리스트나 평가 시트를 빠르게 생성하여 교사와 학생 모두의 시간을 절약해 줍니다.

학습 로그 템플릿과 같은 도구를 사용하면 학생들은 자신만의 학습 기록을 체계적으로 관리할 수 있습니다. 예를 들어, 중학교 2학년 학생이 자신의 학습 과정을 기록하며 진행 상황을 추적하고, 개선점을 명확히 정리하도록 돕는 방식입니다. 학기말에는 인터뷰 형식의 평가를 통해 교사가 학생들의 이해도를 확인하고, 이를 바탕으로 다음 학습 방향을 설정하는 데 활용할 수도 있습니다.

▲ 일일 홈스쿨 학습 로그 템플릿

평가 과정에서 중요한 또 다른 요소는 피드백의 품질입니다. AI는 학생들이 받는 피드백을 구체적이고 건설적으로 만들어줍니다. 예를 들어, "문법은 대부분 정확하지만 구조적인 개선이 필요합니다. 서론에 핵심 요약이 포함되면 훨씬 더 강력한 글이 될 것입니다."와 같은 피드백은 학생들에게 구체적인 개선 방향을 제시합니다. 마지막으로 학생들을 격려하는 한마디, 예를 들어, "이번 글쓰기 과제에서 보여준 창의력이 정말 인상 깊었습니다. 계속 발전해 나갈 것을 기대합니다!" 같은 메시지는 학습에 대한 의욕을 한층 북돋울 수 있습니다.

결국, 평가란 단순히 점수를 매기는 작업이 아니라 학생들의 학습 여정을 돕는 중요한 과정입니다. AI의 도움을 받아 공정하고 체계적인 평가 기준을 마련하고, 학생들에게 유용하고 긍정적인 피드백을 제공한다면, 학습 효과는 자연스럽게 극대화될 것입니다. 이러한 과정을 통해 교사와 학생 모두가 만족할 수 있는 학습 환경이 만들어질 것입니다.

4 개별 학습 관리

모든 학생이 각자의 잠재력을 최대한 발휘할 수 있도록 지원하려면, 그들의 다양성을 존중하며 개별화된 학습 접근 방식을 도입하는 것이 핵심입니다. 학생마다 학습 속도, 이해도, 선호하는 학습 스타일이 다르기 때문에, 이를 세심하게 고려한 맞춤형 학습 계획을 수립하는 것은 단순한 선택이 아니라 필수입니다. 시각, 청각, 체험 중심 등 다양한 학습 방식을 활용하면, 각 학생의 학습 흥미와 몰입도를 더욱 높일 수 있습니다.

특히, 특별한 지원이 필요한 학생들에게도 학습의 문턱을 낮추는 교재와 자료가 중요합니다. 직관적이고 쉽게 접근할 수 있는 자료를 통해 모든 학생이 학습에 동등하게 참여할 수 있어야 합니다. 이러한 지원은 학습 능력과 스타일의 차이를 인정하면서도 공정성을 유지하는 평가 방식과 함께 이루어져야 합니다.

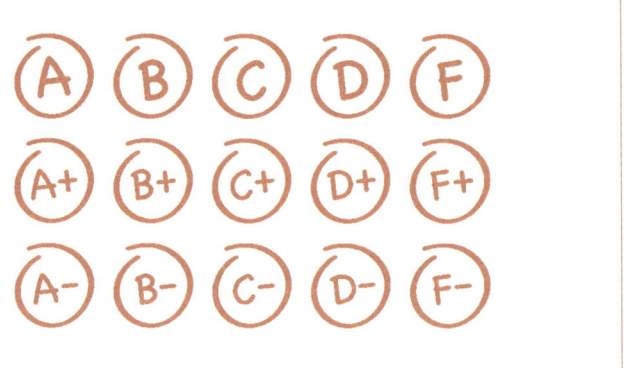

협력 활동은 개별 학습의 한계를 넘어서 다양한 학습 요구를 통합하는 훌륭한 방법입니다. 페어워크나 그룹워크와 같은 협력 기반 학습은 학생들이 서로의 강점을 발견하고 함께 성장할 수 있는 기회를 제공합니다. 이때, 다양한 학습 요구를 반영한 교재와 자료는 이러한 협력이 원활하게 이루어지도록 돕는 중요한 도구가 됩니다. 또한, 학생들이 자신의 학습 스타일과 요구를 스스로 이해하고 반영할 수 있는 기회를 제공하면, 자기 주도적 학습 능력을 키우는 데도 큰 도움이 됩니다.

뿐만 아니라, 학부모나 교육 전문가와의 협력은 학생 개개인에게 최적화된 학습 환경을 제공하는 데 필수적인 요소입니다. 전문가와의 상담을 통해 학생에게 적합한 학습 방법을 탐색하거나, 학부모와 함께 학생의 학습 목표를 설정하고 지원 방안을 논의할 수 있습니다. 이를 통해 모든 학생이 소외되지 않고 차별 없이 성장할 수 있는 포괄적이고 따뜻한 교실 환경을 조성할 수 있습니다.

여기에서 AI는 개별화된 학습 계획과 교육 활동을 실행하는 강력한 도구로 자리합니다. AI는 학생들의 학습 데이터와 행동 패턴을 분석하여, 각각의 학습 속도와 이해 수준에 맞는 맞춤형 자료와 활동을 제공합니다. 예를 들어, 수학에서 빠르게 진도를 나가는 학생에게는 도전적인 문제를, 추가 연습이 필요한 학생에게는 기본 개념을 반복적으로 학습할 기회를 제공할 수 있습니다. 또한, 학생이 이해하기 어려워하는 부분이 있으면 이를 더 쉽고 구체적으로 설명하거나, 상황에 맞는 새로운 예시를 제시하여 학습 이해를 돕습니다.

복습 역시 AI의 강점입니다. AI는 학생의 학습 기록을 기반으로 중요한 개념을 다시 반복하거나, 새로 배우는 내용과 이전에 학습한 내용을 연결하여 이해를 심화시킵니다. 예를 들어, 영어 문법에서 가정법 과거를 어려워하는 학생에게 AI는 기본 문법을 다시 학습할 기회를 주고, 점진적으로 더 높은 난이도로 이동할 수 있도록 도와줍니다. 이 과정에서 학생은 부담을 느끼지 않고 자신의 페이스에 맞춰 성장할 수 있습니다.

평가 또한 AI를 활용해 한 단계 더 발전시킬 수 있습니다. AI는 학생들의 과제를 신속하게 평가하고, 단순한 점수 제공을 넘어 구체적인 피드백을 제공합니다. 예를 들어, 잘한 점을 칭찬하며 자신감을 심어주고, 개선해야 할 부분에 대해서는 실질적인 조언을 덧붙입니다. 이를 통해 학생들은 자신의 강점과 약점을 명확히 이해하고, 다음 학습에 이를 반영할 수 있습니다.

결국, AI는 학생 개개인의 학습 경험을 맞춤형으로 설계하며, 그들의 학습 여정을 체계적이고 효과적으로 지원하는 도구로 자리합니다. 이를 통해 학생들은 자신의 학습 과정에서 더욱 주체적이고 자신감 있게 임할 수 있으며, 교사와 학생 모두에게 긍정적인 변화를 가져올 수 있습니다.

⑤ 학부모 소통

학부모와의 효과적인 소통은 학생들의 학습과 성장에 긍정적인 영향을 미치는 중요한 요소입니다. 이를 위해서는 진심 어린 태도와 체계적인 준비가 필수적입니다. 먼저, 학부모와 대화할 때 열린 마음으로 소통하며, 명확하고 간결한 의사 전달을 연습하는 것이 중요합니다. 이러한 자세는 학부모와의 신뢰를 쌓는 첫걸음이 됩니다.

학부모 미팅을 준비할 때는 학생의 학습 상황과 성과를 구체적으로 정리하여 미리 자료를 준비하는 것이 효과적입니다. 학습 태도, 성취도, 그리고 개선 방향에 대한 명확한 정보를 제공하면 학부모는 아이의 현재 상태를 이해하고, 어떻게 지원할 수 있을지 생각할 기회를 갖게 됩니다.

미팅을 진행하면서는 제한된 시간 내에 핵심 내용을 전달하는 동시에 학부모의 의견을 경청하는 자세가 필요합니다. 단순히 정보를 전달하는 것을 넘어, 학부모와 함께 문제를 논의하며 해결책을 모색하는 과정은 협력적 관계를 강화하는 데 큰 도움이 됩니다. 이를 위해 간단한 메시지나 이메일을 활용해 정기적으로 소식을 전하거나, 정보를 원활히 공유할 수 있는 소통 창구를 마련하는 것도 좋은 방법입니다.

민감한 문제를 다룰 때는 특히 신중한 태도가 요구됩니다. 학부모의 입장을 충분히 이해하려는 노력이 필요하며, 의견 차이가 있을 경우 서로의 관점을 존중하는 자세로 합리적인 해결책을 모색해야 합니다. 이 과정에서 학생의 발전 가능성에 초점을 맞춘 긍정적인 피드백을 전달하면 학부모는 아이의 성장 가능성에 대한 희망을 갖게 됩니다.

수업 진행 상황이나 학습 결과를 학부모에게 전달할 때는 중요한 내용을 간결하고 핵심적으로 요약해 알기 쉽게 전달해야 합니다. 동시에, 학생의 잠재력과 앞으로의 가능성에 대한 긍정적인 메시지를 강조하면 학부모는 보다 협조적이고 신뢰하는 태도를 보일 것입니다.

학부모로부터 받은 피드백은 성장의 기회로 삼아야 합니다. 긍정적으로 수용하고 이를 반영해 개선하려는 노력을 보인다면 학부모와의 신뢰 관계는 더욱 견고해질 것입니다. 이러한 상호작용은 학생의 학습 환경을 개선하고, 더 나은 결과를 이끌어내는 중요한 토대가 됩니다.

AI는 이 과정에서 큰 역할을 할 수 있습니다. AI를 활용해 학생의 학습 데이터를 체계적으로 정리하고 학부모에게 맞춤형 정보를 제공한다면, 소통의 효율성과 품질을 동시에 높일 수 있습니다. 또한, AI는 학부모 미팅을 준비하는 과정에서 필요한 자료를 정리하거나, 학부모에게 전달할 수 있는 정기적인 소식지를 생성하는 데도 유용합니다.

결국, 학부모와의 소통은 단순한 정보 교환을 넘어, 학생의 학습과 성장이라는 공동 목표를 위한 협력의 장이 되어야 합니다. 진심 어린 대화와 체계적인 접근, 그리고 AI의 도움을 통해 학부모와의 관계를 한층 더 강화하고, 학생들에게 더욱 풍부한 학습 환경을 제공할 수 있을 것입니다.

6장
다이아몬드 칼라의 인간

1
공동체 의식이 충만하고
세계를 향한 비전을 갖춘 사람

    5차원 AI 교육을 통해서 우리는 인간력을 회복하고, 고도의 사고 체계를 가진 인간성을 지킬 수 있도록 해야 합니다. 우리는 이런 사람들을 '다이아몬드 칼라(Diamond-collar)의 인간'이라고 부릅니다.

    다이아몬드 칼라란 다음 다섯 가지 능력을 가진 사람을 의미합니다. 첫째, 참과 거짓을 구별할 수 있는 지적 힘이 있는 사람입니다. 둘째, 알고 있는 지식을 자신의 것으로 체득할 수 있는 마음의 힘을 가진 사람입니다. 셋째, 올바른 삶을 실천할 수 있는 몸의 힘을 가진 사람입니다. 넷째, 자신의 능력을 가치 있는 곳에 사용할 수 있도록 절제하는 자기 관리 능력을 가진 사람입니다. 다섯째, 좋은 인간 관계를 통해 공동체 의식을 가지고 다른 사람을 섬기는 힘을 가진 사람입니다.

이처럼 다이아몬드 칼라는 지적 능력, 심리적 능력, 신체적 능력, 자기관리 능력, 인간관계 능력 등을 전반적으로 계발하여 자신의 능력을 최대한으로 발휘하는 사람입니다. 그리고 이러한 경험과 힘을 바탕으로 다른 사람이 자신의 능력을 최대한 발휘할 수 있도록 돕는 지도자입니다. 또한, 다이아몬드 칼라는 공동체 의식이 충만하고, 나아가 세계를 향한 비전을 가진 사람입니다. 즉, 자신의 관심과 배려의 폭이 전 세계로 확장된 사람입니다.

21세기는 국제화가 빠르게 진행되고 있으며, 전 세계가 무대가 되는 시대가 될 것입니다. 이런 시대에서 지도자로서 살아가기 위해서는 세계를 넓게 바라볼 수 있는 시각이 필요하고, 세계의 다양한 필요에 관심을 가지며 대응할 줄 아는 능력이 중요합니다. 그렇다고 해서 모든 사람이 자기 나라를 떠나 외국으로 나가야 한다는 것은 아닙니다. 중요한 것은 자신이 어디에 있든지 다른 민족과 문화에 대한 관심과 마음을 가지고 세계와 소통할 수 있는 마음가짐입니다.

7장
글로벌 교육 공동체

1
'한민족 교육 공동체'의 꿈

　우리 민족은 많은 어려움을 딛고 일어나, 해방 이후 한국전쟁으로 인해 황폐해진 땅에서 세계 10위권의 경제 대국으로 성장해 왔습니다. 하지만 앞으로 우리 민족이 세계에서 살아남고 중요한 역할을 다하기 위해서는 두 가지 어려운 문제를 시급히 해결해야 합니다. 첫째는 남북한 갈등을 해결하여 한반도 전체를 위협하는 위험을 없애는 것이며, 둘째는 다양한 어려움을 극복하고 선진국으로 도약하는 것입니다. 그런데 이 문제들은 모두 세계적인 차원의 활동을 통해서만 해결할 수 있습니다.

　우리는 21세기를 맞아 세계적으로 중요한 위치에 서게 되었다는 사실을 인식할 필요가 있습니다. 현재 한국은 180개 국 이상에 진출해 있으며, 해외에 거주하는 한국인 수가 약 750만 명에 이릅니다. 특히 미국, 일본, 중국, 러시아 등 세계의 주요 국가에 많은 한국인이 진출해 세계적 영향력을 발휘하고 있습니다.

　이러한 영향력은 우리 민족이 의도적으로 만든 것이 아니라, 고통을 통해 형성된 결과입니다. 일제강점기와 한국전쟁 같은 역사적 사건들로 인해 중국에는 조선족이, 중앙아시아에는 고려인이, 일본에는 재일 동포가 생겨났습니다. 또한 한국전쟁 후에는 수많은 사람들이 미국과 유럽으로 나가게 되어, 오늘날 거대한 세계적인 한민족 공동체가 형성되었습니다. 이러한 역사의 흐름은 우리 민족이 의도한 것이 아니라, 역사 속에서 우리에게 주어진 선물임을 깨닫는 것이 중요합니다.

　이제 우리는 남북한 7,500만 동포와 해외에 흩어진 750만 동포를 교육을 통해 하나로 묶는 '한민족 교육공동체'의 꿈을 꿉니다. 새로운 교육 패러다임인 5차원 수용성 교육을 통해 모든 동포를 연결하고, 나아가 다른 민족과도 힘을 나누어 세계를 함께 사랑하는 '글로벌 교육 공동체'로 성장해 나가야 합니다.

　5차원 수용성 교육을 통해 학생들이 자신의 능력을 최대한 발휘하고, 이를 통해 다른 사람을 돕는 '다이아몬드 칼라의 세계 시민'을 양성함으로써, 무너진 교육을 재건하고 잃어버린 인간성을 회복하여, 인류가 진정한 가치를 지닌 삶을 살아갈 수 있도록 해야 합니다.

2부

호모 프롬프트, 공감형 AI 세대의 일하는 법

8장

더 깊이 가기

1
프롬프트 공식의 고도화

① 전제조건 작성법

우리는 매일 다양한 사람들과 이야기를 나누며 살아갑니다. AI와 대화할 때도 마찬가지로, 서로가 원하는 바를 정확하게 전달하는 것이 가장 중요합니다. 이때 도움이 되는 것이 바로 '전제조건'입니다.

⦿ '전제조건'이란?

'전제조건'이란 어떤 일을 시작하기 전에 미리 정해두는 약속입니다. 마치 요리를 하기 전에 레시피를 보면서 준비물을 챙기는 것처럼, 대화를 시작하기 전에 필요한 것들을 미리 정리하는 것입니다. 이렇게 하면 우리가 원하는 결과를 더 정확하게 얻을 수 있습니다.

우리는 생활 속 여러 곳에서 전제조건을 사용합니다. 학교 숙제를 할 때도, 회사에서 일을 할 때도, 친구와 만나기로 약속할 때도 전제조건이 필요합니다. 예를 들어, 친구에게 "점심 먹자"라고만 하면 언제, 어디서, 무엇을 먹을지 알 수 없습니다. 하지만 "내일 12시에 학교 앞 피자집에서 점심 먹자"라고 하면 모든 것이 훨씬 더 분명해집니다.

요즘 우리는 AI를 어떻게 활용해야 할지 궁금해하는 분들이 많습니다. 특히 회사에서 일할 때 생성형 AI를 어떻게 써야 할지 고민하는 분들이 늘고 있습니다. 이런 고민을 해결하는 열쇠는 바로 '전제조건'에 있습니다. 전제조건은 AI에게 일을 부탁할 때 필요한 자세한 설명서라고 생각하면 됩니다. 마치 친구에게 부탁할 때처럼, AI에게도 "지금 어떤 상황인지", "누가 하는 일인지", "무엇을 만들고 싶은지", "왜 이 일이 필요한지"를 자세히 알려주어야 합니다.

학교 숙제를 예로 들어보겠습니다. "방학 동안 읽은 책 감상문을 써 오세요."라는 숙제가 있다고 합시다. 이때 전제조건을 잘 활용하면 이렇게 됩니다.

- `무엇을 하나요?` 여름방학 독서 감상문 쓰기입니다.
- `왜 하나요?` 책을 읽고 깊이 있게 이해하기 위해서입니다.
- `무엇이 필요한가요?` 읽은 책과 필기도구가 필요합니다.
- `어떻게 써야 하나요?` A4용지 2장에 손글씨로 써야 합니다.
- `언제까지 내야 하나요?` 개학 첫날 아침까지 내야 합니다.
- `어떤 내용이 들어가야 하나요?` 줄거리 요약, 느낀 점, 새로 알게 된

점이 들어가야 합니다.

⊙ 전제조건을 주면 좋은 점 4가지

이렇게 전제조건을 꼼꼼하게 설명하면, AI는 우리가 원하는 것을 정확하게 이해하고 더 좋은 결과물을 만들어냅니다. 심지어 우리가 기대했던 것보다 더 멋진 결과를 보여주기도 합니다.

1 더 좋은 결과를 얻을 수 있음

"AI에게 내 생각을 제대로 전달하지 못해서 답답했던 적이 있나요?" 우리가 AI에게 정확하지 않은 부탁을 하면, AI도 우리가 정확히 무엇을 원하는지 이해하기 어렵습니다. 그래서 우리가 기대했던 것과는 다른 결과물을 내놓을 수 있습니다.

이때 AI에게 '전제조건'이라는 것을 사용하면 됩니다. 전제조건은 우리가 원하는 것에 대해 자세한 설명을 미리 하는 것입니다. 이렇게 하면 AI와 대화가 훨씬 수월해지고, 서로 오해 없이 일을 진행할 수 있습니다.

예를 들어, AI에게 "영업 자료를 만들어 줘."라고만 하면 막연합니다. 이렇게 부탁하면 AI는 어떤 종류의 영업 자료를 만들어야 할지, 누구를 위한 자료인지 알 수 없습니다. 그러나 다음과 같이 전제조건을 주면 더 좋은 결과물을 얻을 수 있습니다.

전제조건

- 제목: 2024년도 신규 고객 확보 전략 자료
- 의뢰자 조건: 영업부 김 부장, 신규 고객 확보 프로젝트 리더
- 작성자 조건: 사내 자료 작성에 능숙한 AI
- 목적 및 목표
  - 신규 고객 확보를 위한 구체적인 전략
  - 타깃 고객 분석
  - 제안 내용을 포함하여 영업 팀을 위한 자료 작성
- 리소스
  - 과거 영업 데이터
  - 시장 조사 데이터
  - 경쟁사 분석 자료
- 평가 기준
  - 자료의 내용이 구체적이며
  - 실현 가능한 전략이 포함되어 있을 것
  - 영업 팀이 이해하고 실행할 수 있는 내용일 것
- 명확화 요구 사항
  1. 타깃 고객의 명확화와 니즈 분석
  2. 고객 확보를 위한 구체적인 전략 수립
  3. 제안 내용의 상세한 설명과 근거 제시
  4. 성과 지표 설정 및 측정 방법

2 작업 시간을 크게 줄일 수 있음

자료를 만드는 데 시간이 너무 많이 걸려서 마감 시간에 쫓긴 적이 있으신가요? 이런 고민이 있는 분들에게 도움이 될 만한 좋은 방법이 있습니다. AI에게 일을 맡길 때 미리 지켜야 할 규칙을 알려주면, AI가 실수를 줄이고 더 빠르게 일을 처리할 수 있습니다.

예를 들어, AI에게 '회의록' 작성을 요청하는 경우에 다음과 같은 전제조건을 주면 작업 시간을 크게 줄일 수 있습니다.

전제조건

- 제목: 2025년 사내 워크숍 기획안 작성
- 의뢰자 조건: 인사팀 박 과장, 사내 행사 총괄 담당
- 제작자 조건: 기획서 작성 및 일정 조율 능력이 있는 AI
- 목적 및 목표
  - 사내 직원 간 협업 강화
  - 팀워크 증진 및 업무 효율성 향상
  - 혁신 아이디어 도출을 위한 워크숍 프로그램 기획

---

3 새로운 아이디어를 얻을 수 있음

새로운 아이디어를 내야 할 때 막막했던 경험이 있을 것입니다. 그럴 때는 AI를 활용할 수 있습니다. AI는 우리가 미처 생각하지 못한 참신한 생각들을 얻을 수 있습니다. AI에게 우리가 원하는 아이디

어를 얻으려면 먼저 기본 조건을 잘 설명해 주어야 합니다.

새로운 서비스를 기획하고 싶다면, AI에게 어떤 종류의 서비스를 만들고 싶은지 구체적으로 알려주면 됩니다. 이렇게 하면 AI는 우리의 상황을 정확히 이해하고, 그에 맞는 좋은 아이디어나 해결 방안을 제시합니다.

예를 들어, AI에게 '신규 서비스 기획안'을 의뢰하는 경우, 다음과 같은 전제조건을 줌으로써 새로운 아이디어를 얻을 수도 있습니다.

전제조건

- 제목: 신규 서비스 기획안
- 의뢰자 조건: 신사업 개발부 김현우 부장, 신규 서비스 기획 담당자
- 작성자 조건: 마케팅 지식과 기획 경험이 풍부한 AI
- 목적 및 목표
  - 신규 서비스의 기획안을 여러 가지로 제안하고
  - 실현 가능성을 검토함

---

4 일상생활에도 활용

전제조건은 우리가 자주 하는 많은 일에서 쓸 수 있습니다. 예를 들어 회사에서 문서를 쓸 때, 발표 자료를 만들 때, 회의 내용을 정리할 때, 그리고 다음과 같이 이메일을 쓸 때도 매우 유용합니다.

> # 전제조건
>
> - 제목: 거래처에 계약 체결 관련 이메일
> - 의뢰자 조건: 영업부 김현우 담당자, 거래처 담당자
> - 제작자 조건: 비즈니스 문서 작성에 특화된 AI
> - 목적과 목표:
>   1. 계약 체결 관련 내용을 거래처에 공식적으로 전달
>   2. 향후 일정 및 절차를 확인

⦿ 전제조건을 잘못 사용하면 오히려 더 혼동

이와 같이 AI와 대화할 때 '전제조건'을 사용하면 더 좋은 결과를 얻을 수 있습니다. 하지만 전제조건을 잘못 사용하면 오히려 AI가 더 혼동할 수도 있으니 주의해야 합니다. AI에게 우리가 원하는 것을 설명할 때는 꼭 필요한 정보를 빠짐없이 알려줘야 합니다. 예를 들어 케이크 만드는 방법을 물어볼 때 크기나 맛을 말하지 않으면, AI는 어떤 케이크를 설명해야 할지 모르게 됩니다.

하지만 너무 많은 정보를 한꺼번에 주는 것도 좋지 않습니다. 케이크를 만들 때 밀가루의 온도까지 자세히 설명하면, AI는 중요한 내용과 덜 중요한 내용을 구분하기 어려워집니다. 그러면 AI가 우리가 정말로 알고 싶은 내용을 제대로 설명하지 못할 수 있습니다.

② 대상 프로파일을 통해 답변의 정확도 높이기

생성형 AI는 우리 일상과 사업에 큰 변화를 가져다줄 수 있는 새로운 도구입니다. 하지만 AI에게 그냥 질문만 던진다고 해서 좋은 결과가 나오지는 않습니다. AI가 우리가 원하는 답변을 정확하게 만들어내게 하려면 특별한 방법이 필요한데, 그것이 바로 '대상 프로파일'을 활용하는 것입니다.

⊙ '대상 프로파일'이란?

'대상 프로파일'이란 AI에게 "이런 사람이나 회사를 위해 답변을 만들어 줘."라고 자세히 설명해 주는 것입니다. 이것은 마치 우리가 새로운 친구를 사귈 때 먼저 그 친구에 대해 잘 알아보는 것과 비슷합니다. AI도 누구를 위해, 어떤 상황에서 답변을 해야 하는지 잘 알면 더 도움이 되는 답변을 만들어낼 수 있습니다.

대상 프로파일을 만들 때는 이런 내용을 넣으면 좋습니다.
- **기본적인 정보**: 나이, 성별, 하는 일을 적습니다.
- **그 사람의 성격**: 꼼꼼한지, 활발한지 등을 적습니다.
- **좋아하는 것들**: 취미나 관심 있는 것을 적습니다.
- **지금 상황**: 현재 어떤 상황인지, 무엇을 해결하고 싶은지 적습니다.

AI가 많은 자료를 공부해서 인간처럼 글을 쓸 수 있습니다. 하지만 AI는 우리의 마음이나 처한 상황을 실제로 느끼거나 경험하지는 못합니다. 그래서 우리가 AI에게 "이런 사람을 위한 답변을 해 줘."라고 구체적으로 알려주면 더 도움이 됩니다. 예를 들어 "초등학생을 위해 설명해 줘." 또는 "전문가를 위해 자세히 설명해 줘."라고 하면, AI는 그에 맞는 설명 방식을 찾아서 가장 알맞은 답변을 만들어 줄 수 있습니다.

◉ `구체적인 예 1` **감사 편지**

구체적인 사례로, 감사 편지를 작성할 때를 생각해 봅시다. 이때 다음과 같이 나이나 성격, 직업과 같은 정보를 AI에게 알려주면 그 사람에게 딱 맞는 글을 쓸 수 있습니다.

 # 대상 프로파일

나이: 48세
성별: 여성
직업: 전업주부
성격: 내성적, 온순함

대상 프로파일을 고려하여 전업주부 고객을 대상으로 한 맞춤형 고객 응대 교육 자료를 작성해 주십시오.
교육 자료는 고객의 성격과 상황에 맞춘 커뮤니케이션 스킬 향상을 주제로 하며, 롤플레잉 형식을 활용한 실질적인 내용을 포함해 주시기 바랍니다.

예를 들어 48세라고 하면 AI는 젊은 사람에게 쓰는 것처럼 가볍게 쓰지 않고, 차분하고 점잖은 말투를 사용합니다. 또 내성적인 성격이라고 하면 AI는 직접적으로 말하기보다는 상대방의 마음을 이해하고 따뜻하게 글을 씁니다. 전업주부라고 하면 AI는 가정과 가족에 관한 이야기나 일상생활에서 자주 쓰는 말을 더 많이 사용합니다.

이렇게 자세한 정보를 AI에게 알려주면 그냥 "감사합니다."라고 하는 것이 아니라, 그 여성의 마음을 깊이 이해하고 감동을 주는 편지를 쓸 수 있습니다. 이처럼 글을 받을 사람이 어떤 분인지 자세히 설명하는 것은 AI가 더 정확하게 답하는 데 매우 중요합니다. 더 자세하고 그 사람에게 꼭 맞는 답변을 만들어서 읽는 사람의 마음을 움직이는 글을 쓸 수 있습니다.

예를 들어 '전업주부'라는 정보를 이해한 AI는 이런 말을 쓸 수 있습니다. "매일 맛있는 음식을 만들어 주서서 고맙습니다."라든지 "항상 가족을 위해 애써주서서 진심으로 감사드립니다."와 같이 일상생활에서 느끼는 고마움과 가족에 대한 깊은 사랑을 표현할 수 있습니다.

이렇게 글을 받을 사람의 정보를 잘 활용하면 AI는 단순히 글을 쓰는 도구가 아니라, 상대방의 마음을 이해하고 감동을 주는 더욱 개인적인 글을 쓸 수 있는 훌륭한 도구가 됩니다.

● **구체적인 예 2** **영업 자료 작성**

여러분이 신규 고객을 만나기 위해 영업 자료를 준비할 때는 상대방에 대해 잘 알아야 합니다. 예를 들어 만날 고객의 회사가 얼마나 큰지, 어떤 일을 하는지, 회사 사정은 어떤지, 그리고 만날 담당자의 직책과 나이, 관심 있어 하는 것이 무엇인지 미리 알아보는 것이 매우 중요합니다.

회사의 규모가 작은 중소기업이라면, 회사를 더 성장시키고 싶어 하고 돈을 아끼고 싶어 하는 마음을 잘 이해하고 그것을 강조해서 자료를 만들어야 합니다. 만약 컴퓨터나 인터넷과 관련된 IT 회사라면 새로 나온 기술이나 디지털 전략에 대한 이야기를 넣어야 합니다. 또 만날 담당자가 젊은 분이라면 친근하게 이야기하고 실제 사례를 들어가며 설명하는 것이 좋습니다.

이때 먼저 기본적으로 알아야 할 정보에는 나이, 성별, 직업, 직책, 어느 부서에서 일하시는지, 얼마나 오래 일하셨는지, 어디에서 오셨는지가 있습니다. 그다음으로는 그분의 성격과 생각을 이해하는 것이 중요합니다. 조용한 성격인지 활발한 성격인지, 매사에 꼼꼼한지 적극적인지도 알아야 합니다. 또 환경 문제나 사회 공헌, 기술 발전 중 어떤 것에 관심이 있는지, 스포츠나 음악, 여행, 책 읽기 같은 것을 좋아하시는지도 알아두면 좋습니다. 마지막으로 취미가 무엇인지, 가족은 어떻게 되시는지, 반려동물을 키우시는지, 요즘 관심 있어 하시는 것이 무엇인지도 알아두면 좋습니다.

일과 관련해서는 어떤 일을 잘하시는지, 지금까지 어떤 일을 해오셨는지, 현재 어떤 어려움이 있는지, 앞으로 무엇을 이루고 싶으신지, 어떤 방식으로 일하시는지를 파악해야 합니다. 회사에 대해서도 알아야 합니다. 회사가 얼마나 큰지, 어떤 일을 하는 회사인지, 회사 사정은 어떤지, 회사 분위기는 어떤지, 경쟁사는 누구인지 알아두어야 합니다.

대상 프로파일

부서: 영업부
직책: 영업 담당자
연령대: 20~30대
성격: 젊은 직원, 적극적인 타입

대상 프로파일을 고려하여 영업 담당자 대상의 교육 자료를 작성해 주십시오.
교육 자료는 고객과의 커뮤니케이션 스킬 향상을 주제로 하며, 롤플레잉 형식을 활용한 실질적인 내용을 포함해 주시기 바랍니다.

대상 프로파일을 잘 설정하면 AI는 더 이상 단순히 글만 쓰는 도구가 아닌, 우리 일을 돕는 든든한 파트너가 됩니다. 회사에서 보고서를 쓸 때도, 고객에게 보내는 이메일을 쓸 때도 대상 프로파일을 활용하면 더 좋은 결과를 얻을 수 있습니다.

대상 프로파일을 잘 쓰는 방법은

❶ **자세히 쓰기**: 막연하게 쓰지 말고 구체적으로 설명합니다.
❷ **중요한 것 먼저 쓰기**: 가장 중요한 특징이나 고려할 점을 먼저 씁니다.

❸ **상황 설명하기**: 지금 어떤 상황인지, 무엇을 해결하고 싶은지 함께 설명합니다.

③ 참고 정보로 답변에 필요한 정보 제공

새로운 친구와 이야기할 때처럼, AI와 대화할 때도 서로를 잘 이해하는 것이 중요합니다. 이를 위해 우리는 '참고 정보'라는 특별한 방법을 사용할 수 있습니다. 효과적인 참고 정보를 제공하려면 구체적인 예시를 들고, 우리가 원하는 것을 자세히 설명하며, 현실적인 제한 사항도 함께 알려주어야 합니다. 이는 마치 친구에게 도움을 청할 때 상황을 자세히 설명하는 것과 같습니다.

생성형 AI는 우리가 일하고 창작하는 방식을 크게 바꿀 수 있는 도구입니다. 하지만 AI에게 질문만 던진다고 해서 좋은 결과가 나오지는 않습니다. AI가 우리가 원하는 답을 주도록 하려면 '참고 정보'를 잘 활용하는 것이 매우 중요합니다. 쉽게 말하면 "이런 점들을 생각하면서 답변해 줘."라고 알려주는 것으로, 더 나은 대화를 위한 핵심 도구입니다.

AI는 엄청난 양의 정보를 배워서 글을 쓸 수 있지만 우리의 생각이나 경험, 상황을 직접 이해하지는 못합니다. 그래서 우리가 알려준 정보를 바탕으로 생각하고 글을 쓰기 때문에 좋은 답변을 받으려면 필요한 정보를 잘 알려주는 것이 가장 중요합니다.

'참고 정보'를 AI에게 주면 다음과 같은 좋은 점이 있습니다.

첫째, AI가 주제와 상황, 목적을 더 잘 이해해서 정확한 답변을 줄 수 있습니다. 둘째, 구체적인 자료나 사례, 분석 결과 등을 포함한 실제로 도움 되는 답변을 받을 수 있습니다. 셋째, AI가 우리가 누구인지, 어떤 상황인지를 이해하고 우리에게 꼭 맞는 답변을 만들어 줄 수 있습니다.

'참고 정보'를 잘 활용하려면 정보를 그냥 나열하기만 하면 안 됩니다. AI가 잘 이해하고 활용할 수 있도록 다음의 4가지를 꼭 기억해야 합니다.

① 구체적인 예시로 설명하기

AI와 대화할 때는 실제 사례를 들어 설명하면 더 좋은 결과를 얻을 수 있습니다. 예를 들어 식당을 운영하는 상황을 생각해 봅시다. "고객의 요구사항을 파악했습니다."라고만 하면 AI는 정확히 무엇을 의미하는지 알기 어렵습니다. 하지만 "지난달 실시한 고객 설문조사에서 '주차장이 부족하다'는 의견이 가장 많았습니다."라고 구체적으로 말하면 AI가 상황을 더 잘 이해할 수 있습니다.

이처럼 추상적인 표현보다는 실제 있었던 일이나 구체적인 수치를 포함해서 설명하면 AI와의 대화가 더욱 원활해집니다. AI는 이런 구체적인 정보를 바탕으로 더 적절한 해결방안을 제시할 수 있습니다. 아래와 같이 신규서비스 기획안을 만들 때도 참고 정보를 제공함으로 더 좋은 결과를 얻을 수 있습니다.

참고 정보

고객 니즈 조사: 고객 설문조사에서 "바쁜 일상 속에서 간편하게 건강한 식사를 하고 싶다"는 의견이 다수 접수되었습니다.

신규 서비스 기획안을 제안해 주세요.
타깃 고객은 건강에 관심이 많은 20~30대 여성입니다.

② 내가 바라는 것 설명하기

AI와 이야기할 때는 우리가 원하는 것을 자세히 설명하는 것이 중요합니다. 마치 새로운 친구에게 부탁할 때처럼, 우리의 목표와 바라는 점을 자세히 이야기하면 AI가 더 잘 이해하고 도와줄 수 있습니다. 예를 들어, "이 글은 우리 할머니가 읽으실 거예요."라고 하면 AI는 어르신이 이해하기 쉬운 말로 설명해 줄 것입니다. 또는 "이 자료는 친구들과 함께 보는 발표 자료로 쓰고 싶어요."라고 하면, AI는 발표하기 좋은 형태로 자료를 만들어 줄 것입니다.

이렇게 목표를 분명하게 말하면, 마치 우리가 원하는 요리를 요리사에게 자세히 설명하는 것처럼, AI도 우리가 정말로 원하는 것을 만들어 줄 수 있습니다. 아래의 예와 같이 신규 사업 프레젠테이션의 경우도 참고 정보를 줌으로써 더 좋은 결과를 얻을 수 있습니다.

> **# 참고 정보**
>
> 목적: 신규 사업 제안을 통해 경영진의 승인을 받는 것
> 기대치: 설득력 있는 데이터에 기반한, 이해하기 쉽고 매력적인 프레젠테이션 자료를 작성
>
> 신규 사업 프레젠테이션 자료를 작성해 주십시오.
> 내용은 시장 분석, 경쟁사 조사, 서비스의 우위성, 사업 계획 등을 포함하고, 경영진이 쉽게 이해할 수 있도록 간결하고 명료한 자료로 만들어 주십시오.

③ 할 수 있는 것과 없는 것·현실적인 제한 사항 공유하기

AI를 더 잘 활용하려면 제한 사항과 제약 조건을 분명하게 알려주는 것이 중요합니다. AI에게 할 수 있는 것과 할 수 없는 것을 미리 알려주면 AI는 우리가 실제로 실행할 수 있는 좋은 방안을 제시해 줍니다. 예를 들어 우리가 쓸 수 있는 돈이 얼마인지 정확히 알려주면 AI는 그 금액에 맞는 계획을 세워줍니다. "이 일을 하는 데 쓸 수 있는 돈은 50만 원까지입니다."라고 하면, AI는 50만 원으로 할 수 있는 가장 좋은 방법을 찾아줍니다.

또한 시간도 마찬가지입니다. "이 일은 다음 달 15일까지 끝내야 합니다."라고 하면, AI는 그 기간 안에 할 수 있는 최선의 방법을 알려줍니다. 이렇게 정확한 기준을 알려주면 AI는 실제로 우리가 실행할 수 있는 현실적인 계획을 세워줍니다. 웹사이트 제작에서도 참고 정

보를 제공함으로 더 좋은 결과를 얻을 수 있습니다.

 # 참고 정보

예산: 500만 원
납기: 2개월

위 예산과 납기를 고려하여 신규 웹사이트 제작 계획을 제안해 주십시오. 웹사이트의 목적은 고객 인지도 향상과 문의 증가입니다.

---

④ 평가 기준 전달하기

AI에게 평가 기준을 알려주면 우리가 원하는 결과물을 더 잘 만들어낼 수 있습니다. AI는 우리가 전달한 기준에 맞춰서 내용을 만들어내기 때문입니다. 예를 들어 "쉽고 논리정연하게 설명해 주세요."라고 말하거나 "고객의 마음을 움직일 수 있는 참신한 광고 문구를 만들어 주세요."라고 요청하면, AI는 그 기준에 맞춰서 결과물을 만들어냅니다. 블로그 글 작성 시에도 이렇게 하면 우리가 바라는 수준의 결과물을 얻을 수 있습니다.

 # 참고 정보

평가 기준: SEO를 고려하여 독자의 검색 의도와 니즈를 충족하는 기사일 것

> 기대치: 이해하기 쉽고 읽기 편한 문장으로 독자의 검색 의도와 니즈를 충족하는 기사
>
> SEO를 고려하여 '○○'라는 주제의 블로그 기사를 작성해 주십시오. 기사는 독자의 검색 의도와 니즈를 충족하는 내용을 담고, 이해하기 쉽고 읽기 편하게 작성해 주시기 바랍니다.

AI와 이야기를 나눌 때 우리가 원하는 결과를 얻으려면 어떻게 해야 할까요? 바로 '참고 정보'를 잘 활용하는 것입니다. 이처럼 참고 정보는 AI와 우리 사이의 소통을 더욱 원활하게 만들어 주는 도구입니다. 마치 친구와 이야기할 때 서로를 더 잘 이해하기 위해 자세히 설명하는 것처럼, AI와도 더 깊이 있는 대화를 나눌 수 있습니다.

④ 명사와 동사를 사용해 명확히 지시하기

우리 주변에서 쉽게 만날 수 있는 AI는 일하는 방식과 창작 활동을 크게 바꿀 수 있는 특별한 친구입니다. 하지만 AI에게 간단한 말만 건넨다고 해서 좋은 결과가 나오지는 않습니다. AI와 대화할 때 가장 중요한 것은 바로 지시문인데, 이 지시문을 잘 만들기 위해서는 정확한 단어를 잘 골라 써야 합니다. 막연하게 "이것 좀 해줘."라고 하는 것보다는 구체적인 명사와 동사를 사용해서 정확하게 설명하는

것이 좋습니다.

예를 들어 '자료'라고 막연히 말하는 대신 '영업 보고서'나 '제품 설명서'처럼 구체적으로 말하면 AI가 더 잘 이해합니다. 또한 '만들다'라는 모호한 표현 대신 '작성하다', '분석하다', '정리하다'와 같이 명확한 행동을 나타내는 말을 사용하면 더 좋은 결과를 얻을 수 있습니다.

AI는 정말 많은 정보를 배워서 글을 쓸 수 있지만, 우리처럼 사람의 마음을 완벽하게 이해하지는 못합니다. AI는 우리가 전달한 지시문을 보고 거기에 맞는 답을 찾아 글을 씁니다. 그래서 지시문에 우리가 원하는 것을 정확하게 담아야 좋은 답변을 받을 수 있습니다. 정확한 단어는 '무엇을 할지'와 '어떻게 할지'를 AI에게 알려주는 중요한 역할을 합니다.

① 단어 선택의 핵심 원칙

1 구체적인 단어 고르기

막연하게 '자료'라고 하는 것보다 더 자세하게 말하는 것이 좋습니다. 예를 들어 '영업 자료', '회의록', '발표 자료', '보고서', '이메일', '블로그 글' 등으로 정확히 말하면 AI가 어떤 종류의 글을 써야 하는지 더 잘 이해할 수 있습니다.

2 행동을 분명하게 말하기

'만들다', '생각하다'처럼 두루뭉술한 말 대신에 '쓰다', '설명하다', '분석하다', '비교하다', '요약하다', '계획하다', '번역하다' 같이 구체적으로 어떤 일을 해야 하는지 알려주면 좋습니다. 이렇게 하면 AI가 여러분이 원하는 작업을 더 정확하게 수행할 수 있습니다.

3 목적을 분명하게 전달하기

단어와 행동을 잘 조합하면 AI에게 무엇을 어떻게 해야 하는지 더 잘 전달할 수 있습니다. 예를 들어 "고객 분석 자료를 만들어 주세요."라고 하는 것보다는 "고객 데이터를 살펴보고, 고객이 원하는 것과 고객이 겪는 어려움을 정리해서 자료로 만들어 주세요."라고 하는 것이 더 좋습니다.

⊙ '명사와 동사'를 활용한 프롬프트 예시

❶ 신규 사업 기획서 작성

신규 사업 기획서를 작성해 주십시오.
기획서에는 시장 분석, 고객 니즈, 경쟁사 분석, 서비스 컨셉, 실현 가능성 등 상세한 내용을 포함해 주세요.
특히, 시장 규모와 성장률 분석 데이터, 고객 설문조사 결과를 기반으로 한 니즈 분석, 경쟁 서비스와의 차별화 포인트를 구체적으로 기술해 주십시오.

 # 명사와 동사
작성하다: 기획서
분석하다: 시장 규모, 성장률, 고객 니즈, 경쟁 서비스
기술하다: 분석 데이터, 설문조사 결과, 차별화 포인트
제안하다: 신규 서비스 컨셉, 실현 가능성

❷ 영업 자료 작성

신규 고객을 대상으로 한 영업 자료를 작성해 주십시오.
자료에는 고객의 문제 해결에 도움이 되는 구체적인 제안과 수치 목표를 포함해 주세요.
특히, 고객이 겪고 있는 과제를 명확히 하고, 이에 대한 구체적인 해결책을 제안해 주세요.
또한, 제안 내용의 실현 가능성과 구체적인 수치 목표를 명시해 주십시오.

명사와 동사
작성하다: 영업 자료
명확히 하다: 고객의 과제
제안하다: 구체적인 해결책
제시하다: 실현 가능성, 수치 목표

❸ 블로그 글 작성

SEO 대책을 고려한 '○○'라는 주제의 블로그 글을 작성해 주십시오.
글은 독자의 검색 의도와 니즈를 충족하는 내용으로, 이해하기 쉽고 읽기 편한 문장으로 작성해 주세요.
특히, SEO 키워드를 효과적으로 사용하고, 제목과 소제목을 적절히 배치하여 독자의 검색 의도와 니즈에 부합하는 글을 만들어 주세요.

명사와 동사
작성하다: 블로그 글

고려하다: SEO 대책
충족시키다: 독자의 검색 의도와 니즈
사용하다: SEO 키워드
배치하다: 제목, 소제목

❹ 광고 카피 작성

신제품 화장품의 광고 카피를 작성해 주십시오.
기억에 남을 만한 매력적인 카피를 만들어 타깃 고객의 마음을 사로잡을 수 있는 표현으로 작성해 주세요.
특히, 제품의 매력을 간결하게 표현하고, 타깃 고객의 구매 욕구를 자극하는 카피를 만들어 주십시오.

명사와 동사
작성하다: 광고 카피
사로잡다: 타깃 고객의 마음
표현하다: 제품의 매력
자극하다: 구매 욕구

❺ 연설문 작성

신규 사업 아이디어를 제안하기 위한 스피치를 작성해 주십시오.
청중의 관심을 끌고, 구체적인 내용으로 설득력 있는 스피치를 만들어 주세요.

특히, 신규 사업 아이디어를 이해하기 쉽게 설명하고, 청중의 공감을 불러일으킬 수 있는 스피치를 작성해 주세요.

명사와 동사

작성하다: 스피치
끌다: 청중의 관심
설명하다: 신규 사업 아이디어
유발하다: 청중의 공감

❻ 소설 창작

가까운 미래를 배경으로 한 SF 소설을 작성해 주십시오.
AI와 인간의 관계와 인간 존재의 의미에 대해 깊이 생각하게 만드는 이야기를 만들어 주세요.
특히, 등장인물의 심리 묘사를 강화하고, 독자를 매료시키는 스토리 전개로 작성해 주십시오.

명사와 동사

작성하다: 소설
묘사하다: 등장인물의 심리
매료시키다: 독자
고민하게 하다: AI와 인간의 관계, 인간 존재의 의미

AI는 우리가 사용하는 단어를 통해 우리의 의도를 이해합니다.

그래서 명확한 명사와 동사를 사용하면 AI가 우리가 원하는 것을 더 잘 파악할 수 있습니다. 이렇게 하면 업무나 공부에서 AI의 도움을 더 효과적으로 받을 수 있습니다.

그래서 정확한 단어를 사용하는 것이 매우 중요합니다. 예를 들어 "요리"라고만 하는 것보다 "맛있는 돈가스 볶음 요리법"이라고 구체적으로 말하면 더 정확한 답변을 받을 수 있습니다. 또한 "만들다"라는 말 대신 "썰다", "볶다", "끓이다"와 같은 구체적인 표현을 사용하면 AI가 더 자세한 설명을 해줄 수 있습니다.

AI는 우리가 사용하는 단어를 통해 우리의 의도를 이해합니다. 그래서 명확한 단어를 사용하면 AI가 우리가 원하는 것을 더 잘 파악할 수 있습니다. 이렇게 하면 공부나 일상생활에서 AI의 도움을 더 효과적으로 받을 수 있습니다.

⑤ 형용사를 활용해 답변의 정확도 높이기

우리는 AI와 대화할 때 단순히 "이렇게 해줘"라고 말하는 것보다 더 자세하고 정확한 설명이 필요합니다. 이때 '형용사'가 매우 중요한 역할을 합니다. 형용사는 우리가 원하는 결과물의 특징과 느낌을 AI에게 정확하게 전달할 수 있게 해주는 특별한 도구입니다.

예를 들어 '자세한 설명', '친근한 말투', '명확한 결론'처럼 형용사를 사용하면 AI가 우리의 의도를 더 잘 이해할 수 있습니다. 이는 마치 화가가 더 많은 색을 사용해 그림을 그리는 것처럼, 우리의 생각을 더 풍부하게 표현할 수 있게 해줍니다. 형용사는 단순히 말을 꾸미는 것이 아니라, AI에게 우리가 어떤 결과물을 원하는지 자세히 설명할 수 있는 중요한 도구입니다.

'예쁜 꽃'이라고 하면 너무 일반적이지만, '화사한 꽃'이라고 하면 봄날의 생기 넘치는 모습이 떠오릅니다. 이처럼 상황에 꼭 맞는 형용사를 고르면 더 정확한 의미를 전달할 수 있습니다.

'좋은 날씨'보다는 '맑은 날씨'라고 하면 파란 하늘과 밝은 햇살이 그려집니다. 머릿속에 그림이 그려지는 형용사를 고르면 더 효과적입니다. '달콤한 미소'처럼 형용사와 명사를 잘 조합하면, 보는 사람의 마음에 더 깊이 와닿는 표현이 됩니다.

형용사를 잘 활용하면 다음과 같은 좋은 점이 있습니다. 첫째, AI가 더 정확한 결과물을 만들어냅니다. 우리가 형용사로 자세히 설명하면 AI는 우리가 원하는 것을 더 잘 이해하고 그에 맞는 결과물을 만들어냅니다. 둘째, 고객이나 상사가 마음에 들어 하는 표현을 만들 수 있습니다. 형용사를 통해 감정이나 미묘한 차이를 전달하면 AI는 이를 반영해서 설득력 있는 문서나 자료를 만들어냅니다. 셋째, 우리가 생각하는 것을 구체적으로 표현할 수 있습니다. 형용사로 자세히 설명하면 AI는 우리가 원하는 모습을 정확히 이해하고 더 생생하고 분명한 결과물을 만들어냅니다. 이처럼 형용사를 잘 활용하면 AI의 능력을 최대한 끌어낼 수 있습니다.

형용사는 우리가 글을 쓸 때 매우 유용하게 쓸 수 있는 말입니다.

어떤 상황에서 어떻게 쓰면 좋은지 하나씩 살펴보도록 하겠습니다.

첫째로, 영업 자료를 쓸 때 형용사를 잘 활용하면 큰 도움이 됩니다. 예를 들어 "구체적인", "명확한", "효과적인"이라는 말을 넣어서 "구체적인 해결 방안"이나 "명확한 목표"처럼 쓰면 글이 훨씬 더 설득력 있어집니다.

둘째로, 발표 자료를 만들 때도 형용사가 매우 중요합니다. "상세한 시장 분석", "설득력 있는 제안", "매력적인 디자인"처럼 쓰면 듣는 사람들이 더 잘 이해하고 관심을 가질 수 있습니다.

셋째로, 블로그 글을 쓸 때도 형용사를 적절히 활용하면 좋습니다. "이해하기 쉬운 설명", "읽기 편한 문장"처럼 쓰면 많은 사람들이 글을 찾아보고 끝까지 읽게 됩니다.

넷째로, 광고 문구를 만들 때는 형용사가 꼭 필요합니다. "매력적인 특징", "기억에 남는 표현", "간결한 설명"처럼 쓰면 사람들의 마음을 더 잘 사로잡을 수 있습니다.

다섯째로, 연설문을 쓸 때도 형용사를 잘 활용하면 좋습니다. "구체적인 계획", "설득력 있는 제안", "이해하기 쉬운 설명"처럼 쓰면 듣는 사람들이 더 잘 이해하고 공감하게 됩니다.

◉ 형용사의 효과를 극대화하기 위한 3가지 기술

형용사를 잘 활용하면 우리가 원하는 바를 더 정확하게 전달할 수 있습니다. 이제부터 형용사를 더 잘 사용하는 방법을 알아보도록 하겠습니다.

첫 번째는 목적과 문맥에 맞는 형용사를 고르는 것입니다. 예를 들어 '예쁜 꽃'이라고 하면 너무 일반적이지만, '화사한 꽃'이라고 하면 봄날의 밝고 생기 넘치는 꽃의 모습이 떠오릅니다. 이처럼 우리가 전하고 싶은 상황에 꼭 맞는 형용사를 고르면 더 정확한 의미를 전달할 수 있습니다.

두 번째는 구체적인 모습이 떠오르는 형용사를 사용하는 것입니다. '좋은 날씨'보다는 '맑은 날씨'라고 하면 푸른 하늘과 밝은 햇살이 떠오르듯이, 머릿속에 그림이 그려지는 형용사를 고르면 좋습니다.

세 번째는 다른 말들과 잘 어울리게 사용하는 것입니다. 형용사는 혼자 쓰일 때보다 명사나 동사, 부사와 함께 쓰일 때 더 큰 효과를 냅니다. '따뜻한 미소'처럼 형용사와 명사를 잘 조합하면, 보는 사람의 마음에 더 깊이 와닿는 표현이 됩니다.

이렇게 세 가지 방법을 잘 활용하면, 우리가 하고 싶은 말을 더욱 생생하고 정확하게 전달할 수 있습니다. 직접 글을 쓸 때 이 방법들을 사용해 보면 좋겠습니다.

⊙ '형용사'를 활용한 프롬프트 예시

❶ 신규 서비스 기획서

> 신규 서비스 기획서를 작성해 주십시오.
> 기획서에는 혁신적인 서비스 컨셉, 명확한 타깃 고객, 구체적인 수익 모델 등을 포함하고, 실현 가능한 사업 계획으로 작성해 주세요.

❷ 고객 제안 자료

> 고객 A사의 문제 해결을 위한 제안 자료를 작성해 주십시오.
> 자료에는 고객 A사가 직면한 문제를 상세히 분석하고,
> 효과적인(형용사) 해결책을 구체적으로 제안해 주세요.
> 또한, 제안 내용의 실현 가능한 가능성과 구체적인 수치 목표를 명시해 주세요.

❸ 제품 소개 블로그 글

> 신제품 ○○에 대해 독자의 관심을 끌 수 있는 블로그 글을 작성해 주십시오.
> 글은 제품의 매력을 쉽게 이해할 수 있도록 설명하고,
> 독자의 구매 욕구를 자극하는 내용으로 작성해 주세요.
> 또한, 제품의 특징을 구체적인 사례와 함께 설명하여
> 설득력 있는 문장으로 작성해 주세요.

◉ 감정을 담아 더 나은 결과를 얻을 수 있는 형용사 상위 20개

- 감동적인
- 매력적인
- 효과적인
- 설득력 있는
- 참신한
- 구체적인
- 이해하기 쉬운
- 훌륭한
- 혁신적인
- 독특한
- 매력적인
- 마음을 사로잡는
- 공감할 수 있는
- 기억에 남는
- 독창적인
- 흥미로운
- 자극적인
- 획기적인
- 효율적인
- 강력한

이 '형용사'들을 참고하여, 프롬프트에 감정과 설득력을 더해 보세요. 생성형 AI와 대화할 때 '형용사'는 정말 특별한 힘을 가진 마법의 단어입니다. 마치 친한 친구와 이야기하듯, 형용사를 사용하면 AI

는 우리가 원하는 것을 더 정확하게 이해할 수 있습니다.

⑥ 출력 형식으로 답변의 형식 지정하기

정보는 어떻게 보여주느냐에 따라 그 가치가 크게 달라질 수 있습니다. AI와 대화할 때도 마찬가지로, 답변을 어떤 모양으로 받을지 미리 정하는 것이 매우 중요합니다.

예를 들어 숫자가 많은 정보는 표나 그래프로 정리하면 한눈에 들어옵니다. 회의 내용은 문장이나 목록으로 정리하면 알기 쉽고, 발표 자료는 보기 좋은 슬라이드로 만들면 더 효과적입니다. 이렇게 상황에 맞는 모양을 선택하면 정보가 더 명확해지고, 일의 효율도 높아지며, 결과물의 품격도 올라갑니다.

AI가 주는 답변을 보기 좋게 만들면 여러 가지 장점이 있습니다. 첫째, 많은 정보를 깔끔하게 정리하여 한눈에 볼 수 있습니다. 둘째, 우리가 필요한 용도에 딱 맞는 결과물을 받을 수 있습니다. 셋째, 나중에 다시 고치는 작업이 줄어들어 귀중한 시간을 아낄 수 있습니다.

정보를 어떤 모양으로 받을지는 우리의 목적에 따라 다르게 정해야 합니다. 고객 분석 결과를 정리할 때는 표나 그래프가 가장 효과적입니다. 회의에서 나온 이야기를 정리할 때는 문장이나 목록으로 쓰면 알기 쉽습니다. 사람들 앞에서 발표할 자료는 보기 좋은 슬라이드나 이해하기 쉬운 도표로 만드는 것이 좋습니다.

⦿ AI가 원하는 대로 이해하고 활용할 수 있도록 고려할 점 3가지

하지만 '출력 형식'은 단순히 형식을 정하는 것만으로는 부족합니다. AI가 우리가 원하는 대로 잘 이해하고 활용할 수 있도록 세 가지 중요한 점을 고려해서 말해야 합니다.

첫째, 목적에 맞는 출력 형식을 골라야 합니다. 예를 들어 고객 분석 결과를 정리할 때는 표나 그래프가 좋습니다. 회의록을 작성할 때는 문장이나 목록 형식이 알맞습니다. 발표 자료를 만들 때는 슬라이드나 도표를 사용하면 좋습니다. 블로그에 글을 쓸 때는 문장과 목록, 그리고 사진을 함께 사용하면 됩니다. 이처럼 무엇을 하려고 하는지에 따라 알맞은 형식을 고르는 것이 중요합니다.

둘째, 구체적인 예시를 보여주면 AI가 더 잘 이해합니다. "표로 만들어 주세요."라고 막연하게 말하는 것보다, "아래와 같은 표로 고객 분석 결과를 정리해 주세요."라고 하면서 실제 표 예시를 보여주는 것이 좋습니다. 예를 들어 고객 이름, 나이대, 성별, 구매한 물건 등을 보기 좋게 정리한 표를 함께 보여주면 됩니다.

셋째, 다른 말들과 함께 쓰면 더 좋은 결과를 얻을 수 있습니다. '고객 분석 결과의 표 형식'처럼 명사와 함께 쓸 수 있고, '목록으로 설명하기'처럼 동사와 함께 쓸 수도 있습니다. '간단한 문장 형식'이나 '자세한 표 형식'처럼 형용사와 함께 쓰면 더 정확하게 원하는 바를 전달할 수 있습니다.

⊙ '출력 형식'을 활용한 구체적인 프롬프트 예

❶ 신규 사업 기획서 작성

사업 계획서는 내용도 중요하지만, 정보를 어떻게 보여줄지도 매우 중요합니다. 시장의 크기나 성장 가능성과 같은 숫자는 표로 정리하면 한눈에 들어옵니다. 고객들의 의견을 모은 결과는 그래프로 보여주면 변화나 특징을 쉽게 파악할 수 있습니다. 우리 서비스와 다른 회사의 서비스를 비교할 때는 차이점을 목록으로 만들면 더 분명하게 보입니다.

신규 사업 기획서를 작성해 주십시오.
내용에는 시장 분석, 고객 니즈, 경쟁사 분석, 서비스 컨셉, 실현 가능성 등을 포함하여 상세히 기술해 주십시오.

특히, 시장 규모와 성장률 분석 데이터를 표 형식으로 작성하고,
고객 설문조사 결과를 기반으로 한 니즈 분석은 그래프 형식으로 작성해 주세요.
또한, 경쟁 서비스와의 차별화 포인트는 목록 형식으로 작성해 주십시오.

출력 형식
- 시장 규모와 성장률 분석 데이터: 표 형식
- 고객 설문조사 결과를 기반으로 한 니즈 분석: 그래프 형식
- 경쟁 서비스와의 차별화 포인트: 목록 형식

❷ 영업 자료 작성

고객을 설득하는 제안서는 형식이 매우 중요합니다. 고객이 겪고 있는 어려움과 해결 방법은 간단한 도표로 정리하면 쉽게 이해할 수 있습니다. 우리 서비스를 사용했을 때의 좋은 점은 숫자와 그래프로 보여주면 설득력이 높아집니다. 앞으로의 계획은 시간 순서대로 정리하면 실현 가능성을 더 잘 보여줄 수 있습니다.

> 신규 고객을 위한 영업 자료를 작성해 주십시오.
> 자료에는 고객의 문제 해결에 도움이 되는 구체적인 제안과 수치 목표를 포함해 주십시오.
> 특히, 고객이 직면한 문제를 명확히 하고, 구체적인 해결책을 제안해 주십시오.
> 또한, 제안 내용의 실현 가능성과 구체적인 수치 목표를 표 형식으로 제시해 주십시오.
>
> # 출력 형식
> - 제안 내용의 실현 가능성과 수치 목표: 표 형식

❸ 블로그 기사 작성

블로그는 글의 내용과 보기 좋은 모양이 모두 중요합니다. 중요한 내용은 글머리 기호로 정리하면 읽기 편합니다. 이해하기 어려운 내용은 간단한 그림이나 도표로 설명하면 좋습니다. 글과 관련된 사진을 3장 정도 적절히 넣으면 읽는 사람의 이해를 돕고 글의 가치도 높아집니다.

SEO를 고려한 '○○'라는 주제의 블로그 기사를 작성해 주십시오.
기사는 독자의 검색 의도와 니즈를 충족하는 내용으로 작성하며,
이해하기 쉽고 읽기 편한 문장으로 구성해 주십시오.
특히, SEO 키워드를 효과적으로 활용하고, 적절한 제목과 소제목을 배치하여
독자의 검색 의도와 니즈에 부응하는 기사를 작성해 주십시오.
또한, 기사에 관련 이미지를 3장 삽입해 주십시오.

출력 형식
- 기사: 문서 형식
- 이미지: 이미지 형식 (3장)

❹ 광고 문구 작성

광고는 사람들의 시선을 끄는 것이 가장 중요합니다. 눈에 잘 띄는 멋진 문구를 큰 제목으로 쓰고, 그 아래에 자세한 설명을 넣습니다. 제품이 가진 특징과 장점은 짧고 깔끔한 문장으로 정리합니다. 이렇게 구성하면 보는 사람이 필요한 정보를 쉽게 찾을 수 있습니다.

신제품 화장품의 광고 카피를 작성해 주십시오.
기억에 남고 매력적인 카피를 만들어 타깃 고객의 마음을 사로잡는 표현으로 작성해 주십시오.
특히, 제품의 매력을 간결하게 표현하고, 타깃 고객의 구매 욕구를 자극할 수 있는 카피를 작성해 주십시오.
카피는 캐치프레이즈와 상세 설명의 두 가지 구성으로 작성해 주십시오.

> # 출력 형식
> - 광고 카피: 캐치프레이즈 + 상세 설명

❺ 스피치 작성

어떤 청중을 대상으로, 어떤 내용의 스피치를 작성하고 싶으신가요?

> 신규 사업 아이디어를 제안하기 위한 스피치를 작성해 주십시오.
> 청중의 관심을 끌고, 구체적이며 설득력 있는 스피치로 작성해 주십시오.
> 특히, 신규 사업 아이디어를 이해하기 쉽게 설명하고,
> 청중의 공감을 이끌어낼 수 있는 스피치를 만들어 주십시오.
> 스피치는 도입, 본론, 결론의 세 가지 파트로 구성해 주십시오.
>
> # 출력 형식
> - 스피치: 도입 + 본론 + 결론

❻ 소설 작성

소설을 쓸 때, 어떤 구성이나 형식으로 작성하고 싶으신가요?

> 가까운 미래를 배경으로 한 SF 소설을 작성해 주십시오.
> AI와 인간의 관계, 그리고 인간의 존재 의미에 대해 깊이 생각하게 하는 이야기를 만들어 주십시오.
> 특히, 등장인물의 심리 묘사를 심화시키고, 독자를 사로잡는 스토리 전개로 작성해 주십시오.

> 소설은 제1장, 제2장, 제3장의 세 가지 장으로 구성해 주십시오.
>
> # 출력 형식
> - 소설: 제1장 + 제2장 + 제3장

'출력 형식'은 마치 AI와 우리 사이의 약속과 같습니다. 이 약속을 통해 AI는 우리가 원하는 것을 더 잘 이해하고, 더 좋은 답변을 줄 수 있습니다. 회사나 학교에서 일할 때도 '출력 형식'을 사용하면 AI와 더 잘 협력할 수 있습니다. AI는 우리의 일을 더 정확하고 빠르게 도와주는 친구가 될 것입니다.

⑦ 참고 포맷으로 구체적 사례 제시하기

AI와 대화할 때는 구체적인 예시를 들어가며 설명하는 것이 매우 중요합니다. 마치 외국인 친구에게 우리나라의 문화를 설명하듯이, AI에게도 상황과 맥락을 잘 이해시켜야 더 좋은 답변을 받을 수 있습니다.

'참고 예시'란 AI에게 "이런 경우를 생각해 보면 좋겠어."라고 알려주는 것입니다. 예를 들어 케이크 만드는 방법을 물어볼 때 "5명이 먹을 수 있는 크기로, 초콜릿 맛을 좋아하는 아이들을 위한 생일 케이크"처럼 구체적으로 설명하면 AI는 더 적절한 답변을 줄 수 있습니다.

참고 포맷을 사용하면 여러 가지 좋은 점이 있습니다. 먼저, 인공지능이 우리가 원하는 것을 더 정확하게 이해할 수 있습니다. 예를 들어 학교 숙제에 대해 물어볼 때와 회사 업무에 대해 물어볼 때는 답변이 달라져야 하는데, 참고 포맷이 있으면 이런 차이를 잘 구분할 수 있습니다.

또한 인공지능은 참고 포맷을 보고 더 자세한 답변을 만들어낼 수 있습니다. 단순히 "좋아요."라고 하는 것이 아니라 왜 좋은지, 어떤 점이 좋은지 구체적으로 설명할 수 있습니다.

우리 각자에게 맞춘 답변을 받을 수도 있습니다. 초등학생인지, 회사원인지, 또는 어떤 상황에 있는지를 참고 포맷으로 알려주면, 그에 맞는 알맞은 설명을 들을 수 있습니다. 정보를 깔끔하게 정리해서 받을 수도 있습니다. 마치 책의 목차처럼 잘 정리된 형태로 답변을 받을 수 있어서 이해하기가 더 쉽습니다.

목적에 딱 맞는 답변을 받을 수 있다는 것도 큰 장점입니다. 보고서를 쓰는 것인지, 편지를 쓰는 것인지에 따라 다른 형식의 답변이 필요한데, 참고 포맷이 있으면 이런 차이도 잘 반영됩니다. 마지막으로, 시간도 많이 아낄 수 있습니다. 처음부터 원하는 형태를 잘 설명해두면, 나중에 고치는 작업을 줄일 수 있어서 더 효율적입니다.

⊙ '참고 포맷'을 효과적으로 활용하기 위한 4가지 포인트

AI와 대화할 때 도움이 되는 정보를 단순히 나열하기보다는, AI가 잘 이해하고 활용할 수 있도록 만드는 네 가지 중요한 방법이 있습니다.

1 구체적인 사례 제시

AI에게 일을 맡길 때는 구체적인 사례를 제시하는 것이 좋습니다. 막연한 설명보다는 실제 있었던 일이나 경험을 예시로 들면 AI가 훨씬 잘 이해할 수 있습니다.

예를 들어 회사에서 고객의 의견을 조사할 때를 생각해 봅시다. "고객이 무엇을 원하는지 알아보세요."라고 하면 AI는 어떤 방향으로 조사해야 할지 혼란스러울 수 있습니다. 하지만 "지난달 설문조사에서 배송 시간이 너무 오래 걸린다는 의견이 가장 많았습니다. 이 문제를 어떻게 해결하면 좋을까요?"라고 하면 AI는 구체적인 해결책을 찾는 데 집중할 수 있습니다.

이처럼 실제 있었던 일이나 구체적인 상황을 예시로 들면 AI는 더 정확하게 우리가 원하는 것을 이해하고 도움이 되는 답변을 제시할 수 있습니다. 모호한 표현이나 추상적인 설명은 피하고, 구체적인 사례를 통해 AI와 소통하는 것이 좋습니다.

참고 포맷

신규 서비스 기획서

1. 서비스 개요
　1.1 서비스명
　1.2 서비스 컨셉
　1.3 타깃 고객

2. 시장 분석

　2.1 시장 규모와 성장률

　표 형식으로 작성

연도	시장 규모	성장률
2022년	1,000억 원	5%
2023년	1,050억 원	5%
2024년	1,100억 원	5%

　2.2 고객 니즈 분석

　그래프를 활용하여 시각화

　<그래프 이미지>

　2.3 경쟁사 분석

　목록 형식으로 작성

　- 경쟁사 A사의 강점: ○○
　- 경쟁사 B사의 강점: ○○

3. 서비스의 차별화 포인트

　3.1 ○○
　3.2 ○○

4. 수익 모델

　4.1 ○○
　4.2 ○○

5. 실현 가능성

　5.1 ○○
　5.2 ○○

6. 요약

2 목표와 기대치를 명확히 한다

AI는 우리가 원하는 것을 정확하게 알려주면 더 도움이 되는 답을 줄 수 있습니다. 예를 들어 "이 글은 우리 반 친구들이 읽었으면 좋겠어요."라고 하면 AI는 친구들이 이해하기 쉽게 설명해 줍니다. 또는 "숙제를 하는 데 도움이 필요해요."라고 하면 AI는 공부하기 좋은 방식으로 설명해 줍니다.

이렇게 목적을 알려주면 AI는 우리가 원하는 대로 더 잘 도와줄 수 있습니다. 그래서 AI와 이야기할 때는 우리가 무엇을 원하는지, 어디에 쓸 것인지 미리 이야기해 주는 것이 좋습니다. 이렇게 하면 AI가 우리의 의도를 더 잘 이해하고 꼭 필요한 자료를 제공해 줄 수 있습니다.

참고 포맷
프레젠테이션 자료

슬라이드 1: 제목
○○

슬라이드 2: 개요
○○

슬라이드 3: ○○
○○
〈그래프 이미지〉

슬라이드 4: ○○
○○

> 〈도표 이미지〉
>
> 슬라이드 5: 요약
> ○○

3 제한 사항 알려주기

AI와 이야기할 때는 정보만 알려주는 것보다, 우리가 지켜야 할 규칙이나 조건도 함께 이야기하면 더 도움이 됩니다.

예를 들어 우리가 쓸 수 있는 돈이 얼마인지, 언제까지 끝내야 하는지를 AI에게 알려주면 좋습니다. "우리가 쓸 수 있는 돈은 10만 원이에요.", "이번 주 금요일까지 끝내야 해요."처럼 말이죠. 이렇게 하면 AI는 우리가 실제로 할 수 있는 방법을 찾아서 알려줍니다. 이런 식으로 AI에게 우리의 상황을 자세히 설명하면, AI는 우리가 실제로 따라할 수 있는 가장 좋은 방법을 알려줄 수 있습니다.

> # 참고 포맷
> 웹사이트 제작 플랜
>
> 1. 목표
>   1.1 ○○
>   1.2 ○○
> 2. 예산
>   ○○

```
3. 납기
   ○○
4. 제작 내용
   4.1 ○○
   4.2 ○○
   4.3 ○○
5. 운영 및 유지보수
   ○○
6. 요약
```

4 평가 기준 전달

AI에게 우리가 바라는 점을 미리 알려주면, AI는 우리가 원하는 대로 더 잘 답해줄 수 있습니다. 예를 들어 AI에게 "쉽고 자세하게 설명해 주세요."라고 하거나 "고객의 마음을 움직일 수 있는 참신한 광고 문구를 만들어 주세요."라고 부탁하면 AI는 우리가 원하는 방향으로 답을 더 잘 만들어 줄 수 있습니다.

이렇게 AI에게 우리가 바라는 점을 미리 알려주면, AI는 우리의 기대에 더 잘 맞는 답을 줄 수 있습니다. 마치 학생에게 시험 문제의 채점 기준을 미리 알려주는 것처럼, AI도 우리가 어떤 답을 원하는지 알면 더 잘할 수 있습니다.

참고 포맷

블로그 기사

제목 1: ○○
○○

제목 2: ○○
○○
〈이미지 1〉

제목 3: ○○
○○
〈이미지 2〉

요약
○○
〈이미지 3〉

◉ '참고 포맷' 활용 시 주의사항

　AI와 대화할 때 '참고 포맷'을 사용하면 더 좋은 결과를 얻을 수 있습니다. 하지만 이 포맷을 사용할 때 주의할 점들이 있습니다. 먼저, AI에게 필요한 정보를 충분히 알려주어야 합니다. 예를 들어 케이크 만드는 방법을 물어볼 때는 몇 명이 먹을 것인지, 어떤 맛을 좋아하는지 등을 함께 알려주면 좋습니다. 정보가 부족하면 AI가 우리가 원하는 답변을 주기 어렵습니다.

　하지만 너무 많은 정보를 한꺼번에 주는 것도 좋지 않습니다. 예를 들어 케이크 레시피를 물어보면서 케이크의 역사부터 모든 종류의 케이크 재료까지 설명하면, AI가 무엇이 중요한 정보인지 혼동할 수 있습니다.

AI도 사람처럼 잘하는 것과 못하는 것이 있다는 점을 기억해야 합니다. AI는 수학 문제를 빠르게 풀 수 있지만, 맛있는 음식을 직접 만들어 줄 수는 없습니다. AI의 이러한 특징을 이해하고 대화하면 좋습니다.

마지막으로, '참고 포맷'은 AI와 대화를 돕는 도구일 뿐입니다. 이 포맷에만 얽매이지 말고, 상황에 따라 더 좋은 방법이 있다면 그것을 시도해 보는 것이 좋습니다. 예를 들어 간단한 질문을 할 때는 포맷 없이 편하게 물어보아도 됩니다.

8 문체 지정을 통해 언어 스타일과 톤 정의하기

AI가 우리가 원하는 대로 일을 잘 해내도록 하려면 정확한 안내가 필요한데, 이때 중요한 것이 '프롬프트'라는 지시문을 잘 쓰는 것입니다. 특히 '문체 지정'이라는 방법을 쓰면 여러 가지 좋은 결과를 얻을 수 있습니다. 예를 들어 듣는 사람에게 꼭 맞는 말투로 이야기를 전달할 수 있고, 일을 더 빠르고 효율적으로 처리할 수 있으며, 더 좋은 품질의 결과물을 만들어낼 수 있습니다.

'문체 지정'은 생성형 AI에게 우리가 원하는 말투나 글쓰기 스타일을 알려주는 방법입니다. 쉽게 말해서, AI에게 "이런 느낌으로 써 주세요."라고 부탁하는 것과 같습니다. 예를 들어 어린이를 위한 동화책처럼 쓰고 싶다면 부드럽고 친근한 말투를, 회사 보고서처럼 쓰고 싶다면 깔끔하고 전문적인 말투를 요청할 수 있습니다. 이렇게 문체를 정해서 쓰면 여러 가지 좋은 점들이 있습니다.

첫째, 글을 쓰는 목적에 딱 맞는 글을 쓸 수 있습니다. 예를 들어 고객에게 보내는 안내문은 친근하게 쓰고, 회사 안에서 쓰는 자료는 정확하게 쓸 수 있습니다. 이처럼 상황에 맞는 가장 좋은 문체를 골라 쓸 수 있습니다.

둘째, 글을 읽는 사람에게 주는 느낌을 마음대로 바꿀 수 있습니다. 예를 들어 편안한 문체로 쓰면 친근한 느낌을 주고, 격식 있는 문체로 쓰면 믿음직한 느낌을 줄 수 있습니다. 이렇게 글쓴이가 원하는 느낌을 잘 전달할 수 있습니다.

셋째, AI가 더 다양하고 새로운 표현을 만들어 낼 수 있습니다. 예를 들어 시처럼 아름답게 쓸 수도 있고, 재미있게 쓸 수도 있고, 감동적으로 쓸 수도 있습니다. 이렇게 AI가 가진 능력을 최대한 잘 활용할 수 있습니다.

이처럼 글을 쓸 때 문체를 미리 정하면 더 좋은 글을 쓸 수 있습니다. 상황에 맞는 글을 쓸 수 있고, 원하는 느낌을 잘 전달할 수 있으며, 더 다양한 표현도 할 수 있습니다.

◉ 문체 지정을 위한 글쓰기에서 스타일과 톤의 조합

글을 쓸 때 스타일과 톤은 글의 성격을 결정하는 중요한 요소입니다. 먼저 '포멀'한 스타일에는 세 가지 톤이 있습니다. 공식적인 자리에서 예의 바르게 쓰는 **'공식적'** 톤, 확실한 생각을 전할 때 쓰는 **'견고한'** 톤, 그리고 중요한 내용을 전할 때 쓰는 **'중대한'** 톤이 있습니다.

'창의적' 스타일에서는 감정을 중시하는 '감성적' 톤, 웃음을 주는 '유머러스' 톤, 즐거운 느낌을 주는 '장난기 있는' 톤을 사용합니다.
'비즈니스' 스타일은 전문가다운 '전문적' 톤, 목표 달성을 강조하는 '성과 지향적' 톤, 믿음을 주는 '신뢰성' 톤으로 나눌 수 있습니다.
'캐주얼' 스타일은 친구처럼 편한 '친근한' 톤, 부담 없이 편안한 '편안한' 톤, 가볍게 대화하는 '가벼운' 톤이 있습니다.
'아카데믹' 스타일에서는 자료를 바탕으로 설명하는 '분석적' 톤, 이치에 맞게 설명하는 '논리적' 톤, 자세히 설명하는 '기술적' 톤을 씁니다.
마지막으로 **'뉴스' 스타일**은 사실만을 전하는 '객관적' 톤, 급한 소식을 전하는 '긴박한' 톤, 한쪽으로 치우치지 않는 '공정한' 톤으로 구성됩니다.

이렇게 글의 목적과 상황에 맞는 스타일과 톤을 골라 쓰면 더 효과적으로 글을 쓸 수 있습니다. 그래서 글을 쓸 때 AI에게 어떤 스타일과 톤으로 쓸지 미리 알려주면 더 좋은 결과물을 얻을 수 있습니다. 예를 들어 "캐주얼하고 친근한 톤으로 써주세요." 또는 "창의적이고 장난기 있게 써주세요."처럼 구체적으로 요청하면 됩니다.

똑같은 "오늘 점심에 라면을 먹었다."라는 내용도 문체에 따라 전혀 다르게 표현할 수 있습니다. 각각의 스타일과 톤으로 어떻게 다르게 표현되는지 살펴보겠습니다.

'포멀'한 스타일에서는 예의 바르게 "오늘 점심 시간에 라면을 먹었습니다."라고 쓰거나, 확실하게 "점심 식사로 라면을 선택하였습니다."처럼 씁니다. 또는 좀 더 중요하게 "오늘은 중요한 회의를 앞두고 있었으나, 점심 식사로 라면을 섭취하였습니다."라고 표현합니다.

'창의적' 스타일에서는 감성을 담아 "한낮의 햇살에 이끌려, 라면 향기에 감싸인 행복한 시간"이라고 쓰거나, 재치 있게 "오늘의 점심은 라면이라는 이름의 예술 작품을 만끽했습니다."라고 씁니다. 장난스럽게 "라면, 라면, 내 배 속으로 IN!"처럼 표현하기도 합니다.

'비즈니스' 스타일에서는 전문가답게 "면의 굵기와 국물의 농도 등 다양한 요소를 고려하여 최적의 한 그릇을 골랐습니다."라고 씁니다. 목표 달성을 강조하여 "오후 업무도 효율적으로 수행할 수 있도록 철저히 영양 보충을 했습니다."라고 하거나, 신뢰감 있게 "점심은 믿을 수 있는 라면 가게에서 먹었습니다."라고 표현합니다.

'캐주얼' 스타일에서는 친근하게 "점심으로 라면 먹었어! 진짜 맛있었어!"라고 쓰거나, 편안하게 "오늘 좀 피곤해서 라면 먹으면서 한숨 돌렸어."라고 합니다. 가볍게 "라면, 최고야!"처럼 표현하기도 합니다.

'아카데믹' 스타일에서는 분석적으로 "라면이 제공하는 단백질과 탄수화물이 오후 활동에 필요한 에너지원이 되기 때문입니다."라고 씁니다. 논리적으로 "간편하게 먹을 수 있고 다양한 맛의 변형이 존재하기 때문입니다."라고 하거나, 기술적으로 "면의 삶는 시간과 국물의 온도 등 다양한 요소를 고려하여 최적의 조리법으로 즐겼습니다."라고 표현합니다.

'뉴스' 스타일에서는 객관적으로 "많은 국민들이 점심 식사로 라면을 섭취하고 있는 것이 확인되었습니다."라고 씁니다. 긴박하게 "점심 시간에 라면 수요가 증가하는 가운데, 각 라면 가게는 고객 만족도를 높이기 위해 노력하고 있습니다."라고 하거나, 공정하게 "라면은 일본 국민이 사랑하는 국민 음식 중 하나로, 다양한 세대에서 친숙하게 여겨지고 있습니다."라고 표현합니다.

◉ '문체 지정'을 효과적으로 활용하기 위한 3가지 포인트

먼저, 글을 쓰는 목적에 맞는 문체를 고르는 것이 중요합니다. 예를 들어 고객에게 보내는 안내문을 쓸 때는 친근한 말투가 좋습니다. 회사 안에서 쓰는 문서는 격식을 갖추고 정확하게 써야 합니다. 블로그에 글을 쓸 때는 누구나 쉽게 읽을 수 있게 해야 합니다. 연설문을 쓸 때는 듣는 사람의 마음을 움직일 수 있도록 써야 합니다.

두 번째로, AI에게 막연한 설명 대신 구체적인 예시를 들어주는 것이 좋습니다. "편하게 써주세요."라고 하는 것보다 "친구와 이야기하듯이 편하게 써주세요."라고 하면 AI가 더 잘 이해할 수 있습니다.

마지막으로, 문체와 다른 표현들을 함께 사용하면 더 좋은 결과를 얻을 수 있습니다. 예를 들어 고객 안내문은 친근하게, 회사 문서는 격식 있게 쓸 수 있습니다. 설명할 때도 쉽게 설명할지, 논리적으로 설명할지 정할 수 있습니다. 또 글을 쓸 때 매력적으로 표현할지, 간단명료하게 표현할지도 선택할 수 있습니다.

'문체 지정'을 활용한 구체적인 프롬프트 예

❶ 신규 사업 기획서 작성

공식적인 자리나 업무에서는 예의 바른 말투가 좋습니다. "안녕하십니까, 지난 회의에서 이야기한 내용을 정리했습니다"처럼 정중하게 쓰면 신뢰감을 줄 수 있습니다.

당신은 신규 사업 기획서를 작성할 때, 어떤 문체로 작성하고 싶으신가요?

신규 사업 기획서를 작성해 주십시오.
내용에는 시장 분석, 고객 니즈, 경쟁사 분석, 서비스 컨셉, 실현 가능성 등을 포함하여 상세히 기술해 주십시오.
문체는 간결하고 정확한 포멀한 문체로 작성해 주십시오.

문체 지정
- 문체: 포멀, 간결, 정확

---

❷ 영업 자료 작성

고객에게 제안할 자료를 작성할 때, 어떤 문체로 작성하면 상대방에게 더 잘 전달된다고 생각하시나요?

> 신규 고객을 위한 영업 자료를 작성해 주십시오.
> 자료에는 고객의 문제 해결에 도움이 되는 구체적인 제안과 수치 목표를 포함해 주십시오.
> 특히, 고객이 직면한 문제를 명확히 하고, 구체적인 해결책을 제안해 주십시오.
> 문체는 친근하고 이해하기 쉬운 캐주얼한 문체로 작성해 주십시오.
>
> # 문제 지정
> - 문체: 캐주얼, 친근함, 이해하기 쉬움

❸ 블로그 기사 작성

일상적인 이야기를 나눌 때는 편안하고 친근한 말투가 좋습니다. "오늘은 정말 맛있는 카페를 발견했습니다."처럼 자연스럽게 쓰면 독자들과 더 가깝게 소통할 수 있습니다.

독자의 검색 의도와 니즈에 부응하는 블로그 기사를 작성할 때, 어떤 문체로 작성하면 독자에게 더 잘 전달될까요?

> SEO를 고려한 '○○'라는 주제의 블로그 기사를 작성해 주십시오.
> 기사는 독자의 검색 의도와 니즈를 충족하는 내용으로, 이해하기 쉽고 읽기 편한 문장으로 작성해 주십시오.
> 문체는 친근하고 캐주얼한 스타일로 작성해 주십시오.

문체 지정
- 문체: 캐주얼, 친근함, 이해하기 쉬움

❹ 광고 카피 작성

타깃 고객의 마음을 사로잡는 광고 카피를 작성할 때, 어떤 문체로 작성하면 효과적일까요?

신제품 화장품의 광고 카피를 작성해 주십시오.
기억에 남을 만한 캐치프레이즈를 만들어 타깃 고객의 마음을 사로잡을 표현으로 작성해 주십시오.
특히, 제품의 매력을 간결하게 표현하고, 타깃 고객의 구매 욕구를 자극하는 카피를 만들어 주십시오.
문체는 인상적이고 기억에 남을 수 있는 캐치한 스타일로 작성해 주십시오.

문체 지정
- 문체: 캐치프레이즈, 인상적, 기억에 남을 만한

❺ 스피치 작성

전문적인 내용을 다룰 때는 논리적이고 객관적인 말투가 좋습니다. "이번 연구에서는 다음과 같은 결과가 나왔습니다."처럼 명확하게 쓰면 신뢰성을 높일 수 있습니다.

어떤 청중을 대상으로, 어떤 스피치를 작성하고 싶으며, 스피치를 통해 어떤 인상을 주고 싶으신가요?

신규 사업 아이디어를 제안하기 위한 스피치를 작성해 주십시오.
청중의 관심을 끌고, 구체적인 내용으로 설득력 있는 스피치로 만들어 주십시오.
특히, 신규 사업 아이디어를 이해하기 쉽게 설명하고, 청중의 공감을 이끌어낼 수 있는 스피치를 작성해 주십시오.
문체는 열정이 담긴 설득력 있는 포멀한 문체로 작성해 주십시오.

문체 지정
- 문체: 포멀, 열정적, 설득력 있는

---

❻ 소설 작성

소설을 쓸 때, 어떤 문체로 작성하고 싶으신가요?

가까운 미래를 배경으로 한 SF 소설을 작성해 주십시오.
AI와 인간의 관계, 그리고 인간의 존재 의미에 대해 깊이 생각하게 하는 이야기를 만들어 주십시오.
특히, 등장인물의 심리 묘사를 풍부하게 하고, 독자를 사로잡는 스토리 전개로 작성해 주십시오.
문체는 시적이고 환상적인 표현으로 작성해 주십시오.

문체 지정
- 문체: 시적, 환상적

우리는 글의 목적에 따라 같이 다양하게 표현하는 것이 필요합니다. 복잡한 내용을 설명할 때는 쉽고 명확한 표현을 사용합니다. 어려운 용어 대신 일상적인 단어를 써서 누구나 이해할 수 있게 만듭니다. 다른 사람을 설득할 때는 논리적이면서도 공감할 수 있는 표현을 씁니다. 구체적인 예시와 함께 이유를 설명하면 더 효과적입니다. 마음을 움직이고 싶을 때는 따뜻하고 감성적인 표현을 씁니다. 개인적인 경험이나 진솔한 이야기를 담아내면 좋습니다.

이와 같이 적절한 말투를 선택하면 세 가지 좋은 점이 있습니다. 첫째, 우리가 전하고 싶은 내용을 더 정확하게 전달할 수 있습니다. 둘째, 읽는 사람과 더 깊은 공감대를 형성할 수 있습니다. 셋째, 글의 전문성과 신뢰도를 높일 수 있습니다.

9 추가 지시를 통해 정확도 더욱 향상시키기

AI와 대화할 때 가장 중요한 것은 정확하게 의견을 전달하는 것입니다. AI에게 처음 말한 내용에 더해 자세한 설명이나 생각해 볼 점들을 추가로 이야기해 주면 더 좋은 답변을 받을 수 있습니다. 마치 친구와 이야기를 나누듯이, "이 부분을 더 자세히 설명해 주세요." 또는 "다른 방향에서도 생각해 볼까요?"처럼 이야기를 이어가면 더 좋은 결과를 얻을 수 있습니다.

AI의 설명이 어려울 때는 "중학생도 이해할 수 있도록 쉽게 설명해 주세요."라고 요청할 수 있고, 더 자세한 정보가 필요할 때는 "단계별로 자세히 설명해 주세요."라고 말할 수 있습니다. 이렇게 대화를 이어가면서 점점 더 나은 답변을 얻을 수 있습니다.

이렇게 AI에게 더 자세한 설명을 요청하면 세 가지 좋은 점이 있습니다. 첫째, AI가 만든 답변이 더 정확해집니다. 우리가 원하는 것을 자세히 설명하면 AI도 그만큼 더 잘 이해하고 더 좋은 답변을 만들어낼 수 있습니다. 둘째, 우리가 기대한 것과 비슷한 결과물을 얻을 수 있습니다. 셋째, AI가 더 새롭고 참신한 생각을 해낼 수 있습니다.

추가 질문은, 처음 받은 설명이 너무 간단하거나 기초적일 때는 "실제 예시를 들어 더 자세히 설명해 주시겠습니까?"라고 요청하면 됩니다. 답변이 우리가 원하던 것과 다를 때, "내가 궁금했던 것은 다른 부분인 것 같습니다. 내가 알고 싶은 것은 이런 내용입니다."라고 정확하게 언급하면 됩니다. 설명이 어려울 때는 "방금 설명해 주신 내용이 조금 어려운데, 중학생도 이해할 수 있도록 쉽게 설명해 주시겠습니까?"라고 요청하면 됩니다. 더 자세한 정보가 필요할 때는 "이것을 실제로 하려면 어떤 순서로 해야 하는지 차근차근 설명해 주시겠습니까?"라고 언급하면 됩니다. 새로운 생각이 필요할 때는 "지금까지와는 다른 방법으로도 생각해 볼 수 있을까요?"라고 요청하면 새로운 아이디어를 얻을 수 있습니다.

⊙ '추가 지시'를 활용한 구체적인 프롬프트 예시

❶ 신규 사업 기획서 작성

신규 사업 기획서를 작성할 때, 어떤 추가 정보가 필요하신가요?

신규 사업 기획서를 작성해 주십시오.
내용에는 시장 분석, 고객 니즈, 경쟁사 분석, 서비스 컨셉, 실현 가능성 등을 포함하여 상세히 기술해 주십시오.
특히, 시장 규모와 성장률 분석 데이터를 표 형식으로 작성하고, 고객 설문조사 결과를 기반으로 한 니즈 분석을 그래프로 작성하며, 경쟁 서비스와의 차별화 포인트를 목록 형식으로 작성해 주십시오.

추가 지시
- 이 기획서의 타깃은 20대~30대의 젊은 층입니다. 그들의 니즈를 더욱 깊이 이해한 내용을 포함하여 작성해 주십시오.
- 경쟁 서비스와의 차별화 포인트를 더 구체적으로 설명해 주십시오. 특히, 어떤 점에서 우위를 갖는지 숫자나 사례를 활용해 설명해 주십시오.
- 이 기획서는 투자자에게 프레젠테이션 자료로도 활용될 예정이므로, 간결하고 이해하기 쉬운 표현으로 작성해 주십시오.

---

❷ 영업 자료 작성

고객에게 제안할 자료를 작성할 때, 어떤 추가 정보를 포함하면 효과적일까요?

신규 고객을 위한 영업 자료를 작성해 주십시오.
자료에는 고객의 문제 해결에 도움이 되는 구체적인 제안과 수치 목표를 포함해 주십시오.
특히, 고객이 직면한 문제를 명확히 분석하고, 구체적인 해결책을 제안해 주십시오.
또한, 제안 내용의 실현 가능성과 구체적인 수치 목표를 표 형식으로 제시해 주십시오.

추가 지시
- 고객의 문제를 더욱 깊이 분석하고, 그 문제 해결에 어떻게 기여할 수 있는지 구체적인 사례를 포함하여 설명해 주십시오.
- 제안 내용의 장점을 고객이 이해하기 쉬운 언어로 설명해 주십시오.
- 이 자료는 고객과의 면담에서 사용할 자료이므로, 시각적으로 이해하기 쉽고 간결한 표현으로 작성해 주십시오.

❸ 블로그 기사 작성

독자의 검색 의도와 니즈에 부응하는 블로그 기사를 작성할 때, 어떤 추가 정보를 포함하면 효과적일까요?

SEO를 고려한 '○○'라는 주제의 블로그 기사를 작성해 주십시오.
기사는 독자의 검색 의도와 니즈를 충족하는 내용으로 작성하며, 이해하기 쉽고 읽기 편한 문장으로 구성해 주십시오.
특히, SEO 키워드를 효과적으로 활용하고, 적절한 제목과 소제목을 배치하여 독자의 검색 의도와 니즈에 부응하는 기사를 작성해 주십시오.

추가 지시
- 이 기사는 SEO 최적화를 강화하기 위해 관련 키워드를 기사 내에 여러 번 등장시키십시오.
- 독자가 끝까지 읽을 수 있도록 이해하기 쉬운 어휘와 구성을 사용해 작성해 주십시오.
- 기사 말미에 독자에게 질문 몇 가지를 추가해 주십시오.

❹ 광고 카피 작성

타깃 고객의 마음을 사로잡는 광고 카피를 작성할 때 어떤 추가 요소를 포함하면 효과적일까요?

신제품 화장품의 광고 카피를 작성해 주십시오.
기억에 남을 만큼 매력적인 카피를 만들어 타깃 고객의 마음을 사로잡는 표현으로 작성해 주십시오.
특히, 제품의 매력을 간결하게 표현하고, 타깃 고객의 구매 욕구를 자극하는 카피를 작성해 주십시오.

추가 지시
- 이 카피는 타깃 고객인 20대 여성에게 어필할 수 있도록 젊고 생기 있는 표현으로 작성해 주십시오.
- 제품의 구체적인 효과와 장점을 명확히 전달할 수 있도록 작성해 주십시오.
- 독자의 구매 욕구를 자극하고 행동을 유도하는 문구를 포함해 주십시오.

❺ 스피치 작성

어떤 청중을 대상으로, 어떤 스피치를 작성하고 싶으시며, 스피치를 통해 어떤 인상을 주고 싶으신가요?

> 신규 사업 아이디어를 제안하기 위한 스피치를 작성해 주십시오.
> 청중의 관심을 끌고, 구체적인 내용으로 설득력 있는 스피치를 작성해 주십시오.
> 특히, 신규 사업 아이디어를 쉽게 이해할 수 있도록 설명하고, 청중의 공감을 이끌어낼 수 있는 스피치를 만들어 주십시오.
>
> # 추가 지시
> - 이 스피치에는 청중을 참여시키는 인터랙티브한 요소를 몇 가지 포함해 주십시오.
> - 청중의 마음에 울림을 줄 수 있는 감동적인 표현을 추가해 주십시오.
> - 청중이 구체적인 행동으로 이어질 수 있도록 호소력 있는 메시지를 포함해 주십시오.

❻ 소설 작성

소설을 쓸 때, 어떤 추가 요소를 포함하면 더욱 매력적인 이야기가 될까요?

> 가까운 미래를 배경으로 한 SF 소설을 작성해 주십시오.
> AI와 인간의 관계, 그리고 인간의 존재 의미에 대해 깊이 고민하게 만드는 이야기를 만들어 주십시오.

특히, 등장인물의 심리 묘사를 풍부하게 하고 독자를 사로잡을 수 있는 스토리 전개로 작성해 주십시오.

추가 지시
- 이 소설에 서스펜스와 미스터리 같은 요소를 추가해 주십시오.
- 이 소설에 사랑과 우정 같은 인간관계의 요소를 추가해 주십시오.
- 이 소설에 사회 문제나 윤리적 문제와 같은 주제를 포함해 주십시오.

⦿ 추가 프롬프트 템플릿 모음

답변의 정확성을 높이기 위한 추가 프롬프트 템플릿을 기반으로, 패턴별로 10가지 구체적인 예시를 소개하고 각 사용법과 효과를 설명합니다.

1 정보가 부족할 때 설명을 더 요청하는 방법

AI가 주는 답변이 내용이 부족하거나 이해하기 어려울 때, 더 자세한 설명을 요청하는 방법을 알아보겠습니다.

> 이 설명은 너무 기초적인 내용만 담고 있습니다. 좀 더 자세히 설명해 주시겠습니까?

> 이해하기가 조금 어려운데, 실제 사례나 연구 결과를 함께 알려주시면 좋겠습니다.

> ○○○에 대한 내용이 설명되지 않았습니다. 이 부분도 설명해 주시겠습니까?

이렇게 부족한 점을 구체적으로 짚어가며 추가 설명을 요청하면, AI가 더 알찬 답변을 제공할 수 있습니다.

2 AI 답변이 원하는 방향과 다를 때 수정을 요청하는 방법

AI가 우리가 원하는 것과 다른 답변을 했을 때, 올바른 방향으로 이끄는 방법을 살펴보겠습니다.

> 제가 질문한 내용을 잘못 이해하신 것 같습니다. 제가 궁금한 것은 ○○○입니다. 이것을 자세히 설명해 주시겠습니까?

> 지금 주신 답변은 제가 알고 싶었던 내용이 아닙니다. ○○○에 대해 더 구체적으로 알려주시겠습니까?

> 답변은 이해했지만, 제가 정말 궁금한 것은 ○○○입니다. 이 부분에 대해 설명해 주시겠습니까?

> 지금 알려주신 내용 중에 잘못된 점이 있는 것 같습니다. ○○○에 대한 정확한 정보를 다시 알려주시겠습니까?

> 제가 여쭤본 내용과는 다른 답변을 주셨습니다. 제 질문을 다시 한 번 확인하시고, ○○○의 관점에서 설명해 주시겠습니까?

이렇게 정중하게 수정을 요청하면, AI가 우리가 원하는 방향으로 더 정확한 답변을 제공할 수 있습니다.

3 AI 답변이 모호하거나 불분명할 때 명확한 설명을 요청하는 방법

AI가 우리가 이해하기 어렵게 설명했을 때, 더 쉽고 자세한 설명을 얻는 방법을 알아보겠습니다.

> 지금 말씀해 주신 내용이 조금 이해하기 어렵습니다. 좀 더 쉽게 설명해 주시겠습니까?

> 가장 중요한 내용이 무엇인지 알고 싶습니다. 핵심 내용을 다시 한 번 알려주시겠습니까?

> 중요한 부분이라고 하셨는데, 이 부분을 더 자세히 설명해 주시겠습니까?

> 지금 설명하신 내용으로는 목표와 결과가 잘 이해되지 않습니다. 이 부분을 좀 더 구체적으로 설명해 주시겠습니까?

> 이 내용을 실제로 어떻게 활용할 수 있는지 잘 모르겠습니다. 실제 사례를 들어 설명해 주시겠습니까?

이렇게 이해하기 어려운 부분에 대해 더 쉬운 설명을 요청하면, AI가 우리가 이해하기 쉽게 다시 설명해 줄 것입니다.

4 AI 답변을 더 보기 좋고 이해하기 쉽게 만드는 방법

AI가 제공하는 정보를 더 쉽게 읽고 이해할 수 있도록 하는 방법을 알아보겠습니다.

> 가장 중요한 단어들은 진하게 표시해서 잘 보이도록 해 주시겠습니까?

> 여러 가지를 비교해서 설명할 때는 표로 정리하거나 목록으로 만들어 주시면 좋겠습니다.

> 글이 너무 빽빽하게 이어져 있어서 읽기가 어렵습니다. 내용에 따라 적절히 문단을 나누어 주시겠습니까?

이렇게 보기 좋게 정리해 달라고 요청하면, AI는 우리가 더 쉽게 이해할 수 있도록 정보를 잘 정리해서 보여줄 것입니다.

5 AI에게 새롭고 기발한 아이디어를 요청하는 방법

AI에게 지금까지 없었던 참신한 생각을 얻는 방법을 알아보겠습니다.

> 지금까지와는 완전히 다른, 새로운 방식으로 생각해서 제안해 주시겠습니까?

> 이 문제를 해결하는 방법 중에서 남들이 생각하지 못한 기발한 방법을 알려주시겠습니까?

> 지금까지의 생각에서 벗어나서, 색다른 해결책을 제시해 주시겠습니까?

> 앞으로 우리의 삶이 어떻게 크게 바뀔 수 있을지 상상해서 말씀해 주시겠습니까?

> 평소에는 할 수 없다고 생각했던 것들도 가능하다고 생각하고, 새로운 방법을 제안해 주시겠습니까?

이렇게 새롭고 기발한 생각을 요청하면, AI는 우리가 미처 생각하지 못했던 참신한 아이디어를 제안해 줄 것입니다.

6 AI 답변의 말투와 분위기를 바꾸는 방법

AI가 사용하는 말투나 글의 분위기를 상황에 맞게 바꾸는 방법을 알아보겠습니다.

> 말씀하시는 내용이 너무 딱딱합니다. 좀 더 친근하게 설명해 주시겠습니까?

> 일상적인 대화체보다는 좀 더 우아하고 아름다운 표현으로 설명해 주시겠습니까?

> 어려운 전문 용어가 많아서 이해하기가 힘듭니다. 우리가 평소에 쓰는 쉬운 말로 다시 설명해 주시겠습니까?

> 이 내용을 더 생생하고 힘 있게 전달하고 싶습니다. 마음이 움직이는 표현으로 말씀해 주시겠습니까?

> 문장이 너무 길어서 읽기가 어렵습니다. 짧고 간단하게 다시 설명해 주시겠습니까?

이렇게 말투나 표현 방식을 바꿔 달라고 요청하면, AI는 우리가 원하는 분위기로 더 잘 맞춰서 설명해 줄 것입니다.

7 AI 답변의 내용 수준을 조절하는 방법

AI가 설명하는 내용의 난이도를 듣는 사람에 맞추어 조절하는 방법을 알아보겠습니다.

> 지금 설명이 너무 어렵고 전문적입니다. 이제 막 배우기 시작한 사람도 이해할 수 있게 쉽게 설명해 주시겠습니까?

> 설명이 너무 기초적인 내용만 담고 있습니다. 좀 더 깊이 있는 내용도 함께 설명해 주시겠습니까?

> 구체적인 설명이 부족한 것 같습니다. 전문가들이 알고 있는 자세한 내용도 알려주시겠습니까?

> 먼저 기본적인 내용을 설명하고, 그다음에 점점 자세한 내용으로 들어가면서 설명해 주시겠습니까?

> 이 분야에서 최근에 새롭게 알게 된 내용이나 연구 결과를 포함해서 자세히 설명해 주시겠습니까?

이렇게 내용의 수준을 조절해달라고 요청하면, AI는 듣는 사람의 지식 수준에 맞춰서 가장 적절하게 설명해 줄 것입니다.

8 AI 답변에서 사용하는 말을 더 적절하게 바꾸는 방법

AI가 사용하는 단어나 표현을 상황에 맞게 바꾸는 방법을 알아보겠습니다.

> 전문가들만 아는 어려운 용어가 너무 많이 나옵니다. 우리가 평소에 자주 쓰는 쉬운 말로 바꿔서 설명해 주시겠습니까?

> 말씀하시는 내용이 너무 복잡하게 느껴집니다. 같은 내용을 좀 더 쉽고 단순하게 설명해 주시겠습니까?

> 일반 사람들도 쉽게 이해할 수 있도록 어려운 용어들을 풀어서 설명해 주시겠습니까?

> 특정 분야에서만 쓰는 말이 많아서 이해하기가 어렵습니다. 누구나 알 수 있는 쉬운 말로 설명해 주시겠습니까?

> 사용하신 말투가 너무 가벼운 것 같습니다. 좀 더 격식 있는 말로 바꿔서 설명해 주시겠습니까?

이렇게 단어나 표현을 바꿔 달라고 요청하면, AI는 상황에 가장 잘 맞는 적절한 말을 선택해서 설명해 줄 것입니다.

9 AI 답변의 내용을 간단하고 핵심적으로 요청하는 방법

AI가 설명한 내용이 너무 많거나 복잡할 때, 핵심만 쉽게 전달받는 방법을 알아보겠습니다.

> 지금 말씀해 주신 내용이 너무 많아서 정리가 잘 안 됩니다. 그 중에서 가장 중요한 세 가지만 알려주시겠습니까?

> 긴 설명을 들었는데, 이 내용 전체를 한 문장으로 간단히 말씀해 주시겠습니까?

> 자세한 내용은 지금 당장 필요하지 않습니다. 전체적인 큰 그림만 설명해 주시겠습니까?

> 어려운 말들은 빼고, 꼭 알아야 할 중요한 내용만 쉽게 설명해 주시겠습니까?

> 이 복잡한 내용을 그림이나 비유를 사용해서 쉽게 이해할 수 있도록 설명해 주시겠습니까?

이렇게 내용을 간단히 해달라고 요청하면, AI는 복잡한 내용에서 꼭 필요한 핵심만 뽑아서 알기 쉽게 설명해 줄 것입니다.

10 AI에게 실제로 할 수 있는 구체적인 방법을 요청하는 법

AI가 알려준 내용을 실제 생활에서 어떻게 활용할 수 있는지 구체적으로 배우는 방법을 알아보겠습니다.

> 말씀해 주신 내용을 실천하려면 어떻게 해야 하는지, 구체적인 계획을 세워서 알려주시겠습니까?

> 이 좋은 생각을 우리가 실제 생활에서 어떻게 사용할 수 있는지 알려주시겠습니까?

> 이 일을 해내기 위해서 어떤 순서로 무엇을 해야 하는지 자세히 설명해 주시겠습니까?

> 배운 이론을 우리가 겪는 실제 상황에서는 어떻게 활용할 수 있는지 알려주시겠습니까?

> 각각의 단계에서 우리가 구체적으로 무엇을 해야 하는지 하나하나 자세히 알려주시겠습니까?

이렇게 구체적인 방법을 요청하면, AI는 우리가 실제로 활용할 수 있는 자세하고 실용적인 방법을 알려줄 것입니다.

AI와 이야기를 나누면서 부족한 부분을 채우고 모호한 점을 명확하게 하면, 우리가 원하는 수준의 답변을 얻을 수 있습니다. 또한

계속 이야기를 나누다 보면 AI는 우리의 의도를 더 깊이 이해하고, 더 풍부한 답변을 줄 수 있게 됩니다. 새로운 관점에서 생각해 보자고 요청하면, 처음에는 생각하지 못했던 참신한 해결책도 찾을 수 있습니다.

마치 조각가가 돌을 깎아 멋진 작품을 만들어가듯이 AI와의 대화도 계속 다듬어가면서 더 좋은 결과물을 만들 수 있습니다. 앞으로 AI 기술이 발전하면서 우리는 AI와 더 섬세하고 깊이 있는 대화를 나눌 수 있게 될 것입니다.

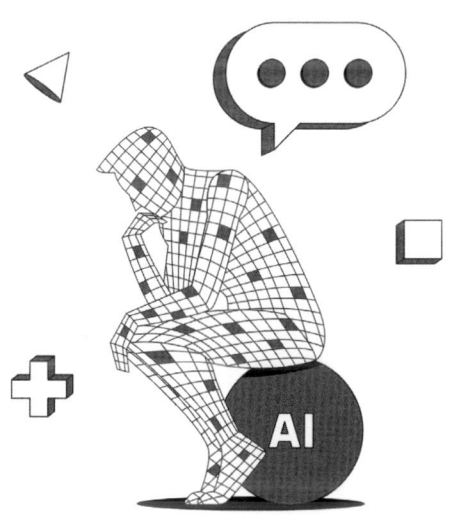

2
책 만들기

🅟 먼저 살펴보기

오늘날 책 쓰기는 더 이상 외로운 여정이 아닙니다. 인공지능이라는 든든한 협력자가 있습니다. 책을 쓰는 과정은 마치 거대한 퍼즐을 맞추는 것과 같은데, 인공지능은 이 퍼즐의 각 조각을 효율적으로 찾고 배치하는 데 도움을 줄 수 있습니다.

◉ 책 쓰기의 4단계

책 쓰기는 크게 네 단계로 구성됩니다. 기본 틀 만들기, 목차 구성, 본문 작성, 그리고 글 다듬기입니다. 각 단계에서 인공지능은 우리의 창의성을 보완하고, 작업 효율을 높여주는 역할을 합니다.

1 기본 틀 만들기

먼저 기본 틀을 만들 때는 제목과 부제목, 책의 특징을 정해야 합니다. 인공지능은 수많은 데이터를 바탕으로 참신하고 매력적인 제목들을 제안할 수 있습니다. 여러분은 이 중에서 책의 성격과 가장 잘 맞는 것을 선택하면 됩니다. 이는 마치 경험 많은 편집자와 상의하는 것과 같은 효과를 줍니다.

2 목차 정하기

목차는 글쓰기에서 가장 중요한 지도와 같습니다. 특히 책처럼 긴 글을 쓸 때는 더욱 그렇습니다. 체계적인 목차 없이 글을 쓰기 시작하면, 중간에 방향을 잃거나 불필요한 내용을 추가하게 될 위험이 있습니다. 인공지능의 도움을 받아 목차의 큰 그림을 그린 후, 세부적인 부분까지 꼼꼼하게 다듬어야 합니다.

인공지능은 우리가 정한 제목과 특징을 바탕으로 논리적이고 체계적인 목차의 초안을 제안합니다. 하지만 이는 시작일 뿐입니다. 최종적으로는 저자인 여러분의 통찰과 경험을 반영하여 목차를 다듬어야 합니다.

우리가 정한 제목과 부제, 책의 특징을 인공 지능에게 알려주면 이를 바탕으로 목차의 첫 모습을 만들어 줍니다. 이렇게 하면 책의 전체적인 흐름이 잘 맞는 목차를 얻을 수 있습니다.

목차는 책에서 아주 중요합니다. 목차가 얼마나 잘 만들어져 있느냐에 따라 독자들이 책에 관심을 가질지가 결정되고, 글을 쓸 때도 훨씬 쉬워집니다. 그래서 인공지능이 처음 만든 목차를 기초로 하되, 그 뒤에는 우리가 직접 꼼꼼하게 다듬어야 합니다.

좋은 글을 쓰려면 책의 큰 제목부터 작은 소제목까지 목차를 아주 자세하게 만드는 것이 중요합니다. 목차를 제대로 만들지 않고 글을 쓰기 시작하면 나중에 매우 힘들어집니다. 쓰고 싶은 이야기가 너무 길어질 수도 있고, 꼭 필요한 내용을 빠뜨릴 수도 있기 때문입니다.

이런 문제를 피하려면 인공지능을 활용하여 먼저 목차의 밑그림을 그리는 것이 좋습니다. 이렇게 하면 처음에 정한 제목과 방향에 맞는 글을 끝까지 쓸 수 있습니다. 특히 책은 매우 긴 글이기 때문에, 목차라는 지도 없이 쓰기 시작하면 중간에 길을 잃기 쉽습니다. 그래서 꼭 목차라는 지도를 잘 그린 다음에 글쓰기를 시작해야 합니다.

3 본문 쓰기

본문 작성 단계에서 인공지능은 각 챕터의 구조와 내용 구성을 제안합니다. 하지만 여기서 중요한 점은, 인공지능이 제시하는 내용을 그대로 사용하는 것이 아니라 여러분만의 경험과 관점을 더해야 한다는 것입니다. 이것이 바로 여러분의 책을 특별하게 만드는 요소가 됩니다.

본문을 쓸 때는 앞서 만든 목차를 인공지능에게 보여주고 이에 맞춰 내용을 구성하도록 합니다. 인공지능에게는 짧은 문장들을 만들어달라고 하지만, 이렇게 만들어진 문장을 그대로 책에 싣지는 않습니다. 대신에 실제 경험이나 나만의 특별한 생각을 더해서 본문을 더욱 알차게 만드는 작업을 함께 합니다.

이때 'PREP'이라는 방법으로 글을 쓰는 것을 권합니다. PREP 방법은 주장(Point) - 이유(Reason) - 예시(Example) - 주장 다시 말하기(Point)의 순서로 글을 구성하는 방법입니다. 이 방법을 사용하면 글의 논리가 명확해지고, 읽는 사람이 자연스럽게 내용을 따라올 수 있습니다.

예를 들어 '책 제목을 잘 지어야 한다.'는 내용을 쓴다고 생각해 봅시다. 먼저 "좋은 책 제목이 중요하다"고 말한 다음, 왜 중요한지 설명하고, 실제 예를 보여준 뒤, 마지막으로 다시 한 번 "그래서 책 제목이 중요하다"고 강조하는 것입니다. 인공지능으로 글을 쓸 때도 이 PREP 방법을 사용하면 매우 도움이 됩니다. 또한 각 부분이 끝날 때 다음 내용이 궁금해지게 만드는 문장을 넣으면, 읽는 사람이 더 관심을 가지고 글을 끝까지 읽을 수 있습니다.

4 글다듬기

글다듬기 단계에서는 먼저 직접 여러 번 읽어보며 수정하는 것이 좋습니다. 이때는 특히 세 가지를 잘 살펴봐야 합니다. 첫째, 맞춤법이 맞는지, 둘째, 하고 싶은 말이 확실하게 드러나는지, 셋째, 글의 앞뒤가 자연스럽게 이어지는지를 확인합니다. 이렇게 하면 독자들이 쉽게 이해하고 재미있게 읽을 수 있는 글을 만들 수 있습니다.

◉ 좋은 글쓰기의 모든 것

좋은 글쓰기에는 다섯 가지 핵심 원칙이 있습니다. 이 원칙들을 잘 활용하면, 누구나 읽기 쉽고 흥미로운 글을 쓸 수 있습니다.

첫째, 쉬운 것에서 어려운 것으로 단계적으로 설명해야 합니다. 우리의 두뇌는 이미 알고 있는 것을 바탕으로 새로운 정보를 이해합니다. 따라서 큰 그림을 먼저 보여주고, 점차 세부적인 내용으로 들어가는 것이 효과적입니다.

둘째, 적절한 그림과 도표를 활용합니다. 시각적 요소는 복잡한 개념을 이해하기 쉽게 만들어주고, 글의 흐름에 활력을 더해줍니다. 단, 내용과 관련 없는 시각물은 오히려 독자의 집중을 방해할 수 있으므로 주의해야 합니다.

셋째, 개인적인 경험을 공유합니다. 특히 개인이 출판하는 책의 경우, 저자만의 고유한 경험은 그 책을 특별하게 만드는 핵심 요소가 됩니다. 진정성 있는 경험 공유는 독자들의 공감을 이끌어내는 가장 효과적인 방법입니다.

넷째, 독자의 궁금증을 예측하고 답을 제공합니다. 이를 위해 인공지능의 도움을 받아 다양한 관점에서 예상 질문들을 도출하고, 이에 대한 답변을 글 속에 자연스럽게 녹여낼 수 있습니다.

다섯째, 독자의 호기심을 지속적으로 자극합니다. 각 장이나 문단이 끝날 때 다음 내용에 대한 기대감을 불러일으키는 문장을 넣으면, 독자들은 더 큰 흥미를 가지고 글을 읽어나갈 수 있습니다.

이러한 다섯 가지 원칙은 서로 독립적으로 작용하는 것이 아니라, 유기적으로 연결되어 글의 전체적인 품질을 높여줍니다. 특히 인공지능과 협업할 때는 이러한 원칙들을 기준으로 삼아 더 나은 결과물을 만들어낼 수 있습니다.

② 책 제목 만드는 방법

책에서 제목은 가장 중요한 첫인상입니다. 마치 우리가 처음 만난 사람의 얼굴을 기억하는 것처럼, 책의 제목도 독자의 마음속에 오래 남습니다. 우리가 서점에 가면 제일 먼저 보는 것이 바로 책의 제목입니다. 독자들은 제목을 보고 '아, 이 책은 이런 내용을 담고 있구나'하고 짐작합니다. 그래서 제목은 책의 내용을 잘 보여줄 수 있어야 합니다.

책의 제목은 독자의 마음을 사로잡아야 합니다. '이 책을 꼭 읽어 봐야겠다.'는 생각이 들도록 만드는 것이 좋습니다. 많은 사람들이 제목만 보고도 그 책을 살지 말지를 결정하기 때문입니다.

제목이 이렇게 중요한 이유는 독자가 책과 처음 만나는 순간이 바로 제목을 통해서이기 때문입니다. 마치 친구를 처음 만날 때 이름을 알게 되는 것처럼, 책도 제목으로 첫 인사를 건네는 것입니다. 좋은 제목은 독자에게 '이 책이 나에게 꼭 필요한 책이구나'하는 생각을 바로 전해줄 수 있습니다. 책의 내용을 정확하게 알려주면서도, 읽는 사람의 기억에 오래 남는 제목이어야 합니다.

인공지능은 우리가 미처 생각하지 못한 새롭고 신선한 제목을 제안해 줄 수 있습니다. 짧은 시간 안에 책의 특징을 잘 보여주는 제목을 찾을 수 있다는 것이 가장 큰 장점입니다. 또한 인공지능과의 대화를 통해 제목을 다듬어갈 수 있습니다. 처음에는 다소 거칠게 나온 제목이라도, 인공지능과의 지속적인 대화를 통해 더 세련되고 매력적인 제목으로 발전시킬 수 있습니다. 예를 들어 인공지능에게 "사업에 관한 책 제목을 추천해 주세요."라고 물어보면 좋은 제목들을 많이 알려줍니다. 그중에서 내가 쓰고 싶은 책의 성격과 가장 잘 맞는 것을 고르면 됩니다.

◉ 좋은 책 제목의 조건

좋은 책 제목의 조건은 다음과 같습니다. 먼저 책의 핵심 내용을 잘 담아내는 것입니다. 독자가 제목만 보고도 이 책이 어떤 내용을 다루는지 대략적으로 파악할 수 있어야 합니다. 다음으로는 책이 독자에게 어떤 가치를 제공할 수 있는지를 제목에 담아내는 것이 좋습니다. 이를 통해 독자는 이 책을 읽음으로써 얻을 수 있는 이점을 명확히 이해할 수 있습니다.

특히 개인이 출판하는 경우에는 제목이 매우 중요합니다. 출판사를 통해 나온 책들과 비교하면 개인이 낸 책은 영향력이 작을 수밖에 없기 때문에, 제목으로 독자의 관심을 사로잡는 것이 더욱 중요합니다.

이러한 제목을 만들 때는 인공지능의 도움을 받되, 최종적으로는 저자의 의도와 책의 본질을 가장 잘 표현하는 제목을 선택해야 합니다. 그래야만 독자들에게 정확한 메시지를 전달하고, 책의 가치를 제대로 전달할 수 있습니다. 이를 위해서는 몇 가지 단계를 거쳐야 합니다.

먼저 자신이 잘 알고 있고 글로 쓸 수 있는 주제를 찾아야 합니다. 아무리 좋은 주제라도 작가가 잘 모르는 내용이라면 좋은 책이 될 수 없기 때문입니다. 두 번째로는 인터넷 검색에 유리한 단어들을 찾아서 제목에 넣는 것입니다. 요즘은 많은 사람들이 인터넷으로 책을 찾기 때문에 이런 검색어를 잘 활용하면 더 많은 독자들이 우리 책을 발견할 수 있습니다. 마지막으로 많이 판매되는 책들의 제목을 살펴보는 것이 좋습니다. 이미 성공한 책들의 제목에서 아이디어를 얻으면 책의 제목도 더 매력적으로 만들 수 있습니다.

1 주제 찾기

책을 쓰기 전에 가장 먼저 해야 할 일은 내가 잘 쓸 수 있는 주제를 찾는 것입니다. 우리가 평소에 좋아하고 잘 아는 분야의 글을 쓰면 훨씬 쉽게 글을 쓸 수 있습니다. 하지만 잘 모르거나 별로 관심이 없는 주제를 고르면 글 쓰는 것도 어렵고, 읽는 사람들도 재미를 느끼기 어려울 수 있습니다. 예를 들어 마케팅 일을 오랫동안 해온 사람이라면, 마케팅이나 광고에 관한 책을 쓰는 것이 좋습니다. 자신이 직접 해본 일이나 성공한 경험을 바탕으로 다른 사람들에게 도움이 되는 이야기를 들려줄 수 있기 때문입니다.

　책을 잘 판매하기 위한 방법으로 'HARM의 법칙'이라는 것이 있습니다. 이 법칙은 사람들의 고민을 네 가지로 나누어 봅니다. 건강(Health)과 관련된 고민, 꿈과 직업(Ambition)에 관한 고민, 사람들과의 관계(Relation)에 대한 고민, 그리고 돈(Money)에 관한 고민이 바로 그것입니다. 이러한 고민들을 해결해주는 책을 쓰면 많은 사람들이 관심을 가질 수 있다는 것입니다.

　하지만 이것만 생각하고 책을 쓰면 안 됩니다. 예를 들어 회사 운영을 전문으로 하는 사람이 책을 많이 팔고 싶다는 이유로 건강에 대한 책을 쓴다면, 내용이 부실한 책이 될 수밖에 없습니다. 그래서 가장 중요한 것은 내가 잘 알고 잘 쓸 수 있는 주제를 고르는 것입니다.

　다음으로는 많은 사람들이 궁금해하는 주제를 고르는 것입니다. 인터넷 서점에서 잘 팔리는 책들을 살펴보면 어떤 제목의 책들이 사람들에게 인기가 있는지 쉽게 알 수 있습니다. 이를 통해 사람들이 어떤 내용의 책을 많이 찾는지 파악할 수 있습니다.

　베스트셀러 목록에서 책 제목에 자주 등장하는 단어들은 많은 사람들이 관심을 가지고 있는 내용을 보여줍니다. 이러한 단어들을 찾아보면 독자들의 관심사를 이해하는 데 도움이 됩니다. 여러 책의 제목에서 같은 단어가 반복해서 나온다면, 그 주제에 대해 많은 사람들이 관심을 가지고 있다는 뜻입니다. 이런 정보는 새로운 책의 제목을 정할 때 매우 유용합니다. 예를 들어 '챗GPT'나 '인공지능'이라는 단어가 여러 책 제목에서 자주 보인다면, 이는 많은 사람들이 이런 주제에 관심이 있다는 것을 알려줍니다. 우리도 이러한 단어들을 참고하여 책 제목을 지으면 좋습니다.

잘 판매되는 책들의 제목에서 공통점을 찾아 비슷한 방식으로 우리 책의 제목을 만들면, 더 많은 독자들이 관심을 가질 수 있습니다. 이렇게 하면 책이 더 많은 사람들에게 읽힐 기회를 얻을 수 있습니다.

2 인공지능을 활용해서 제목 정하기

여러분이 책을 쓰고 싶을 때 인공지능을 이용하면 멋진 제목을 만들 수 있습니다. 인공지능에게 우리가 원하는 것을 지시할 때는 정해진 양식이 필요합니다. 이것을 프롬프트 템플릿이라고 부릅니다. 마치 우리가 편지를 쓸 때 받는 사람의 주소를 쓰고 인사말을 쓰는 것처럼, 인공지능과 대화할 때도 이런 기본 템플릿이 있습니다.

 # 책 제목
'여행'에 대해 책을 쓰고 싶습니다.
'여행'과 어울리는 재미있는 단어를 추천해 주세요.
또한, 인터넷 서점에서 책이 잘 판매될 수 있는 제목으로 고려해 주세요.

이렇게 구체적으로 말한 이유가 있습니다. 그냥 "책 제목 좀 추천해 줘." 하는 것보다 전문가의 도움을 받는다고 생각하면서 말하는 것

이 훨씬 좋은 답변을 받을 수 있기 때문입니다. 요리책을 쓰고 싶다면 "요리"라고 쓰시면 됩니다. 이렇게 하면 인공지능은 마치 책 제목 짓기를 잘하는 전문가처럼 여러분에게 좋은 제목을 추천해 줄 것입니다. 인공지능은 인터넷서점에서 책이 잘 팔리도록 도와주는 전문가처럼 행동하면서 여러분에게 멋진 제목을 제안할 것입니다.

인공지능은 우리가 입력한 내용을 어떻게 처리하는지 자세히 알아보겠습니다.

책 제목
1. 혼자 떠나는 유럽 여행
2. 여행 중독자의 비밀 지도
3. 한 번뿐인 인생, 여행처럼 살기
4. 가방 하나로 떠나는 세상 여행
5. 떠남의 기술: 여행이 주는 삶의 변화
6. 나만의 여행 레시피
7. 여행, 행복을 담는 시간
8. 낯선 곳에서 나를 만나다
9. 지금 아니면 언제? 떠나는 용기
10. 여행하며 배우는 세상의 모든 것

인터넷 서점에서 검색에 강하고 매력적인 단어를 활용해 간결하고 흥미롭게 구성한 제목들입니다.

제목을 정할 때는 두 가지를 꼭 기억하셔야 합니다.

첫째, 독자들의 호기심을 자극하는 단어를 사용하는 것이 좋습니다. '나만 알고 싶은 여행지'처럼 비밀스러운 느낌을 주는 제목은 독자들의 관심을 끌 수 있습니다. 예를 들어 '여행'이라는 주제로 책을 쓴다면, '떠나볼까, 나만의 여행 레시피'처럼 요리와 여행을 연결해서 신선한 느낌을 줄 수 있습니다.

둘째, 감성을 자극하는 표현을 활용하면 좋습니다. '길 위의 쉼표' 처럼 여행이 주는 휴식과 위안을 은유적으로 표현하면 독자들의 마음에 더 오래 남을 수 있습니다. 또는 '지도 위에 나를 그리다'처럼 시적인 표현을 사용하면 여행을 통한 자기 발견이라는 깊이 있는 의미를 전달할 수 있습니다. '캐리어를 열면 시작되는 세계'는 여행의 설렘과 기대감을 잘 표현한 제목입니다.

③ 부제목 만드는 방법

부제목은 독자들에게 책의 가장 큰 매력을 전달하는 중요한 요소입니다. 좋은 부제목을 만들어야 책의 가치가 제대로 전달되고 독자들이 자연스럽게 책에 관심을 가질 수 있습니다. 반대로 부제목이 매력적이지 않다면, 책의 내용이 아무리 좋아도 독자들의 관심을 끌기 어렵습니다. 부제목은 책의 내용을 효과적으로 전달하는 동시에 독자의 호기심을 자극할 수 있어야 합니다. 특히 책은 매우 긴 글이기 때문에, 부제목이라는 이정표 없이 시작하면 중간에 길을 잃기 쉽습니다.

또한 부제목은 인터넷 검색에서도 도움이 됩니다. 독자들이 인터넷에서 찾고 싶은 내용을 검색할 때 부제목에 있는 말들이 검색되면서 더 많은 사람들이 책을 찾을 수 있게 됩니다. 예를 들어 '유럽 여행의 비법! 처음 떠나는 사람을 위한 스마트한 배낭여행 안내서'라는 부제목을 생각해 봅시다. 이 부제목은 유럽 배낭여행이라는 주제를 다루고 있고, 여행 초보자라는 독자를 정확히 말하고 있으며, 현명한 여행 방법을 알려준다는 이익도 잘 보여주고 있습니다.

인공지능은 우리가 부제목을 만들 때 든든한 조력자가 될 수 있습니다. 예를 들어 인공지능에게 "사업에 관한 책의 매력적인 부제목을 제안해 주세요."라고 요청하면 좋은 부제목들을 많이 제안받을 수 있습니다. 그중에서 내가 쓰고 싶은 책의 성격과 가장 잘 맞는 것을 선택하면 됩니다.

이렇게 인공지능과 대화하면서 부제목을 다듬어가면 짧은 시간 안에 책의 특징을 잘 보여주는 부제목을 찾을 수 있습니다. 인공지능은 우리가 미처 생각하지 못한 새롭고 신선한 아이디어를 제안해 줄 수 있기 때문입니다.

또한 인공지능과의 대화를 통해 부제목을 계속해서 발전시킬 수 있습니다. 처음에는 다소 거칠게 나온 부제목이라도, 인공지능과의 지속적인 대화를 통해 더 세련되고 매력적인 부제목으로 다듬어갈 수 있습니다.

이렇게 만든 부제목에는 두 가지 장점이 있습니다. 첫째, 독자들이 인터넷에서 우리 책을 쉽게 찾을 수 있게 됩니다. 둘째, 검색을 통해 책을 발견한 사람들이 내용에 관심을 가질 확률이 높아집니다. 결과적으로 이는 책의 판매량을 늘리는 데에도 큰 도움이 됩니다. 독자들이 찾기 쉽고, 관심 있어 하는 주제라는 것이 한눈에 들어오기 때문입니다.

좋은 부제목을 만들기 위해서는 첫 번째 조건은 독자에게 내용을 명확하게 전달하는 것입니다. 부제목을 통해 이 책이 어떤 내용을 다루고 있는지 독자가 한눈에 파악할 수 있어야 합니다. 두 번째로, 부제목은 본문과 긴밀한 연관성을 가져야 합니다. 본문에서 다루는 내용과 동떨어진 부제목은 독자의 기대를 저버리고 신뢰를 잃게 만들 수 있습니다. 부제목이 본문의 내용을 정확하게 반영하면서도 흥미를 끌 수 있어야 합니다.

마지막으로, 부제목은 책의 매력을 한눈에 드러낼 수 있어야 합니다. 독자들에게 이 책이 무엇을 제공하는지 명확히 보여주고, 책의 주요 내용을 간결하면서도 매력적으로 표현해야 합니다. 효과적인 부제목은 독자의 흥미를 자극하고, 책에 대한 기대감을 높이며, 구매로 이어질 가능성을 높입니다.

◉ 인공지능에게 책의 부제목 키워드 요청하기

인공지능을 사용해서 여러분의 책 부제목에 어울리는 키워드를 쉽게 찾을 수 있습니다.

인공지능에게 부제목 키워드를 요청하는 방법은 매우 간단합니다. 다음과 같은 템플릿을 사용하면 됩니다.

부제목
"혼자 떠나는 유럽 여행"이라는 제목의 부제목에 넣으면 좋은 키워드 10개를 알려주세요.
당신은 인터넷 서적 SEO 전문가입니다.

부제목
1. 유럽 배낭여행
2. 1인 여행자를 위한 완벽한 루트
3. 여행 초보자를 위한 팁
4. 유럽 필수 루트
5. 안전한 혼행
6. 예산 절약 여행법
7. 유럽 명소 추천
8. 혼자서 즐기는 현지 문화
9. 여행 준비 체크리스트
10. 필수 어플 모음

SEO와 독자 흥미를 고려해 유용한 키워드를 추렸습니다.

인공지능은 '혼자 떠나는 유럽 여행'이라는 책 제목에 어울리는 부제목 스무 개를 제안해 주었습니다. 제안된 부제목들은 여행을 준비하는 분들이 궁금해할 만한 내용을 담고 있습니다. 이 부제목들은 여행 준비부터 현지에서의 생활까지 다양한 내용을 다루고 있습니다. 배낭여행 안내, 맛있는 식당 추천, 교통수단 이용법, 숙소 찾기와 같은 실제 도움이 되는 정보들이 들어있습니다. 또한 혼자 여행하면서 생길 수 있는 어려움을 해결하는 방법도 알려줍니다.

이 중에서 세 가지 부제목을 골랐습니다. '유럽 배낭여행 가이드', '혼자서도 즐기는 로컬 문화 체험', '안전하고 경제적인 혼행 팁'입니다. 이 부제목들을 고른 데는 두 가지 이유가 있습니다.

첫째, 이 부제목들은 책을 읽는 분들에게 실제로 도움이 되는 내용을 담고 있습니다. 여행 준비부터 현지에서 즐겁게 보내는 방법까지, 혼자 여행하시는 분들이 꼭 알아야 할 내용을 알려줍니다. 둘째, 많은 분들이 이런 정보를 찾고 있다는 점을 생각했습니다. 인터넷에서 이러한 주제가 자주 검색되고 있어서, 책으로 만들면 많은 분들이 관심을 가질 것 같습니다.

이렇게 인공지능이 제안한 부제목들은 여행자들이 꼭 필요로 하는 정보를 담고 있습니다. 부제목을 고르는 기준은 무엇보다도 '혼자 여행하는 분들에게 얼마나 도움이 될 수 있는가'입니다.

물론 인공지능이 제안한 부제목을 그대로 쓸 필요는 없습니다. 인공지능에게 "유럽 여행에 대한 다른 좋은 생각이 있나요?"라고 더 물어보거나, 직접 부제목을 만들어도 좋습니다.

④ 기획 방향 만드는 방법

책을 쓰기 전에 가장 먼저 해야 할 일은 기획 방향을 정하는 것입니다. 기획 방향은 책의 성공을 좌우하는 매우 중요한 요소입니다. 그 이유는 책을 쓸 때 어떤 내용을 자세히 다룰지 알 수 있기 때문입니다. 또한 읽는 사람들에게 "왜 이 책을 읽어야 하나요?"라는 질문에 확실한 답을 줄 수 있기 때문입니다.

기획 방향에는 세 가지 중요한 요소가 있습니다. 첫째는 어떤 독자를 위한 책인지 정하는 것입니다. 둘째는 이 책이 독자들에게 어떤 도움이 될 수 있는지 생각하는 것입니다. 셋째는 다른 책들과 비교해서 이 책만의 특별한 점이 무엇인지 찾는 것입니다.

인공지능에게 다음의 세 가지 질문을 하면서 우리가 쓸 책의 방향을 정할 수 있습니다. 첫 번째는 '누가 이 책을 읽을까?', 두 번째는 '어떤 도움을 줄 수 있을까?', 세 번째는 '다른 책과 어떤 점이 다를까?'를 질문하는 것입니다. 이때 인공지능은 우리에게 여러 가지 아이디어를 제안해 주기 때문에, 책의 방향을 정하는 일이 훨씬 수월해집니다.

① 책의 대상 독자 생각하기

대상 독자를 설정하는 것은 책의 성격을 결정하는 첫 번째 단계입니다. 인공지능을 활용하면 효과적으로 독자층을 파악할 수 있습니다.

인공지능에게 책의 제목과 부제목, 그리고 저자의 입장을 알려주면, 적합한 독자층을 제안받을 수 있습니다. 예를 들어 "이 책의 대상 독자를 추천해 주세요."라고 요청하면, 인공지능은 여러 유형의 독자층을 분석하여 제시합니다.

인공지능이 제안한 독자층 중에서 가장 적절한 대상을 선택합니다. 이때 중요한 것은 저자의 판단입니다. 인공지능의 제안을 참고하되, 최종적으로는 저자가 가장 잘 도움을 줄 수 있는 독자층을 선택해야 합니다. 필요한 경우에는 독자층을 추가로 고려할 수도 있습니다. 이는 저자의 경험이나 통찰을 바탕으로 한 판단이 될 수 있습니다.

타깃 독자

책의 타깃 독자를 고려해 주세요.
아래 책 제목, 부제목, 그리고 당신의 역할에 따라 책의 타깃 독자를 설정해 주세요.

책 제목
혼자 떠나는 유럽 여행

책 부제목:
1인 여행자를 위한 완벽한 루트

당신의 역할:
베스트셀러를 여러 권 만든 경험이 있는 출판 전문가

타깃 독자

1. 혼자 여행을 계획 중인 20~30대 청년
   - 배낭여행이나 자유여행을 선호하는 여행 초보자

2. 경제적이고 실용적인 여행을 추구하는 사람
   - 예산 절약 팁과 현실적인 정보를 필요로 하는 독자

3. 혼자만의 시간을 즐기고자 하는 여행자
   - 자기 성찰과 힐링을 원하는 사람

4. 유럽 여행을 꿈꾸는 직장인 및 대학생
   - 한정된 휴가 기간에 최적의 루트를 찾고자 하는 독자

5. 여행 경험은 적지만 새로운 도전을 원하는 사람
   - 해외여행에 대한 두려움을 줄이고 싶어 하는 초보 여행자

이 독자층을 겨냥해 책의 내용을 실용적이고 감성적으로 구성하는 것이 중요합니다.

인공지능이 제안한 여러 독자층 중에서 두 부류의 독자를 골랐습니다. 첫 번째는 '처음으로 혼자 유럽 여행을 계획하는 초보 여행자'이고, 두 번째는 '단체 여행만 해봤지만 자유 여행에 도전하고 싶은 여행자'입니다.

'처음으로 혼자 유럽 여행을 계획하는 초보 여행자'는 처음부터 생각했던 독자입니다. 하지만 '단체 여행만 해봤지만 자유 여행에 도전하고 싶은 여행자'는 미처 생각하지 못했던 독자입니다. 여행자들

은 자신만의 특별한 여행 경험을 만들어가고 싶어하는 마음이 있을 것 같습니다.

여기에 한 가지 독자층을 더 추가했습니다. 바로 '일상에서 벗어나 자신을 돌아보고 새로운 도전을 하고 싶은 여행자'입니다. 인공지능은 이 독자층을 제안하지 않았지만, 제가 추가했습니다. 이렇게 독자층을 추가한 이유가 있습니다. 제 경험으로 볼 때, 혼자 떠나는 여행은 새로운 자신을 발견하고 일상의 활력을 되찾는 데 큰 도움이 된다는 것을 알았기 때문입니다. 이런 이유로 많은 여행자들이 이 책에 관심을 가질 것 같습니다.

② 책의 제공 가치 구상하기

제공 가치는 이 책이 독자들에게 줄 수 있는 실질적인 도움과 혜택을 의미합니다. 좋은 제공 가치를 구상하기 위해서는 인공지능의 도움을 받을 수 있습니다.

인공지능에게 책의 제목, 부제목, 선정된 독자층, 그리고 저자의 전문성에 대해 알려주면, 다양한 제공 가치를 제안받을 수 있습니다. 예를 들어 "이 책이 독자들에게 줄 수 있는 가치는 무엇일까요?"라고 물어보면, 인공지능은 여러 관점에서 가치를 제시합니다.

제안받은 가치들 중에서 가장 핵심적인 것을 선택합니다. 이때는 독자들의 실질적인 필요와 저자가 제공할 수 있는 전문성을 고려해야 합니다. 또한 시장에서 차별화될 수 있는 가치를 선택하는 것이 중요합니다.

책의 제공 가치
다음 책 제목, 부제목, 역할, 타깃에 맞춰 책의 제공 가치를 구상해 보겠습니다.

책의 제목
혼자 떠나는 유럽 여행

책의 부제목
1인 여행자를 위한 완벽한 루트

당신의 역할
베스트셀러를 여러 권 만든 경험이 있는 출판 전문가

타깃
- 혼자 여행을 계획 중인 20~30대 청년
- 경제적이고 실용적인 여행을 추구하는 사람
- 혼자만의 시간을 즐기고자 하는 여행자

이렇게 작성한 템플릿을 인공지능에게 전달하면, 인공지능이 여러분의 책에 맞는 제공 가치를 제안해 줄 것입니다.

책의 제공 가치
1. 완벽한 혼행 준비 가이드
   - 혼자서도 효율적으로 여행을 계획하고 실행할 수 있는 모든 팁과 체크리스트 제공.

2. 1인 여행자 맞춤 루트 설계
  - 초보자와 경험자 모두에게 적합한 최적화된 유럽 여행 코스와 필수 명소 추천.

3. 경제적이고 실용적인 정보 제공
  - 예산 절약 꿀팁, 가성비 높은 숙소 및 교통수단 이용법 등 현실적인 조언.

4. 혼자만의 특별한 경험 제안
  - 로컬 문화 체험, 힐링 스팟, 혼자서도 즐길 수 있는 활동 추천.

5. 여행 중 자신감과 자유감을 키우는 동기 부여
  - 혼자 여행을 두려워하는 독자에게 용기와 자신감을 심어주는 감성적인 메시지.

6. 실제 사례와 경험담 공유
  - 저자의 생생한 경험을 통해 현실적인 도움과 공감을 제공.

7. 삶의 전환점이 될 여행 안내
  - 혼자 여행을 통해 자신을 돌아보고 성장할 수 있는 기회를 제시.

이 책은 혼자 유럽 여행을 계획하는 독자들에게 실용성과 감동을 동시에 제공하는 완벽한 지침서가 될 것입니다.

이 중에서 두려움을 자신감으로 바꿔 주는 가이드와 혼자만의 여행을 특별하게 만드는 방법 제안이라는 두 가지를 제공 가치로 선정했습니다. 이 두 가지는 혼자 여행을 계획하는 독자들에게 실질적인 도움을 주며, 여행을 더욱 의미 있는 경험으로 만들어줄 수 있는 핵심 요소이기 때문입니다. 또한, 본문 집필 과정에서 자신만의 여행을 통해 성장하는 경험을 추가적인 제공 가치로 포함했습니다.

③ 차별화 요소 구상하기

차별화 요소는 이 책이 다른 책들과 어떻게 다른지를 보여주는 특징입니다. 인공지능에게 책의 제목, 부제목, 독자층, 제공 가치를 알려주고 '다른 책과의 차별화 요소를 제안해 주세요.'라고 요청합니다. 인공지능은 시장의 다른 책들과 비교하여 우리 책만의 독특한 특징을 제안합니다.

제안받은 차별화 요소들 중에서 가장 효과적인 것을 선택합니다. 이때는 실현 가능성과 독자들의 관심도를 고려해야 합니다. 또한 선택한 차별화 요소가 앞서 정한 제공 가치와 잘 연결되는지 확인해야 합니다.

이러한 차별화 요소는 책의 마케팅에서도 중요한 역할을 합니다. 독자들에게 "왜 이 책을 선택해야 하는가?"에 대한 명확한 답을 제시할 수 있기 때문입니다.

먼저 차별화 요소를 구상하기 위한 프롬프트 템플릿을 살펴보도록 하겠습니다. 이 템플릿은 새로운 책을 기획할 때 다른 책들과 어떤 점이 다른지 생각해보는 틀입니다.

차별화 요소
다음 책 제목, 부제목, 역할, 타깃, 제공 가치에 맞춰 다른 책과의 차별화 요소를 구상해 보겠습니다.

책의 제목
혼자 떠나는 유럽여행

책의 부제목
1인 여행자를 위한 완벽한 루트

당신의 역할
베스트셀러를 여러 권 만든 경험이 있는 출판 전문가

타깃
- 혼자 유럽 여행을 계획하는 초보 여행자
- 단체 여행만 해봤지만 자유 여행에 도전하고 싶은 여행자
- 일상에서 벗어나 자신을 돌아보고 새로운 도전을 하고 싶은 여행자

제공 가치
- 완벽한 혼행 준비 가이드
- 1인 여행자 맞춤 루트 설계
- 경제적이고 실용적인 정보 제공

이 템플릿을 실제로 어떻게 사용하는지『혼자 떠나는 유럽 여행』이라는 책을 예시로 들어 설명하겠습니다. 이 책의 부제목은 '1인 여행자를 위한 완벽한 루트'입니다. 이 책은 주로 세 부류의 독자를 위해 만들어졌습니다. 처음으로 혼자 유럽 여행을 계획하는 사람, 단체

여행만 해봤지만 혼자 여행하고 싶은 사람, 그리고 일상에서 벗어나 자신을 돌아보고 싶은 사람들입니다.

이 책이 독자들에게 주는 가치는 세 가지입니다. 첫째, 혼자 여행하는 것에 대한 두려움을 자신감으로 바꿔 줍니다. 둘째, 혼자만의 특별한 여행을 계획하는 방법을 알려줍니다. 셋째, 여행을 통해 한 단계 성장하는 경험을 제공합니다. 이렇게 만든 템플릿으로 챗GPT에게 물어보면, 다른 여행책과는 다른 특별한 내용을 제안받을 수 있습니다.

차별화 요소

1. 혼자 여행자를 위한 초보 맞춤형 접근
   - 초보 여행자에게 필요한 세세한 정보와 단계별 가이드를 제공하여 두려움을 해소.

2. 1인 여행자 중심의 루트와 팁
   - 혼자 여행 시 최적화된 루트, 안전하고 혼자서도 즐길 수 있는 활동 중심으로 구성.

3. 경제성과 실용성 강조
   - 예산 절약 방법, 가성비 높은 추천 장소, 현지 할인 팁 등 실질적인 정보를 집중 제공.

4. 감성적인 메시지와 성장 이야기
   - 여행이 주는 자기 발견과 삶의 전환점을 조명하며 독자와 공감 형성.

5. 문제 해결 중심의 실전 가이드
 - 혼자 여행 중 발생할 수 있는 문제(외로움, 안전, 언어 등)에 대한 실질적인 해결책 포함.

6. 저자의 경험담과 실제 사례 활용
 - 생생한 여행 경험을 바탕으로 한 현실적이고 신뢰도 높은 조언.

7. 혼자 여행의 즐거움 극대화
 - 로컬 체험, 나만의 힐링 시간, 특별한 순간을 만드는 팁을 통해 단체 여행과의 차별화.

이 책은 단순히 여행 정보 제공을 넘어 독자에게 감동과 실용성을 동시에 전달하는 독창적인 콘텐츠로 차별화될 것입니다.

　이 중에서 독자 중심의 맞춤형 가이드와 완벽하게 설계된 1인 여행 루트를 차별화 요소로 선정했습니다. 시중의 많은 여행책들은 유명한 관광지 소개나 일반적인 여행 조언을 주로 담고 있습니다. 하지만 이 책은 처음으로 혼자 여행을 준비하는 분들을 위해 마음의 준비부터 실제 상황에서 도움이 되는 해결책까지 자세히 알려드립니다.

　특히, 혼자서도 안전하게 다닐 수 있고 시간도 알차게 쓸 수 있는 자세한 여행 코스와 실제로 쓸모 있는 조언들은 다른 책에서 찾아보기 어려운 이 책만의 장점입니다. 또한, 책 내용에서는 혼자만의 여행을 통해 새로운 나를 발견하고 한층 더 성장하는 방법을 소개합니다. 이를 통해 독자 여러분은 단순히 여행 정보를 배우는 것을 넘어서, 여행이라는 소중한 경험을 통해 전에 몰랐던 자신의 모습을 만나는 특별한 기회를 갖게 될 것입니다.

⑤ 목차 만드는 방법

목차는 책의 기본 틀을 만드는 가장 중요한 지도와 같습니다. 책을 쓰기 전에 목차를 제대로 만들어야 중간에 방향을 잃지 않고 책을 쓸 수 있습니다.

목차는 크게 3단계 구성을 기본으로 합니다. 1단계 목차는 책의 큰 주제를 담고, 2단계 목차에서는 세부 주제로 나누며, 3단계 목차는 구체적인 내용을 정리합니다. 이러한 3단 구성으로 목차를 만들면, 책의 내용을 논리적이고 체계적으로 구성할 수 있습니다.

목차는 마치 책의 지도와 같은 역할을 합니다. 독자들은 목차를 보면서 이 책에 어떤 이야기가 담겨있는지 쉽게 알 수 있습니다. 또한 찾고 싶은 내용이 몇 쪽에 있는지도 빠르게 찾을 수 있습니다. '들어가는 말'이나 '맺음말' 같은 쉬운 말을 쓰면 독자들이 더욱 편하게 책을 읽을 수 있습니다.

책을 쓰는 작가에게도 목차는 꼭 필요합니다. 목차는 마치 자동차를 운전할 때 사용하는 내비게이션처럼, 글을 어떤 순서로 써야 할지 알려주는 길잡이 역할을 합니다. 목차를 제대로 만들지 않으면, 글을 쓰다가 자주 길을 잃게 됩니다.

목차는 자세할수록 좋습니다. 큰 제목부터 작은 제목까지 모든 내용을 꼼꼼하게 적어두면, 나중에 글을 쓸 때 훨씬 수월합니다. 이는 마치 여행 계획을 미리 자세하게 세워두면 여행하기가 더 편한 것과 같습니다.

요즘에는 목차를 새로운 방법으로 만듭니다. 처음에는 인공지능의 도움을 받아 중간 크기의 제목들을 만듭니다. 그 다음에는 '생각해 보기', '해보기', '더 알아보기'와 같이 읽는 사람이 이해하기 쉬운 제목을 넣습니다.

◉ 인공지능으로 책의 목차 만들기

인공지능을 활용하여 목차를 만들 때는 제목과 부제목, 그리고 책의 핵심 내용을 입력합니다. 예를 들어 인공지능에게 "사업 관련 책의 목차를 제안해 주세요."라고 요청하면, 다양한 목차 구성을 제안받을 수 있습니다.

이렇게 인공지능과 대화하면서 목차를 다듬어 가면 짧은 시간 안에 체계적인 목차를 만들 수 있습니다. 또한 인공지능과의 지속적인 대화를 통해 더 완성도 높은 목차로 발전시킬 수 있습니다.

목차는 단계적으로 작성해야 합니다. 먼저 큰 주제를 정하고, 그 아래 세부 주제를 배치하며, 마지막으로 구체적인 내용을 정리합니다. 세부 내용을 배열할 때는 논리적 순서를 고려해야 합니다. 쉬운 내용에서 어려운 내용으로, 기본 개념에서 심화 개념으로 나아가는 것이 좋습니다.

목차를 다 작성한 후에는 반드시 검토와 수정 과정을 거쳐야 합니다. 각 항목 간의 논리적 연결성, 내용의 중복 여부, 전체적인 균형 등을 확인합니다. 필요한 경우 인공지능의 도움을 받아 목차를 더 정교하게 다듬을 수 있습니다.

목차를 만들 때 사용하는 프롬프트 템플릿은 크게 두 부분으로 나누어져 있습니다. 첫 번째는 기본 형식입니다. 맨 앞에 "책의 목차를 구상해 주세요."라는 말로 시작하고, 그다음에는 책의 여러 가지 정보를 고려해달라는 부탁을 덧붙입니다. 두 번째는 책에 대한 구체적인 내용을 적는 부분입니다. 여기에는 다음과 같은 항목들이 들어갑니다.

목차
아래의 책 제목, 부제, 타깃 독자, 제공 가치, 차별화 요소, 그리고 당신의 역할을 고려하여, 제공 가치와 차별화 요소의 관계를 명확히 드러낼 수 있는 목차를 작성해 주세요.

책의 제목
혼자 떠나는 유럽 여행

책의 부제목
1인 여행자를 위한 완벽한 루트

당신의 역할
베스트셀러를 여러 권 만든 경험이 있는 출판 전문가

타깃

- 혼자 유럽 여행을 계획하는 초보 여행자
- 단체 여행만 해봤지만 자유 여행에 도전하고 싶은 여행자
- 일상에서 벗어나 자신을 돌아보고 새로운 도전을 하고 싶은 여행자

제공 가치

- 완벽한 혼행 준비 가이드
- 1인 여행자 맞춤 루트 설계
- 경제적이고 실용적인 정보 제공

차별화 요소

- 혼자 여행자를 위한 초보 맞춤형 접근
- 1인 여행자 중심의 루트와 팁

당신의 역할

베스트셀러를 여러 권 만든 경험이 있는 출판 전문가

그리고, 이 프롬프트에 따라 인공지능에게 요청한 결과는 다음과 같습니다.

목차

1. 들어가며: 혼자 떠나는 용기
2. 준비편: 예산, 일정, 필수 체크리스트
3. 유럽 여행 기초: 국가별 팁과 안전 가이드

> 4. 추천 루트: 초보자와 도전자를 위한 코스
> 5. 혼자만의 특별한 여행 만들기: 로컬 체험과 힐링
> 6. 문제 해결법: 외로움, 안전, 긴급 상황 대처
> 7. 경제적 여행 팁: 예산 절약과 가성비 활용법
> 8. 여행 후 얻는 것: 자기 성장과 기록
> 9. 마치며: 당신도 혼자 떠날 수 있습니다
>
> 실용성과 감성을 모두 반영한 간결한 구성입니다.

　　전자책을 만들 때는 직접 목차를 수정하는 것이 좋습니다. 먼저 전체 분량을 정해야 합니다. 전자책은 종이책과 달리 글자 수를 자유롭게 정할 수 있습니다. 보통은 종이책의 절반 정도인 5만 자 정도로 씁니다. 이런 점들을 고려해서 보통은 서문과 결론을 빼고 5~6개의 장으로 나눕니다. 한 장은 7,000~8,000자 정도로 쓰면 적당한 길이가 됩니다. 이 정도 분량이면 꼭 필요한 내용을 모두 담을 수 있습니다.

　　다음으로 각 부분에 포함될 주요 항목과 세부 내용을 정해야 합니다. 이때는 전달하고 싶은 핵심 메시지를 중심으로 작성합니다. 처음에는 내용이 다소 모호하게 느껴질 수 있지만, 꼭 포함해야 할 중요한 내용을 찾아 정리하면 점차 구체화될 것입니다. 핵심 메시지를 명확하게 정리하면 자연스럽게 내용이 체계적으로 정리되고 구체성이 더해집니다.

⑥ 본문 만드는 방법

글을 쓸 때 첫째로 중요한 것은 독자의 마음을 이해하는 것입니다. 독자들은 글을 읽으면서 여러 가지 궁금한 점이 생길 수 있습니다. 이런 궁금증을 미리 생각해 보고, 그에 대한 설명을 글 속에 자연스럽게 넣어두면 독자들이 글을 더 쉽게 이해할 수 있습니다.

마치 친구와 이야기를 나누듯이 글을 쓰면 독자들은 끝까지 관심을 가지고 읽을 수 있습니다. 글쓴이가 독자의 궁금증을 하나하나 풀어주는 것처럼 글을 쓰면 됩니다. 예를 들어 독자들은 보통 "제목은 왜 그렇게 중요할까요?"라고 궁금해합니다. 이럴 때는 이렇게 설명해 주면 좋습니다. "제목은 책의 얼굴과 같습니다. 책에서 가장 먼저 보이는 제목이 재미있어야 독자들이 관심을 가지고 책을 집어 들게 됩니다." 이렇게 독자의 궁금한 점을 미리 생각하고 답을 준비해두면, 독자들은 글을 더 잘 이해할 수 있고 마지막 페이지까지 즐겁게 읽을 수 있습니다.

둘째, 다음 내용이 기대되는 문장을 쓰면 독자들의 기대감은 더 높아집니다. 각 장이나 글의 마지막 부분에서는 다음 내용이 궁금해지도록 하는 문장을 넣는 것이 좋습니다. 이렇게 하면 독자들이 계속해서 관심을 가지고 글을 읽어나갈 수 있습니다.

예를 들어 "다음 장에서는 부제를 어떻게 쓰는지 자세히 알아보겠습니다."와 같은 문장을 넣으면 됩니다. 이렇게 다음 내용을 살짝 알려주는 문장을 쓰면 독자들은 더 궁금증을 가지고 글을 읽게 됩니다. 독자들의 관심을 계속 이어가려면 이런 방법이 매우 효과적입니다.

셋째는 여러분의 경험을 글 속에 어떻게 녹여내는 것입니다. 우리는 책을 읽을 때 글쓴이의 진짜 이야기가 나오면 더 관심이 생기고 재미있게 읽게 됩니다. 자신이 실제로 겪은 일을 이야기하면 읽는 사람의 마음에 쏙쏙 들어오기 때문입니다.

예를 들어 "저는 처음에 챗GPT 사용법을 몰라서 헤맸지만 여러 번 시도하면서 점점 더 잘 쓸 수 있게 되었습니다." 이렇게 말하면 읽는 사람도 '아, 나도 처음에는 서툴 수 있구나.'하고 편안한 마음이 들게 됩니다.

직접 겪은 일을 자세히 풀어서 설명하면 글이 더욱 생생해집니다. 마치 영화를 보는 것처럼 그 상황이 눈앞에 펼쳐지는 듯한 느낌을 주기 때문입니다. 또한, 글쓴이가 실제로 겪으면서 배운 점들이 읽는 사람에게 큰 도움이 됩니다. 이처럼 자신의 경험을 나누는 것은 읽는 사람과 마음을 더 가깝게 이어주는 좋은 방법입니다. 진짜 경험에서 나온 이야기는 읽는 사람에게 더 큰 믿음을 줍니다.

◉ 인공지능으로 본문 작성하기

본문
아래의 아웃풋 형식에 따라 본문을 작성해 주세요. 아웃풋 형식은 그대로 사용해 주세요. 목차부터 순서대로 하나씩 작성해 주세요.

문장 구성
- 문장 구성은 PREP 법을 염두에 두어 작성하세요.

글자 수
- 아웃풋 형식은 1행당 약 500자 정도로 요약해 주세요.

출력 형식
목차
1. 들어가며: 혼자 떠나는 용기
2. 준비편: 예산, 일정, 필수 체크리스트
3. 유럽 여행 기초: 국가별 팁과 안전 가이드
4. 추천 루트: 초보자와 도전자를 위한 코스
5. 혼자만의 특별한 여행 만들기: 로컬 체험과 힐링
6. 문제 해결법: 외로움, 안전, 긴급 상황 대처
7. 경제적 여행 팁: 예산 절약과 가성비 활용법
8. 여행 후 얻는 것: 자기 성장과 기록
9. 마치며: 당신도 혼자 떠날 수 있습니다

위 글에 대해 아래 두 가지를 고려해 주세요.
- 독자가 궁금해할 만한 내용을 상상하고 그에 대한 답변을 추가해 주세요.
- 문단이나 항목의 연결 부분에 독자가 다음 내용을 읽고 싶어지게 만드는 문구를 추가해 주세요.

인공지능에게 책을 쓰라고 할 때는 정확하게 어떻게 써야 하는지 알려주어야 합니다. 그냥 "책을 써줘."라고 하면 안 되고, 어떤 모양과 규칙으로 써야 하는지 자세히 설명해야 합니다. 글의 길이도 미리 정해두는 것이 좋습니다. 보통은 한 문단을 1,000자 정도로 쓰라고 하면 됩니다. 하지만 필요하다면 500자처럼 더 짧게 써달라고 할 수도 있습니다.

글을 쓸 때는 '프렙(PREP)'이라는 특별한 방법을 씁니다. 먼저 중요한 내용을 말하고(Point), 그다음에 그것이 왜 중요한지 설명(Reason)합니다. 그리고 예시를 들어 설명(Example)하고, 마지막에 다시 한 번 중요한 내용을 강조(Point)합니다. 이렇게 하면 읽는 사람이 더 쉽게 이해할 수 있습니다.

책의 모양도 자세히 알려줘야 합니다. 예를 들어 책의 첫 부분인 '들어가며'에서는 이 책을 왜 썼는지, 그리고 책을 쓴 사람이 어떤 사람인지를 쓰도록 할 수 있습니다.

또한 책을 읽는 사람들이 궁금해할 만한 내용도 미리 생각해서 넣으라고 해야 합니다. 그리고 다음 내용이 더 궁금해지도록 문단과 문단을 자연스럽게 이어주는 말도 넣으라고 합니다.

실제로 여행책을 쓴다고 하면, 맨 앞에 '들어가는 글'을 쓰고, 그 다음에 왜 여행을 가야 하는지, 여행 준비는 어떻게 하는지, 어디로 가면 좋은지, 특별한 경험을 어떻게 만드는지, 문제가 생겼을 때는 어떻게 해결하는지 순서대로 설명하고, 마지막에 마무리 글을 쓰면 됩니다.

이렇게 인공지능에게 자세하게 설명하면서 책을 쓰라고 하면 누구나 쉽게 이해하고 재미있게 읽을 수 있는 책을 만들 수 있습니다.

1. 들어가며: 혼자 떠나는 용기

혼자 여행을 떠나는 일은 도전의 연속입니다. 사람들은 종종 '혼자서 괜찮을까?'라는 질문을 스스로에게 던지곤 합니다. 익숙한 환경을 벗어나 낯선 곳으로 떠나는 일은 두려움과 설렘이 교차하는 경험이지만, 그 속에는 자신만의 세계를 발견할 기회가 숨어 있습니다. 많은 사람들이 여행을 통해 새로운 사람들을 만나고, 낯선 문화를 경험하며, 자신의 내면을 탐구하는 계기를 얻었다고 말합니다.

혼자 여행을 떠나는 데에는 용기가 필요합니다. 우리는 주변 사람들의 시선이나 안전에 대한 걱정, 그리고 외로움에 대한 두려움에 사로잡히기 쉽습니다. 하지만 그 모든 걱정 뒤에는 자기 자신과 마주할 기회가 존재합니다. 혼자서 계획을 세우고, 문제를 해결하며, 자유롭게 시간을 활용하는 경험은 개인의 성장에 큰 영향을 미칩니다.

"혼자 떠난다는 것은 스스로를 믿는다는 것입니다." 이런 마음가짐을 가진다면, 어떤 여행지도 두렵지 않을 것입니다. 다음 장에서는 본격적인 준비를 통해 이러한 두려움을 하나씩 극복해 나가는 방법을 알아보겠습니다. 이제 용기를 내어, 혼자 떠나는 여행의 첫걸음을 함께 준비해 볼까요?

목차 1번 "들어가며: 혼자 떠나는 용기"를 작성했습니다. 준비가 되셨다면 다음 목차인 2번 "준비편: 예산, 일정, 필수 체크리스트"로 넘어가겠습니다! 괜찮으신가요?

◉ 나만의 글쓰기를 시작하는 방법

이제부터는 인공지능과 잠시 떨어져서, 나만의 이야기를 써보도록 하겠습니다. 인공지능이 처음 만들어준 글을 받으면, 천천히 글 전체를 읽어보는 것이 좋습니다. 그다음에는 내가 실제로 겪었던 일들을 하나씩 이야기에 더해 가면 됩니다.

인공지능은 '주장-이유-예시-정리'라는 순서대로 글을 쓰기 때문에, 보통 예시가 글 속에 들어있습니다. 하지만 이런 예시들은 내가 실제로 겪은 일이 아닙니다. 그래서 내가 직접 겪은 일들로 바꿔 쓰면 더 생생한 이야기가 됩니다.

글을 쓸 때 가장 중요한 점은 독자와 이야기를 나누는 것처럼 쓰는 것입니다. 이 글을 읽는 사람이 어떤 마음이 들지, 무엇이 알고 싶을지, 어떤 이야기를 들으면 기뻐할지 생각하면서 쓰면 좋습니다. 마치 독자가 내 앞에 앉아있다고 생각해보면 자연스럽게 할 말이 떠오를 것입니다.

⑦ 문장 다듬기

글을 다 쓴 뒤에는 문장을 깔끔하게 정리하는 일이 매우 중요합니다. 문장을 다듬는 데에는 세 가지 큰 목적이 있습니다. 첫 번째는 틀린 맞춤법을 바로잡고 어색한 표현을 고치는 것입니다. 두 번째는 글을 읽는 사람이 더 재미있게 느낄 수 있도록 만드는 것입니다. 세 번째는 문장의 구조를 깔끔하게 정리하는 것입니다.

여러분이 쓴 글을 인공지능에게 보여주면, 더 좋은 표현을 제안해 줍니다. 이렇게 하면 다른 사람의 눈으로 내 글을 살펴보는 것처럼 되어서, 글의 질을 한층 더 높일 수 있습니다. 또한 읽는 사람들이 더 쉽게 이해할 수 있는 글을 만들 수 있습니다.

우선 우리가 쓴 글을 처음부터 끝까지 자세히 읽어보면서 고칠 부분을 찾아 고치는 작업을 여러 번 되풀이합니다. 이렇게 하면 글이 점점 더 자연스러워집니다. 그다음에는 인공지능의 도움을 받아 더 좋은 표현이 있는지 알아봅니다. 인공지능은 우리가 미처 생각하지 못한 좋은 표현들을 알려줄 수 있습니다.

이어서 인공지능이 제안한 내용을 바탕으로 우리의 생각과 의도에 맞게 다시 한 번 글을 수정 보완합니다. 이렇게 하면 인공지능의 도움도 받고 글쓴이의 특징도 살릴 수 있습니다. 이 모든 과정을 거치면 독자들이 편하게 읽을 수 있는 책이 완성됩니다.

⦿ 인공지능으로 문장 다듬기

글을 쓰고 나면 처음부터 끝까지 꼼꼼하게 읽으면서 고쳐나가는 작업이 필요합니다. 이때 바로 인공지능(ChatGPT)의 도움을 받기보다는, 먼저 스스로 글을 검토하고 수정하는 것이 좋습니다. 스스로 글을 다듬을 때는 두 가지를 중심으로 살펴봐야 합니다. 첫째, 각 문단의 내용을 자세히 살피면서 읽는 사람이 쉽게 이해할 수 있는 문장으로 바꿔야 합니다. 둘째, 그림이나 도표로 나타내면 더 쉽게 설명할 수 있는 부분이 있는지 찾아보고, 필요하다면 추가해야 합니다.

직접 글을 다듬는 것이 더 좋은 이유는 내용을 자세히 살피다 보면 새로운 내용을 더하거나 불필요한 부분을 뺄 수 있기 때문입니다.

이런 판단은 인공지능이 아닌 글쓴이가 직접 해야 합니다. 또한 그림을 넣을지 말지를 결정하는 것도 인공지능에게 맡기기는 어렵습니다. 이처럼 사람만이 할 수 있는 개선 작업을 먼저 하는 것이 중요합니다.

이 단계에서는 문법이나 표현 방법은 크게 신경 쓰지 않아도 됩니다. 대신 읽는 사람이 글을 쉽게 이해할 수 있는지에만 집중해야 합니다. 여러 번 읽어보면서 스스로 이해하기 쉽다고 느낄 때까지 고치면 됩니다.

그다음에는 인공지능의 도움을 받아 글을 더 다듬을 수 있습니다.

문장 수정
- 아래 문장이 문법적, 표현적으로 올바른지 확인하고, 올바르지 않다면 수정해 주세요.
- 아래 문장을 독자에게 더 매력적으로 전달될 수 있도록 수정해 주세요.
- 수정된 부분을 명확히 확인할 수 있도록 정리해 주세요.

문장
1. 들어가며: 혼자 떠나는 용기
혼자 여행을 떠나는 일은 도전의 연속입니다. 사람들은 종종 '혼자서 괜찮을까?'라는 질문을 스스로에게 던지곤 합니다. 익숙한 환경을 벗어나 낯선 곳으로 떠나는 일은 두려움과 설렘이 교차하는 경험이지만, 그 속에는 자신만의 세계를 발견할 기회가 숨어 있습니다. 많은 사람들이 여행을 통해 새로운 사람들을 만나고, 낯선 문화를 경험하며, 자신의 내면을 탐구하는 계기를 얻었다고 말합니다.

혼자 여행을 떠나는 데에는 용기가 필요합니다. 우리는 주변 사람들의 시선이나 안전에 대한 걱정, 그리고 외로움에 대한 두려움에 사로잡히기 쉽습니다. 하지만 그 모든 걱정 뒤에는 자기 자신과 마주할 기회가 존재합니다. 혼자서 계획을 세우고, 문제를 해결하며, 자유롭게 시간을 활용하는 경험은 개인의 성장에 큰 영향을 미칩니다.

"혼자 떠난다는 것은 스스로를 믿는다는 것입니다." 이런 마음가짐을 가진다면, 어떤 여행지도 두렵지 않을 것입니다. 다음 장에서는 본격적인 준비를 통해 이러한 두려움을 하나씩 극복해 나가는 방법을 알아보겠습니다. 이제 용기를 내어, 혼자 떠나는 여행의 첫걸음을 함께 준비해 볼까요?

위 프롬프트를 인공지능에 입력한 결과를 확인해 보았습니다.

문장 수정

1. 들어가며: 혼자 떠나는 용기

혼자 떠나는 여행은 도전의 연속입니다. 많은 사람들이 '혼자서도 괜찮을까?'라는 질문을 스스로에게 던지곤 합니다. 익숙한 환경을 벗어나 낯선 곳으로 향하는 일은 두려움과 설렘이 교차하는 특별한 경험입니다. 그러나 그 안에는 자신의 세계를 새롭게 발견할 기회가 숨어 있습니다. 실제로, 많은 사람들은 여행을 통해 새로운 사람들과 소통하고 낯선 문화를 경험하며, 자신을 더 깊이 이해하게 되었다고 말합니다.

혼자 여행을 떠나려면 큰 용기가 필요합니다. 우리는 주변의 시선, 안전에 대한 염려, 그리고 외로움에 대한 두려움에 쉽게 사로잡힙니다.

> 하지만 이러한 걱정 뒤에는 자기 자신과 진정으로 마주할 수 있는 값진 순간이 기다리고 있습니다. 스스로 계획을 세우고 문제를 해결하며, 온전히 자유롭게 시간을 보내는 경험은 개인의 성장에 깊은 영향을 미칩니다.
>
> "혼자 떠난다는 것은 자신을 믿는다는 뜻입니다." 이와 같은 마음가짐을 가진다면 어떤 여행지도 더 이상 두렵지 않을 것입니다. 이제, 다음 장에서는 본격적인 준비를 통해 이러한 두려움을 극복하는 방법을 알아보겠습니다. 용기를 내어, 혼자 떠나는 여행의 첫걸음을 함께 준비해 볼까요?

수정된 문장은 문법적으로 더 정확하고, 표현적으로 더 매끄러워졌으며, 독자에게 매력적으로 다가갈 수 있도록 개선되었습니다.

인공지능의 도움을 받아 글을 수정해 보았더니 놀라운 변화가 있었습니다. 글이 더욱 읽기 쉽고 재미있게 바뀌었습니다. 인공지능은 처음에 어색했던 문장들을 자연스럽게 바꾸어주었습니다. 마치 친구와 이야기를 나누듯이 부드럽게 읽히는 문장으로 만들어 주었습니다.

읽는 사람의 마음을 사로잡는 표현도 더해주었습니다. "아, 그렇구나!"하고 고개를 끄덕이게 되는 내용으로 바꾸어주어서, 글을 읽는 재미가 한층 더해졌습니다. 글의 순서도 깔끔하게 정리해 주었습니다. 마치 계단을 오르듯이 한 단계씩 이해하기 쉽게 내용을 나누어주었습니다.

원래 쓴 글과 새로 고친 글을 비교해 보니 확실히 달라진 점이 눈에 띄었습니다. 인공지능을 잘 사용하면 나의 약한 점을 보완하는 도구임을 확인할 수 있습니다.

⦿ 인공지능으로 수정한 글 다시 한 번 검토하기

인공지능이 고쳐준 글을 바로 사용하지 말고 천천히 살펴보는 것이 좋습니다. 글을 읽을 사람들이 이해하기 어려운 부분은 없는지 자세히 살펴봐야 합니다. 글을 살펴볼 때는 이런 점들을 확인하면 좋습니다. 먼저 읽는 사람이 "이게 무슨 뜻일까?"라고 궁금해할 만한 부분이 있는지 찾아봅니다. 그리고 자신이 직접 겪은 일을 덧붙여 설명하면 좋을 부분도 찾아봅니다. 또한, 읽는 사람이 "다음 내용도 읽어보고 싶다."는 생각이 들도록 글을 마무리했는지도 살펴봅니다.

이렇게 글을 살펴보는 것은 앞서 설명한 '좋은 글쓰기' 방법과 이어집니다. 인공지능은 우리에게 도움을 주는 도구일 뿐, 모든 것을 맡겨서는 안 됩니다. 여러분이 직접 여러 번 읽어보고 다듬어야 합니다. 특히 중요한 조언을 하나 드리겠습니다. 글을 쓴 날에는 바로 검토하지 말고, 하루가 지난 뒤에 살펴보는 것이 좋습니다. 시간이 지난 뒤에 보면 마치 다른 사람이 쓴 글을 읽는 것처럼 더 잘 살펴볼 수 있기 때문입니다.

3
이메일·보고서·제안서 쓰기

🎧 먼저 살펴보기

직장에서 보고서나 발표 자료를 만드느라 힘들어 본 적이 있나요? 많은 시간이 걸리고 어려워서 고민하시는 분들을 위해 이 책을 준비했습니다.

자료를 만드는 일은 정말 힘든 일입니다. 하나의 자료를 완성하느라 시간을 많이 쓰다 보면 다른 중요한 일들을 미루게 됩니다. 좋은 자료를 만들려고 계속 고치다 보면 시간이 순식간에 지나갑니다.

자료 만들기에만 너무 많은 시간을 쓰면 다른 일들을 제대로 하기 어려워집니다. 결국 모든 일이 뒤죽박죽되어 버립니다.

열심히 만든 자료를 상사에게 보여드리면 이런저런 지적을 받게 됩니다. 하지만 매번 지적을 받다 보면 마음이 아프고 상처를 받게 됩니다. 내 노력을 알아주지 않는 것 같아서 일에 대한 자신감도 점점 떨어집니다.

① 인공지능으로 바꾸는 직장 생활

여러분의 이런 고민을 해결할 수 있는 새로운 방법 중 한 가지가 바로 인공지능이라는 도구를 사용하는 것입니다.

인공지능을 사용하면, 자료를 매우 빨리 만들 수 있으며, 상사와 나눌 이야기를 미리 준비하고 연습할 수 있습니다. 그리고 문서를 꼼꼼히 살펴보고 더 좋게 만드는 방법을 찾을 수 있습니다.

만일 자료를 더 빨리 만들 수 있으면 다른 일할 시간이 많아집니다. 그러면 야근도 줄어들어서 가족과 함께 있거나 취미 생활을 즐길 시간이 늘어납니다. "정말 그럴까요?" 하고 궁금해하실 수 있습니다. 사무실에서 일하는 사람들이 가장 많은 시간을 쓰는 일이 바로 자료 만들기와 회의입니다. 왜냐하면 사무실 일이란 정보를 자료로 정리하고, 그 자료로 회의를 해서 결정 내리는 일을 계속 반복하기 때문입니다.

그리고 인공지능을 사용하면 상사와 더 잘 대화할 수 있습니다. 인공지능으로 상사가 물어볼 만한 질문을 미리 준비하면, 상사의 궁금증에 잘 답할 수 있기 때문입니다. 자료를 만들 때 가장 중요한 것은 '내 생각을 전달하는 것'이 아니라 '상사가 궁금해하는 것에 답하는 것'입니다. 자료의 진정한 목적은 상사가 우리의 의견에 고개를 끄덕이게 만드는 것입니다. 이를 위해서는 상사가 궁금해할 만한 점들에 미리 답을 준비해야 합니다.

인공지능을 통해 여러 전문가들과 모여 의견을 나누는 것처럼 다양한 아이디어와 혼자서는 생각하기 어려운 새로운 관점도 제안받을 수 있습니다. 그러나 인공지능이 만든 자료를 그대로 사용할 수는 없습니다. 내용을 다듬고 고치는 시간이 필요합니다. 하지만 처음부터 끝까지 직접 쓰는 것보다는 훨씬 빠르고 효율적입니다.

② 인공지능 활용 시 주의 사항

디지털 시대에 인공지능 도구를 안전하게 사용하는 것은 매우 중요합니다. 이때 가장 먼저 주의해야 할 점은 개인정보 보호입니다. AI 시스템은 입력된 데이터를 학습할 가능성이 있기 때문에 자신의 개인정보나 다른 사람의 개인정보를 절대로 입력하면 안 됩니다. 이는 프라이버시 보호뿐만 아니라 잠재적인 개인정보 유출 위험을 막는 중요한 방법입니다.

기업이나 조직의 기밀 정보 역시 인공지능에 입력해서는 안 됩니다. 고객 정보, 사업 기획서, 내부 문서 등 외부에 유출되면 안 되는 중요한 정보들은 AI 서비스와 공유하지 말아야 합니다. 이러한 정보가 잘못 노출될 경우 심각한 보안 문제와 법적 분쟁으로 이어질 수 있기 때문입니다.

또한 타인의 저작물을 무분별하게 입력하는 것도 위험합니다. 인공지능의 응답에 저작권 침해 가능성이 있는 내용이 포함될 수 있으므로, 다른 사람의 저작물을 함부로 입력하지 않는 것이 좋습니다. 저작권은 창작자의 중요한 권리이므로 이를 존중해야 합니다.

인공지능의 답변을 무조건적으로 신뢰해서는 안 된다는 점도 중요합니다. AI는 때때로 잘못된 정보나 부정확한 내용을 생성할 수 있습니다. 따라서 인공지능이 제공하는 정보는 참고 자료 정도로만 활용하고, 최종 결과물에 대한 책임은 사용자 본인에게 있다는 점을 명심해야 합니다.

생성된 콘텐츠가 저작권이나 상표권을 침해하지 않도록 주의해야 합니다. AI로 만든 결과물을 사용하기 전에는 반드시 법적 문제가 발생하지 않는지 철저히 검토해야 합니다. 특히 상업적 목적으로 사용할 경우에는 더욱 신중해야 합니다.

AI가 생성한 결과물에 대해 저작권을 주장하고 싶다면, 단순히 AI의 출력을 그대로 사용해서는 안 됩니다. 사용자가 직접 결과물을 편집하거나 가공할 때 저작권 확보가 더 쉬워집니다. 창의적인 수정과 개인의 노력이 저작권 인정의 핵심입니다.

참고로 ChatGPT 설정에서 '데이터 제어' 탭의 '채팅 기록 및 학습' 옵션을 비활성화하면 입력한 프롬프트가 AI 학습에 사용되는 것을 방지할 수 있습니다. 개인정보와 민감한 정보의 유출을 막고 싶다면 이러한 설정을 꼭 확인해야 합니다.

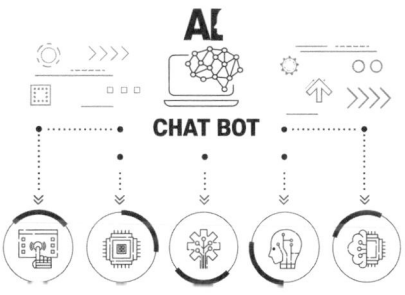

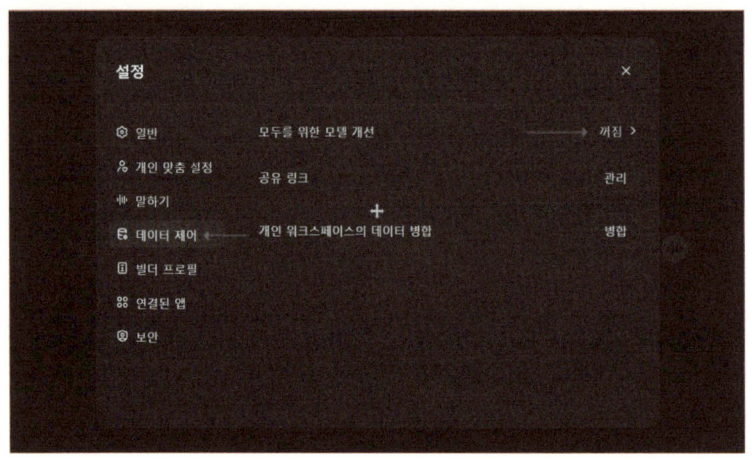

▲ 챗GPT 설정에서 입력한 프롬프트가 AI 학습에 사용되는 것을 방지하기 위한 설정

결론적으로, AI 도구를 안전하고 효과적으로 사용하기 위해서는 개인정보 보호, 정보의 신중한 입력, 저작권 존중 등 여러 가지 주의사항을 잘 지켜야 합니다. 디지털 시대에 책임감 있는 AI 사용자가 되는 것이 무엇보다 중요합니다.

② 이메일 작성하기

직장에서 이메일을 쓰는 일은 생각보다 어려운 일입니다. 어떤 말을 써야 할지, 어떤 순서로 내용을 전달해야 할지 고민되기 때문입니다. 하지만 이제 인공지능이라는 도우미가 있어서 이런 고민을 해결해 갈 수 있습니다.

인공지능을 활용해서 이메일을 쓸 때는 먼저 세 가지를 준비해야 합니다. 첫째는 이메일을 쓰기 전에 필요한 준비 과정입니다. 둘째는 실제로 이메일을 어떻게 쓸 것인지에 대한 계획입니다. 셋째는 다 쓴 이메일을 어떻게 확인하고 다듬을 것인지에 대한 방법입니다.

어떤 분들은 "이메일 정도는 그냥 내가 직접 쓰는 게 더 빠르지 않을까?"라고 생각하실 수 있습니다. 하지만 인공지능을 활용해서 이메일 쓰기를 연습하면 놀라운 변화를 경험할 수 있습니다. 이메일은 보고서나 기획서처럼 긴 글이 아니면서도 매일 여러 번 써야 하는 글이기 때문에 연습하기에 가장 좋습니다.

① 이메일 작성 프롬프트 템플릿

이메일을 쓸 때는 다섯 가지 중요한 요소가 있습니다. 먼저 이메일 제목을 정해야 합니다. 제목은 받는 사람이 이메일의 내용을 한눈에 알 수 있도록 명확하게 써야 합니다. 두 번째는 받는 사람의 이름과 직책을 정확히 써야 합니다. 세 번째는 이메일에서 꼭 지켜야 할 규칙들입니다. 네 번째는 받는 사람에게 부탁하고 싶은 내용입니다. 마지막으로 다섯 번째는 자세히 설명하고 싶은 내용입니다.

특히 이메일의 첫 부분에는 반드시 감사 인사를 넣어야 합니다. 이메일은 직접 만나서 하는 대화와 달리 상대방의 표정이나 목소리를 느낄 수 없기 때문에 자칫 차갑게 느껴질 수 있습니다. 따뜻한 감사 인사로 시작하면 받는 사람의 마음이 한결 편안해질 수 있습니다.

이메일 작성

다음의 「이메일 제목」, 「이메일 수신자」, 「제약 사항」, 「누구에게 무엇을 원하는지」, 「무엇을 전달하고 싶은지」를 바탕으로 이메일 내용을 작성하세요.
문장은 「문장 스타일」에 맞추어 주세요.

이메일 제목
- 회의 참석 요청

이메일 수신자
- 영업부의 김민수 부장님

제약 사항
- 이메일 본문의 서두에 감사의 말을 넣을 것

누구에게 무엇을 원하는지
- 김민수 부장님에게 제조 부서 주최 회의에 참석해 주시기를 원합니다.

무엇을 전달하고 싶은지
- 회의 목적
- 회의 의제
- 회의 일시
- 김민수 부장님에게 회의에 참석해 주시기를 원하는 이유

문장 스타일
- 비즈니스용

이메일 제목은 '회의 참석 요청'이고, 받는 사람은 '영업부의 김민

수 부장님'입니다. 부탁할 내용에는 "김민수 부장님에게 제조 부서 주최 회의에 참석해 주시기를 원합니다."라고 썼습니다. 자세한 설명에는 '왜 회의를 하는지', '어떤 내용을 다룰지', '언제 하는지', '왜 김민수 부장님이 꼭 필요한지'를 자세히 적었습니다. 글의 느낌은 "비즈니스용"으로 정했습니다. 이렇게 정리하고 보니 이메일로 무엇을 전하고 싶은지 아주 분명해졌습니다.

AI를 써도 원하는 답이 안 나올 때가 있는데, 그건 대부분 우리가 무엇을 원하는지 분명하게 말하지 못했기 때문입니다. 이런 양식을 쓰면 우리가 원하는 것을 AI에게 정확하게 전달할 수 있습니다.

이메일 작성

제목: 회의 참석 요청

김민수 부장님께,

안녕하십니까? 항상 영업부를 성공적으로 이끄시는 부장님께 감사드립니다.
제조 부서 주최로 1월 30일(목) 오후 2시, 본사 3층 대회의실에서 진행되는 회의에 부장님의 참석을 요청드립니다. 이번 회의는 제조 공정 개선과 고객 피드백 반영을 주제로 양 부서 간 협력 방안을 논의하고자 합니다.
부장님의 경험과 인사이트가 본 회의의 논의에 큰 기여를 할 것으로 기대합니다. 참석 가능 여부를 1월 27일(월)까지 회신 주시면 감사하겠습니다.

감사합니다.

제조부 이성진 드림

(010-1234-5678 | sjlee@company.com)

앞에서 작업한 문장들을 읽어보니 어떠신가요? 완벽하진 않지만, 조금만 더 다듬으면 충분히 쓸 만한 수준입니다. 인공지능과 대화하면서 문장을 더 자연스럽게 고칠 수도 있습니다.

② 이메일 체크 프롬프트 템플릿

이메일 체크

아래의 「이메일 제목」, 「이메일 수신자」, 「누구에게 무엇을 해주길 원하는지」, 「무엇을 전달하고 싶은지」를 바탕으로 「이메일 본문」의 개선점이나 수정사항이 있다면 알려주세요.

제목: 회의 참석 요청

김민수 부장님께,

안녕하십니까? 항상 영업부를 성공적으로 이끄시는 부장님께 감사드립니다.

제조 부서 주최로 1월 30일(목) 오후 2시, 본사 3층 대회의실에서 진행

되는 회의에 부장님의 참석을 요청드립니다. 이번 회의는 제조 공정 개선과 고객 피드백 반영을 주제로 양 부서 간 협력 방안을 논의하고자 합니다.
부장님의 경험과 인사이트가 본 회의의 논의에 큰 기여를 할 것으로 기대합니다. 참석 가능 여부를 1월 27일(월)까지 회신 주시면 감사하겠습니다.
감사합니다.

제조부 이성진 드림
(010-1234-5678 | sjlee@company.com)

이메일을 체크할 때는 인공지능에게 구체적인 지시 사항을 알려줘야 합니다. 이메일 제목과 받는 사람은 이메일 작성할 때 썼던 양식과 똑같이 써야 합니다. 누구에게 무엇을 부탁하고 싶은지, 어떤 내용을 전달하고 싶은지, 글의 분위기는 어떠해야 하는지도 이메일 작성 양식과 동일하게 써야 합니다. 마지막으로 이메일 본문에는 인공지능이 만든 이메일 내용을 그대로 붙여 넣으면 됩니다.

이메일 제목은 '회의 참석 요청'이고, 받는 사람은 영업부의 김민수 부장님입니다. 김민수 부장님에게 제조부가 주최하는 회의에 참석해달라고 부탁하고 싶습니다. 전달하고 싶은 내용으로는 회의 목적, 회의 안건, 회의 날짜와 시간, 그리고 김민수 부장님에게 꼭 참석해야 하는 이유를 써야 합니다. 문장 스타일은 비즈니스용 이메일에 맞게 작성하고, 본문에는 인공지능이 만든 내용을 그대로 넣습니다.

이메일 체크
제목: 1월 30일 제조-영업 협력 회의 참석 요청

김민수 부장님께,

안녕하십니까? 항상 영업부를 성공적으로 이끄시며 회사 성장에 큰 기여를 해주심에 감사드립니다.

오는 1월 30일(목) 오후 2시, 본사 3층 대회의실에서 제조 부서 주최로 회의가 진행될 예정입니다. 이번 회의는 제조 공정 개선 현황을 공유하고 고객 피드백 반영 방안을 논의하며, 양 부서 간 협력 강화를 위한 방안을 모색하는 자리입니다.

부장님께서 귀한 시간을 내어 참석해 주신다면, 회의가 더욱 뜻깊고 생산적인 논의의 장이 될 것으로 기대합니다.

바쁘시겠지만, 참석 가능 여부를 1월 27일(월)까지 회신 주시면 감사하겠습니다. 회신은 이메일(sjlee@company.com) 또는 문자(010-1234-5678)로 부탁드립니다.

감사합니다.

제조부 이성진 드림

(010-1234-5678 | sjlee@company.com)

인공지능은 먼저 이메일의 첫인사를 점검했습니다. "안녕하세요"와 같은 형식적인 인사말 대신 "평소 영업부의 발전을 위해 힘써주심에 깊이 감사드립니다."처럼 마음이 담긴 인사를 써보라고 조언했습니다.

그다음으로는 이메일 본문에 있는 '제조 과정 개선'이나 '효율화'

같은 애매한 표현들을 찾아냈습니다. 이런 말들은 실제로 어떤 일을 하고 싶은지, 그 일을 통해 무엇을 이루고 싶은지 자세히 풀어서 설명하면 좋겠다고 알려주었습니다.

인공지능은 문제가 되는 부분을 지적하는 것에서 그치지 않고, 더 나은 표현으로 바꾸는 방법까지 구체적으로 설명해 주었습니다.

③ 보고서 작성하기

보고서를 쓸 때는 순서가 매우 중요합니다. 첫 번째로, 보고서의 뼈대를 만듭니다. 이때 인공지능 챗봇의 도움을 받으면 좋습니다. 두 번째로, 뼈대에 살을 붙여가며 보고서 내용을 채워나갑니다. 세 번째로, 보고서에 대해 다른 사람들이 물어볼 만한 질문들을 미리 준비합니다. 이렇게 하면 나중에 질문을 받았을 때 당황하지 않고 잘 대답할 수 있습니다.

① 보고서 골격(뼈대) 프롬프트

출장 보고서를 작성할 때는 세 가지 핵심적인 내용이 반드시 포함되어야 합니다. 우선 출장 기간 동안 수행한 구체적인 활동 내용을 자세히 기록해야 합니다. 다음으로 이번 출장을 통해 달성한 실질적인 성과를 명확하게 제시해야 합니다. 마지막으로 출장에서 얻은 결과를 바탕으로 앞으로 실행할 구체적인 계획을 제시해야 합니다.

보고서 골격

출장 보고서를 작성하고 싶습니다.
아래의 「보고서의 독자」와 「보고서의 목적」을 바탕으로 보고서의 골격을 간략하게 작성하세요.

보고서의 독자
- 직속 상사

보고서의 목적
- 출장 중 활동 개요를 전달한다.
- 출장의 성과를 전달한다.
- 향후 실행할 액션을 전달한다.

출장 보고서를 작성할 때는 보고서의 독자가 누구인지 파악하는 것이 가장 중요합니다. 이번 경우에는 직속 상사를 위한 보고서이므로, 상사가 필요로 하는 핵심 정보를 명확하게 전달하는 데 중점을 두어야 합니다.

이러한 구조로 보고서를 작성하면 상사가 전체적인 출장의 흐름과 성과, 그리고 앞으로의 후속 조치를 쉽게 파악할 수 있습니다. 결국, 보고서의 핵심은 의사결정자인 상사에게 필요한 정보를 효과적으로 전달하는 것이기 때문입니다. 각 내용을 명확하게 구분하고 구체적이면서도 간결하게 작성한다면, 상사가 이해하기 쉽고 실질적인 도움이 되는 보고서를 작성할 수 있을 것입니다.

보고서 골격

1. 보고서 개요
    - 제목: 〈출장 목적/지역/기간 포함〉 출장 보고서
    - 작성자: 〈이름 및 소속 부서〉
    - 작성일: 〈작성 날짜〉

2. 출장 개요
    - 목적: 〈출장 목적〉
    - 지역: 〈출장 지역〉
    - 기간: 〈출장 기간〉
    - 주요 참석자: 〈참석자 정보〉

3. 출장 중 활동 내용
    - 주요 일정 및 활동: 〈날짜/시간별 활동〉
    - 회의 및 미팅 요약: 〈회의 이름, 안건, 참여자〉
    - 기타 활동: 〈추가 활동〉

4. 성과 및 주요 결과
    - 목표 달성 여부
    - 업무 성과 및 긍정적 영향
    - 협력 기회 및 네트워크 성과

5. 향후 실행할 액션
    - 확인 및 논의 필요 사안: 〈담당자/협의 내용〉
    - 후속 업무 계획: 〈일정 및 목표〉
    - 추가 요청 사항

6. 결론 및 제언
  - 출장 총평
  - 향후 방향성 제언

7. 첨부 자료
  - 출장 중 수집 자료
  - 회의록 및 참고 자료

    인공지능은 우리가 보고서를 쓸 때 매우 유용한 도우미가 될 수 있습니다. 혼자서는 생각하기 어려운 내용도 인공지능과 대화를 나누다 보면 좋은 아이디어가 떠오르기도 합니다. 하지만 인공지능이 제시한 여러 내용 중에서 우리가 쓰고 싶은 꼭 필요한 부분만 골라서 사용하면 됩니다. 모든 내용을 다 넣을 필요는 없습니다.

    더 많은 아이디어가 필요하다면 "다른 것은?"이라고 간단히 물어보면 됩니다. 인공지능은 새로운 제안을 계속해서 내놓을 것입니다. 우리가 만족할 때까지 이야기를 나누면서 보고서에 넣을 내용을 찾아보면 됩니다.

② 보고서 작성 프롬프트

보고서 작성
아래의 「보고서의 독자」, 「보고서의 목적」, 「보고서의 골자」를 바탕으로

> 보고서를 작성해 주세요.
>
> **# 보고서의 독자**
> - 직속 상사
>
> **# 보고서의 목적**
> - 출장 중 활동 개요를 전달
> - 출장의 성과를 전달
> - 향후의 행동 계획을 전달
>
> **# 보고서의 골자**
> - 보고자의 정보
> - 출장 활동 개요
> - 비용과 예산 보고
> - 출장의 성과
> - 향후 행동 계획
> - 감사의 표명
>
> **# 요청사항**
> - 구체적인 예를 포함해 주세요.

보고서를 시작할 때는 누가 읽을 것인지 부터 생각해야 합니다. 예를 들어 직장 상사가 읽을 것인지, 다른 부서 직원들이 읽을 것인지에 따라 글쓰기 방식이 달라집니다. 또한 이 보고서를 왜 쓰는지, 무엇을 전달하고 싶은지도 분명히 해야 합니다.

보고서의 중심 내용을 정할 때는 앞서 인공지능과 이야기를 나누면서 얻은 좋은 생각들 중에서 가장 알맞은 것을 골라 써야 합니다.

이렇게 하면 보고서가 더욱 짜임새 있게 될 것입니다.

일반적으로 출장 보고서는 회사의 직속 상사에게 보내는 공식 문서입니다. 이 보고서는 출장 기간 동안 어떤 일을 했는지, 어떤 성과가 있었는지, 앞으로 무엇을 할 계획인지를 알리는 중요한 역할을 합니다.

인공지능을 활용해서 찾아본 결과, 좋은 출장 보고서에는 다음과 같은 내용이 들어가야 합니다. 먼저 보고서를 작성하는 사람의 이름과 부서 등의 기본 정보가 필요합니다. 그다음으로는 출장 중에 한 일들을 자세히 설명해야 합니다. 출장하면서 쓴 비용과 예산 내역도 빠트리지 말고 넣어야 합니다.

출장을 통해 어떤 좋은 결과를 얻었는지도 꼭 알려야 합니다. 앞으로 어떤 계획이 있는지도 구체적으로 써야 합니다. 마지막으로 출장 중에 도움을 받은 분들께 감사하다는 내용도 잊지 말고 넣어야 합니다.

보고서 작성

1. 출장 개요
- 목적: 서울지사와 협력 프로젝트 논의 및 관계 강화
- 지역: 서울특별시
- 기간: 2025년 1월 20일 ~ 2025년 1월 22일
- 주요 참석자: 홍길동(전략기획팀), 김지훈(서울지사장)

2. 주요 활동
- 1월 20일: 서울지사 도착, 주요 과제 논의
- 1월 21일: 협업 워크숍 주최, 외주업체 간담회
- 1월 22일: 프로젝트 계획 최종 검토

3. 출장 성과
- 협력 프로젝트 일정 및 계획 구체화
- 외주업체 추가 지원 가능성 확보
- 본사-지사 협업 체계 강화

4. 향후 계획
- 확인 필요: 외주 업체 계약 검토, 프로젝트 일정 확정
- 후속 작업: 2월 초 협력 프로젝트 착수

5. 감사의 표명
서울지사 김지훈 지사장 및 박은혜 매니저의 협력에 감사드립니다.

첨부 자료: 프로젝트 계획서, 외주 업체 제안서, 회의록

인공지능에게 구체적인 예시를 요청하니 실제 상황에서 쓸 수 있는 좋은 사례들을 알려주었습니다. 예를 들어 출장 보고서에 "거래처 A 사와의 회의에서 신제품 출시 일정을 조율했습니다."라는 식의 구체적인 내용이 있으면, 보고서를 쓸 때 큰 도움이 됩니다.

이제 상사와 나눌 수 있는 대화를 미리 준비해 보겠습니다. 상사가 물어볼 만한 질문들을 예상하고, 그에 맞는 답변을 준비하면 실제 보고 상황에서 더욱 자신감 있게 대처할 수 있습니다. 이것을 '예상

질의응답'이라고 부릅니다.

③ 상사와의 예상 질의응답 프롬프트
1 상사의 유형

직장에서 상사와 이야기를 나눌 때는 상사의 성격을 이해하면 더 쉽게 대화할 수 있습니다. 상사는 크게 지시형, 코칭형, 논리형, 감정형, 비전형, 위임형으로 나눌 수 있습니다.

지시형 상사는 일을 명확하게 시키는 것을 잘하는 분입니다. 직원들에게 해야 할 일을 정확히 알려주고, 그대로 따르기를 바랍니다. 또한 일의 결과를 매우 중요하게 생각하고 목표를 빨리 이루고자 합니다.

코칭형 상사는 직원들이 실력을 키우도록 돕는 분입니다. 일만 시키는 것이 아니라, 직원들에게 조언도 해주고 더 나은 방향을 제시해 주면서 성장을 도와줍니다.

논리형 상사는 모든 것을 이성적으로 따지는 분입니다. 결정을 내릴 때 감정보다는 숫자와 자료를 중요하게 생각합니다. 늘 왜 그렇게 해야 하는지 이유를 묻고, 논리적인 설명을 원합니다.

감정형 상사는 사람의 마음을 잘 헤아리는 분입니다. 직원들의 기분이나 필요한 것들을 잘 이해하고, 대화를 자주 나누는 것을 좋아합니다. 이런 상사는 따뜻한 마음으로 팀원들을 이끌어 모두가 하나 되게 합니다.

비전형 상사는 먼 미래를 내다보는 분입니다. 앞으로 우리 팀이 어떤 모습이 되어야 하는지 그림을 그리고, 이를 직원들과 함께 나눕니다. 또한 목표를 향해 팀원들을 이끌어갑니다.

위임형 상사는 직원들을 믿고 일을 맡기는 분입니다. 직원들에게 자유롭게 일할 수 있는 권한을 주고, 스스로 해결할 수 있도록 격려합니다. 직원들이 자신감을 가지고 일할 수 있게 도와줍니다.

[표 4] 상사의 유형과 특징

유형	특징
지시형 상사	부하 직원이 따르도록 하는 것을 중시합니다.
코칭형 상사	부하 직원의 지원을 중시합니다.
논리형 상사	논리적인 설명을 중시합니다.
감정형 상사	의사소통을 중시합니다.
비전형 상사	목표 달성을 중시합니다.
위임형 상사	부하 직원의 자기관리 능력을 중시합니다.

물론 상사의 성격은 이보다 더 다양할 수 있습니다. 하지만 이 책에서는 가장 흔히 볼 수 있는 이 여섯 가지 유형을 중심으로 이야기하겠습니다.

2 상사와의 예상 질의응답

회사 생활을 하다 보면 상사와 대화할 일이 자주 생깁니다. 특히 출장을 다녀온 뒤에는 상사께 보고를 해야 하는 경우가 많습니다. 이럴 때 상사가 어떤 질문을 할지 미리 생각해 보고 답변을 준비하면 도움이 됩니다.

상사와의 대화에서는 주로 "어떤 성과가 있었나요?", "어려운 점은 없었나요?", "다음에는 어떻게 하면 좋을까요?" 같은 질문이 나옵니다. 이런 질문들에 대해 미리 답변을 준비해두면 당황하지 않고 차분하게 대화를 이어갈 수 있습니다.

예를 들어 출장 보고를 할 때는 방문한 곳에서 무엇을 배웠는지, 어떤 어려움이 있었는지, 앞으로 어떻게 활용할 수 있을지 등을 정리해 두면 좋습니다. 이렇게 하면 상사의 질문에 더 자신감 있게 답변할 수 있습니다.

예상 질의응답

다음 보고서의 예상 질의응답을 진행하고 싶습니다. 다음과 같은 상사의 유형에 따라 상사가 보고서의 내용에 대해 질문할 만한 내용을 알려 주세요.

상사의 유형: 논리형 상사

1. 출장 개요
　- 목적: 서울지사와 협력 프로젝트 논의 및 관계 강화
　- 지역: 서울특별시
　- 기간: 2025년 1월 20일 ~ 2025년 1월 22일
　- 주요 참석자: 홍길동(전략기획팀), 김지훈(서울지사장)

2. 주요 활동
   - 1월 20일: 서울지사 도착, 주요 과제 논의
   - 1월 21일: 협업 워크숍 주최, 외주업체 간담회
   - 1월 22일: 프로젝트 계획 최종 검토

3. 출장 성과
   - 협력 프로젝트 일정 및 계획 구체화
   - 외주업체 추가 지원 가능성 확보
   - 본사-지사 협업 체계 강화

4. 향후 계획
   - 확인 필요: 외주 업체 계약 검토, 프로젝트 일정 확정
   - 후속 작업: 2월 초 협력 프로젝트 착수

5. 감사의 표명
   서울지사 김지훈 지사장 및 박은혜 매니저의 협력에 감사드립니다.

첨부 자료: 프로젝트 계획서, 외주 업체 제안서, 회의록

인공지능에게 "제 상사가 이 보고서에 대해 어떤 질문을 할 것 같은지 알려주세요."라고 말하면 됩니다. 이때 여러분의 상사가 앞에서 설명한 6가지 상사 유형 중 어떤 유형에 해당하는지 함께 알려주면 더 정확한 답변을 받을 수 있습니다. 보고서 내용은 인공지능이 작성해준 그대로 사용하시면 됩니다. 이렇게 하면 전문적이고 체계적인 보고서를 쉽게 준비할 수 있습니다.

예상 질의응답

1. 출장 개요
    - 질문: 협력 프로젝트의 목표는?
    - 답변: 일정 조율, 리스크 분석, 역할 분담 명확화입니다.
    - 질문: 참석자의 역할은?
    - 답변: 본사는 전략 제시, 지사는 현지 조율을 담당했습니다.

2. 주요 활동
    - 질문: 워크숍 성과는?
    - 답변: 협업 프로세스를 공유하고 직원들로부터 긍정적인 피드백을 받았습니다.
    - 질문: 외주업체 간담회 내용은?
    - 답변: 추가 인력 지원과 예산 조정을 논의했습니다.

3. 출장 성과
    - 질문: 일정과 계획은?
    - 답변: 2월 초 착수를 목표로 세부 일정을 구체화했습니다.
    - 질문: 협업 체계 강화 사례는?
    - 답변: 주간 회의 체계와 협업 툴 도입을 결정했습니다.

4. 향후 계획
    - 질문: 외주업체 계약 검토의 중점 사항은?
    - 답변: 비용, 인력 전문성, 일정 준수입니다.
    - 질문: 착수를 위한 준비는?
    - 답변: 예산 승인과 계약 완료입니다.

5. 첨부 자료
    - 질문: 첨부 자료의 핵심은?

> - 답변: 계획서에는 일정, 제안서에는 추가 지원 내용이 포함되어 있습니다.
> - 질문: 회의록의 중요한 논의는?
> - 답변: 외주업체의 역할 확대와 리스크 관리 방안입니다.

보고서를 보면, 상사가 물어볼 것 같은 내용과 그에 대한 답변이 모두 담겨 있습니다. 이러한 내용을 미리 살펴보면서 상사의 질문에 대한 답변을 준비할 수 있습니다. 또한, 필요하다면 보고서의 내용을 더 자세히 설명하거나 고쳐 쓸 수도 있습니다.

④ 제안서 작성하기

회사에서 일어나는 문제를 해결하려면 제안서를 잘 작성하는 것이 중요합니다. 문제를 해결하기 위해서는 순서대로 차근차근 접근하는 것이 좋습니다. 문제를 해결하는 방법은 다섯 가지 단계로 나누어 진행합니다.

첫째, 눈에 보이는 문제의 원인을 찾아봅니다. 둘째, 그 원인이 왜 생겼는지 더 깊이 파고들어 근본적인 원인을 찾아냅니다. 셋째, 문제를 해결하기 위한 여러 가지 방법을 생각해 봅니다. 넷째, 각각의 해결 방법을 써서 얻을 수 있는 효과를 예상해 봅니다. 다섯째, 상사와 이야기를 나눌 때 나올 수 있는 질문과 답변을 미리 준비합니다.

이런 문제 해결 과정에서 가장 중요한 것은 한 번에 모든 것을 완벽하게 하려고 하지 않는 것입니다. 천천히 한 단계씩 나아가면서 해결책을 찾아가는 것이 좋습니다. 특히 근본 원인을 찾는 것이 매우 중요한데, 이는 문제를 완전히 해결하기 위해서는 겉으로 보이는 문제가 아닌 그 뿌리에 있는 진짜 원인을 해결해야하기 때문입니다.

① 문제 원인 추출 프롬프트

'초과 근무 시간을 줄이기 위한 제안'이라는 제목으로 제안서를 쓰려고 합니다. 회사에서 직원들의 초과 근무 시간이 늘어나는 문제를 해결하기 위해 이 방법을 사용해 볼 수 있습니다.

문제의 원인
  - 잔업 시간 삭감 제안서를 작성하고자 합니다. 아래의 '타깃'과 '문제'를 바탕으로 '문제'의 원인을 도출해 보세요.

사내 제안서의 타깃
  - 부장

문제
  - 부서 내 잔업 시간을 월 40시간으로 줄이기

사내 제안서를 쓸 때는 먼저 해결하고 싶은 문제가 무엇인지 정확

하게 파악해야 합니다. 제안서를 쓸 때는 두 가지를 반드시 적어야 합니다. 첫째는 누구를 위한 제안서인지, 둘째는 어떤 문제를 해결하고 싶은지 입니다.

여기서 '과제'와 '문제'가 무엇인지 정확히 알아둘 필요가 있습니다. '문제'는 우리가 바라는 모습과 지금의 모습 사이에 있는 차이를 말합니다. 예를 들어 '매출이 늘어나지 않는다'와 같은 것이 문제입니다. '과제'는 이런 문제를 해결하기 위해 우리가 실제로 해야 하는 일들을 말합니다. 예를 들어 '새로운 고객을 찾아보자'와 같은 것이 과제입니다.

이렇게 문제와 과제가 무엇인지 이해하고 나면, 더 좋은 제안서를 쓸 수 있습니다. 앞으로 제안서를 쓸 때는 이 두 가지를 꼭 구분해서 생각해 보시기 바랍니다.

회사에서 야근 시간을 줄이는 제안서를 쓸 때는 몇 가지 중요한 점을 생각해야 합니다. 먼저 문제가 무엇인지 정확히 파악하는 것이 중요합니다. 야근이 많은 이유가 일이 너무 많아서인지, 일하는 방식이 비효율적인지, 아니면 다른 이유가 있는지 살펴봐야 합니다.

문제의 원인이 분명하지 않을 때는 바로 해결책을 찾으려 하지 말고, 천천히 상황을 파악하는 것이 좋습니다. 예를 들어 직원들과 이야기를 나누어 보거나, 업무 일지를 살펴보면서 야근이 발생하는 패턴을 찾아볼 수 있습니다.

또한, 부장님께 제안서를 제출하기 전에 먼저 의견을 여쭤보는 것이 현명합니다. 부장님이 생각하시는 문제의 원인과 우리가 파악한 원인이 다를 수 있기 때문입니다. 서로 생각이 다르다면 제안서의 내용이 엉뚱한 방향으로 흐를 수 있습니다.

문제의 원인

1. 업무량 과다 및 분배 불균형
   - 업무량에 비해 인력이 부족하거나 특정 직원에게 과도하게 업무가 몰림.
2. 비효율적인 업무 방식
   - 불필요한 절차나 반복 업무로 인해 시간이 소요됨.
3. 비현실적인 일정 설정
   - 촉박한 마감 기한과 잦은 계획 변경으로 잔업이 발생.
4. 조직 문화와 습관
   - 잔업을 당연시하거나 업무 시간 내 집중도가 낮음.
5. 예상치 못한 추가 업무
   - 긴급 지시나 계획 외 추가 업무로 잔업이 늘어남.

이 원인을 기반으로 해결책을 제시하면 부장님의 관심을 끌기 좋을 것입니다.

인공지능이 여러 가지 원인을 알려주었습니다. 위의 원인을 바탕으로 효율적인 프로세스 개선 및 잔업 축소 전략을 제안서에 포함하면 설득력 있는 내용이 될 것입니다. 추가로 도출된 원인별로 해결 방안과 기대 효과를 정리하면 부장님에게 실질적 가치를 전달할 수 있습니다.

하지만 이것은 일반적인 예시일 뿐이어서 여러분의 직장 상황과 다를 수 있습니다. 만일 인공지능이 알려준 원인이 여러분의 직장 상황과 맞지 않는다면, "다른 원인은 없을까요?"라고 다시 물어보시면 됩니다. 그러면 여러분의 직장 상황에 더 잘 맞는 원인을 찾을 수 있습니다.

② 문제의 근본 원인 추출 프롬프트

회사에서 야근이 많은 문제를 해결하기 위해 그 원인을 자세히 살펴보려고 합니다. 어떤 문제든 겉으로 보이는 것보다 더 깊은 원인이 있기 마련입니다.

문제의 근본 원인

잔업 시간 삭감 제안서를 작성하고자 합니다. 아래의 '타깃', '과제', '원인'을 바탕으로 '원인의 근본 원인'을 생각해 보세요

사내 제안서의 타깃
   - 부장

과제
   - 부서의 잔업 시간을 월 40시간 이내로 줄이기

원인
   - 업무량 과다 및 분배 불균형

사내 제안서를 쓸 때는 인공지능을 활용하여 문제의 진짜 원인을 찾아낼 수 있습니다. 여기서는 앞서 살펴본 과제 원인 도출 템플릿을 그대로 활용합니다. 이렇게 하면 우리 회사나 팀이 겪고 있는 어려움이 무엇 때문에 생기는지 정확하게 파악할 수 있습니다.

인공지능은 우리가 미처 생각하지 못했던 문제의 원인들을 제공하기도 합니다. 이렇게 찾아낸 원인들은 제안서에 그대로 적어넣으면 됩니다. 이런 방식으로 제안서를 쓰면, 문제를 해결하는데 큰 도움이 됩니다.

먼저 우리가 발견한 문제의 원인을 인공지능에게 알려주었습니다. 문제의 원인은 '업무량이 늘어난 것'이었습니다. 인공지능은 우리가 입력한 내용을 바탕으로 도움이 될 만한 답변을 제시할 것입니다.

문제의 근본 원인

1. 인력 배치 및 자원 부족
   - 부서의 업무량에 비해 배정된 인력이 충분하지 않음.
   - 특정 업무에 필요한 전문 인력 부족으로 일부 구성원에게 과도한 부담이 집중됨.

2. 업무 평가 및 계획 수립의 비효율성
   - 업무량을 체계적으로 분석하거나 예측하지 않아 적정 인력과 자원을 배치하지 못함.
   - 업무 분배 기준이나 우선순위 설정이 명확하지 않아 불균형이 발생.

3. 커뮤니케이션 및 조정 부족
- 부서 내 업무 분배와 관련한 소통 및 조율이 부족함.
- 팀 간 또는 팀 내에서 업무 조정을 위한 데이터 및 도구 활용 부족.

4. 조직 차원의 프로세스 문제
- 업무 프로세스가 비효율적이고 표준화가 미흡하여 불필요한 시간이 소요됨.
- 업무 자동화 도구나 기술 지원 부족으로 직원들이 수작업에 의존.

5. 성과 중심의 문화 및 습관
- 잔업을 열정이나 책임감으로 평가하는 문화가 남아 있어 개선 의지가 약함.
- 업무 시간 내 비효율적 사용(불필요한 회의, 낮은 생산성 등)으로 잔업이 증가.

근본 원인은 '인력 및 자원 배치의 비효율성'과 '업무 프로세스 및 문화 개선의 부족'에서 비롯된다고 할 수 있습니다.
이를 기반으로 개선 방향을 설정하면 부장님에게 설득력이 있는 제안서를 작성할 수 있습니다.

업무가 많아진 이유를 인공지능은, 일하는 방식이 효율적이지 않다는 점, 일손이 제대로 배치되지 않았다는 점, 서로 간의 소통이 부족하다는 점을 지적했습니다. 이런 문제들은 우리가 직장 생활을 하면서 자주 마주치는 것들입니다.

만약 인공지능이 제시한 원인들이 여러분의 직장 상황과 잘 맞지 않는다고 생각되면 "다른 이유는 무엇이 있을까요?"라고 다시 물어볼 수 있습니다. 이렇게 하면 여러분의 상황에 더 잘 맞는 원인을 찾을 수 있습니다.

이번 사례를 보면, 업무를 미리 계획하고 예측하는 것이 부족했다는 점이 가장 큰 원인으로 꼽혔습니다. 이런 원인을 찾아냈기 때문에 이를 바탕으로 실제로 도움이 되는 해결책을 마련할 수 있습니다.

③ 문제 해결을 위한 구체적인 대책 찾기 프롬프트

문제가 생긴 진짜 원인을 찾았기 때문에, 이를 바탕으로 대책을 찾을 수 있게 되었습니다.

대책

잔업 시간 삭감 제안서를 작성하고자 합니다. 아래의 '타깃', '과제', '원인', '근본 원인'을 바탕으로 '대책'을 도출해 보세요.

사내 제안서의 타깃
  - 부장

과제
  - 부서의 잔업 시간을 월 40시간 이내로 줄이기

원인
  - 업무량 과다 및 분배 불균형

근본 원인
인력 배치 및 자원 부족

- 부서의 업무량에 비해 배정된 인력이 충분하지 않음.
- 특정 업무에 필요한 전문 인력 부족으로 일부 구성원에게 과도한 부담이 집중됨.

인공지능이 알려준 문제의 원인을 그대로 옮겨 적은 경우가 많습니다. 하지만 이렇게 하지 않아도 됩니다. 오히려 우리 회사의 실제 상황에 맞게 내용을 고쳐 쓰면 상사가 더 잘 이해할 수 있는 제안이 될 수 있습니다.

이제 이 프롬프트를 사용해서 인공지능에게 물어본 결과가 어떻게 나왔는지 살펴보도록 하겠습니다.

대책

1. 업무량 분석 및 적정 인력 배치
   - 부서의 전체 업무량을 정기적으로 분석하여 필요한 인력 수요를 산정.
   - 업무량에 따라 추가 인력을 배치하거나, 인력 간 업무를 재조정하여 불균형 해소.
2. 전문 인력 확보 및 교육 강화
   - 부족한 전문 인력을 신규 채용하거나 외부 전문가를 활용해 업무 부담 완화.
   - 기존 직원에게 필요한 기술과 업무 능력을 키우기 위한 교육 프로그램 제공.
3. 업무 분배 기준 및 체계화

- 업무 분배의 객관적 기준을 마련하여 업무가 특정 구성원에게 집중되지 않도록 조정.
- 주간 및 월간 업무 계획 수립 시, 구성원과 협의를 통해 균형 있게 분배.

4. 업무 자동화 및 도구 활용
   - 반복적이고 시간 소모적인 업무를 자동화할 수 있는 시스템 도입 (예: RPA, 프로젝트 관리 소프트웨어 등).
   - 효율적인 협업 도구를 도입해 커뮤니케이션 시간을 절약.

5. 업무 프로세스 개선
   - 비효율적인 절차를 간소화하거나 병목 현상을 제거하여 업무 시간을 단축.
   - 업무 중복을 최소화하고, 필수 작업에만 집중할 수 있도록 프로세스를 재설계.

6. 업무 시간 관리 및 집중도 향상
   - 불필요한 회의를 줄이고, 핵심 업무 시간에 집중하도록 업무 환경 개선.
   - 업무 시간 내 생산성을 높이는 캠페인(예: '집중 시간제' 도입)을 통해 잔업을 줄임.

7. 성과 중심의 문화 정착
   - 잔업 시간 감소 목표를 성과 지표(KPI)에 포함시켜 개선 노력 유도.
   - 잔업 없는 효율적 업무 수행을 장려하고, 이에 따른 보상을 통해 동기부여.

이 대책들은 구체적인 실행 방안을 포함하여 제안서에 서술하면 부장님에게 실효성 있는 계획으로 인식될 가능성이 높습니다.

제안서가 점점 좋은 모습을 갖추어가고 있습니다. 하지만 해결책을 읽어보면 구체적이지 않다고 생각하는 분들이 있을 수 있습니다. 예를 들면 '업무 예측 시스템 강화'라는 해결책에서 "데이터로 주간과 월간 업무량을 분석한다."라고 썼습니다. 이것을 보면 '어떤 도구를 사용하고, 실제 업무에서는 어떻게 쓸 것인지?'라는 궁금증이 생길 수 있습니다.

이런 경우에 인공지능을 잘 활용하는 방법이 있습니다. "데이터 분석 도구를 도입하면 어떤 좋은 점이 있고, 실제로는 어떻게 써야 하나요?"라고 물어보면 됩니다.

인공지능을 활용할 때는 먼저 다양한 아이디어를 받아보고, 그 중에서 실제로 쓸 수 있는 좋은 생각들을 대화하면서 더 자세히 다듬어가는 것입니다. 이런 방식으로 자료를 차근차근 만들어 가면 부장님께서 믿고 볼 수 있는 제안서를 쓸 수 있습니다.

④ 문제 대책 효과 제안서 추출 프롬프트

우리가 어떤 문제를 해결하려고 할 때는 먼저 그 해결 방안이 얼마나 효과가 있을지 살펴보는 것이 중요합니다.

대책 효과 제안서
- 잔업 시간 삭감 제안서를 작성하고자 합니다. 아래의 '타깃', '과제', '원인', '근본 원인', '대책'을 바탕으로 예상되는 효과를 정성적, 정량적으로 도출해 보세요.

사내 제안서의 타깃
- 부장

과제
- 부서의 잔업 시간을 월 40시간 이내로 줄이기

원인
- 업무량 과다 및 분배 불균형

근본 원인
인력 배치 및 자원 부족
- 부서의 업무량에 비해 배정된 인력이 충분하지 않음.
- 특정 업무에 필요한 전문 인력 부족으로 일부 구성원에게 과도한 부담이 집중됨.

대책
업무량 분석 및 적정 인력 배치
- 부서의 전체 업무량을 정기적으로 분석하여 필요한 인력 수요 산정.
- 업무량에 따라 추가 인력을 배치하거나, 인력 간 업무를 재조정하여 불균형 해소.

제안서에는 반드시 해결책의 효과를 써넣어야 합니다. 그 이유는 상사가 읽고 이해하기 쉽게 하기 위해서입니다. 해결책만 적어놓으면 이것을 실행한 뒤에 어떤 좋은 점이 있을지 상상하기가 어렵기 때문입니다.

대책 효과 제안서

정성적 효과
 - 업무 효율성 및 품질 향상.
 - 직원 만족도 증가와 스트레스 감소.
 - 워라밸(Work and Life Balance) 개선으로 조직 충성도와 사기 증진.
 - 긍정적 조직 문화와 협업 강화.

정량적 효과
 - 잔업 시간 월 40시간 이내로 감소.
 - 초과 근무 수당 비용 20~30% 절감.
 - 프로젝트 마감 준수율 20% 이상 증가.
 - 연간 약 480시간/인 잔업 절감.

정성적·정량적 효과를 통해 생산성 상승과 비용 절감이 동시에 기대됩니다.

지금까지 살펴본 내용은 어떠셨습니까? 더 좋은 방법이 필요하다면, 인공지능에게 "다른 방법은 없을까요?"라고 물어보면 됩니다. 예를 들어 "업무 시간을 줄이자."라는 해결책만 있다면, 그 뒤에 어떤 변화가 생길지 알 수가 없습니다. 하지만 "업무 시간을 줄이면 직원들의 피로도가 낮아지고 실수도 절반으로 줄어들 것입니다."라고 쓰면 누구나 쉽게 이해할 수 있습니다.

⑤ 상사와의 예상 질의응답

업무 제안서를 가지고 상사를 만나러 갈 때는 미리 준비를 하면 좋습니다. 어떤 질문을 받을지 미리 생각해 보고 답변도 준비하면 더욱 자신감 있게 대화할 수 있습니다. 제안서를 바탕으로 상사와 나누게 될 대화를 미리 상상해 보면서, 질문과 답변을 정리합니다.

예상 문답

잔업 시간 삭감 제안서에 대한 예상 문답을 진행하고자 합니다. 아래의 '상사의 유형'에 따른 상사가 '제안서의 내용'에 대해 질문할 가능성이 있는 사항을 알려드립니다.

상사의 유형: 지시형 상사

제안서의 내용:

과제
- 부서의 잔업 시간을 월 40시간 이내로 줄이기

원인
- 업무량 과다 및 분배 불균형

근본 원인
인력 배치 및 자원 부족
  - 부서의 업무량에 비해 배정된 인력이 충분하지 않음.
  - 특정 업무에 필요한 전문 인력 부족으로 일부 구성원에게 과도한 부담이 집중됨.

예상 효과 도출
1. 정성적 효과
- 업무 효율성 및 품질 향상.
- 직원 만족도 증가와 스트레스 감소.
- 워라밸 개선으로 조직 충성도와 사기 증진.
- 긍정적 조직 문화와 협업 강화.

2. 정량적 효과
- 잔업 시간 월 40시간 이내로 감소.
- 초과 근무 수당 비용 20~30% 절감.
- 프로젝트 마감 준수율 20% 이상 증가.
- 연간 약 480시간/인 잔업 절감.

정성적·정량적 효과를 통해 생산성 상승과 비용 절감이 동시에 기대됩니다.

먼저 우리 회사의 상사가 어떤 스타일인지 생각해 봅니다. 꼼꼼한 성격의 상사인지, 아니면 큰 그림을 중요하게 생각하는 상사인지에 따라 예상 질문도 달라질 수 있습니다. 그다음으로는 작성한 제안서 내용을 인공지능에 입력합니다. 인공지능은 이 내용을 바탕으로 상사가 물어볼 만한 질문들을 알려줍니다. 마치 실제 상사와 대화하는 것처럼 자연스러운 질문들이 나오게 됩니다.

인공지능은 입력한 제안서를 꼼꼼히 파악하고 상사의 입장에서 궁금할 만한 점들을 찾아냅니다. 예를 들어 "이 부분의 구체적인 실행 방법은 무엇인가요?"나 "예산은 얼마나 필요한가요?" 같은 현실적인 질문들을 만들어냅니다.

예상 문답

1. **질문**: "잔업 시간을 줄이는 구체적 계획은?"
   답변: 업무량 분석을 통해 적정 인력을 배치하고, 업무를 재조정하며, 자동화 도구를 활용해 효율성을 높일 계획입니다.

2. **질문**: "잔업 감소로 업무 목표에 차질이 생기지 않을까?"
   답변: 비효율을 개선해 생산성을 높이므로 목표 달성에 더 효과적일 것입니다.

3. **질문**: "추가 인력 배치로 비용이 늘지 않겠나?"
   답변: 잔업 삭감으로 초과 근무 수당이 절감되어 비용 증가를 상쇄할 수 있습니다.

4. **질문**: "효과를 보장할 수 있는가?"
   답변: 잔업 시간 월 40시간 이내 달성으로 연간 480시간/인 절감 효

> 과를 기대합니다. 결과를 모니터링해 보고드리겠습니다.
>
> 5. **질문:** "현재 자원으로 가능한가?"
>   **답변:** 초기 실행은 현재 자원으로 가능하며, 필요 시 일부 자동화 도구 도입으로 효과를 극대화할 예정입니다.
>
> 지시형 상사에겐 명확하고 간결한 실행 방안과 수치를 제시하세요!

모두 유용한 지적들입니다. 예를 들어 상사가 계획의 구체성에 대해 질문할 가능성이 있다면, "계획의 구체성을 더 반영한 제안서로 수정해 줘."라고 요청할 수 있습니다.

또는, "계획의 구체성에 관한 질문에 대한 답변을 작성해 줘."라고 요청하여 관련 답변을 준비할 수도 있습니다.

⑤ 새로운 가능성의 발견

인공지능은 우리가 자료를 만들 때 큰 도움을 주고, 직장 상사와의 대화도 더 쉽게 만들어 줍니다. 하지만 인공지능을 잘 활용하려면 몇 가지 주의할 점이 있습니다. 특히 인공지능에게 무엇을 물어볼지 미리 생각하지 않고 대충 물어보면 원하는 답을 얻기 어렵습니다. 이 책에서 보여드린 질문들은 저자가 여러 번 시도해 보면서 가장 좋은 결과를 얻은 것들입니다. 처음에는 이 질문들을 그대로 사용해 보시는 것이 좋습니다.

그리고 인공지능의 답변을 받은 후에도 추가로 물어보거나 동료들과 함께 의견을 나누면서 더 좋은 내용으로 발전시켜 보시기를 추천합니다. 이런 과정을 거치면 더 좋은 결과물을 만들 수 있습니다.

에필로그

2.7%를 기대하며
$y=\sqrt{x}$ 에서 $y=x^2$ 으로의 리프레임

사람들은 공부를 잘하게 하기 위해서 학생들에게 선행 학습을 시킵니다. 초등학생들이 중학교, 고등학교 교과 내용을 미리 배우는 것입니다. 이때 몇몇 뛰어난 학생들은 이를 통해 성적이 올라가는 경우도 있지만, 또 다른 많은 학생들은 너무나 큰 부담감 때문에 공부를 포기하는 경우도 생깁니다. 이런 식의 공부는 성적을 올리는 데는 도움이 될 수 있지만 진정한 실력을 쌓는 데는 문제가 됩니다. 창의성 연구의 선구자인 헝가리 출신, 미하이 칙센트미하이는 한국 교육에 대해 "지식을 전수하는 데는 강하지만 학생들의 호기심을 자극하지 못 한다."고 평가했습니다. 그는 "다가올 미래는 큰 변화가 잦아질 것이기 때문에, 한국 교육도 창의성을 중심으로 변화해야 한다."고 강조했습니다.

헝가리는 1880년대부터 1920년대까지 헝가리는 많은 천재들을 배출했습니다. 이 기간 동안 헝가리는 노벨상 수상자 7명, 울프상 수상자 2명, 그리고 세계적으로 유명한 학자들을 배출하며 '헝가리 현상'이라는 용어를 만들어냈습니다. 이 시기의 헝가리 교육은 학생들에게 깊이 있는 사고력과 창의성을 요구하며 수학적 열정을 키웠습니다. 또 문제를 푸는 데 몰입했고, 이를 통해 사고력이 크게 발전했습니다.

나는 이런 선행 학습같이 성적을 높이는 데 사용하는 방법을 '$y=\sqrt{x}$ 의 학습'이라고 합니다. 이 그래프를 보면 처음에는 매우 효과적이지만 어떤 한계 이상을 넘으면 거의 발전하지 않습니다. 현재까지의 우리의 교육을 보면 초기에 좋은 성적을 얻는 방법을 통해 좋은 대학도 많이 갔지만 노벨상을 탄 사람은 없습니다. 이것은 사람이 부족해서가 아니라 잘못된 학습 방법을 취했기 때문입니다.

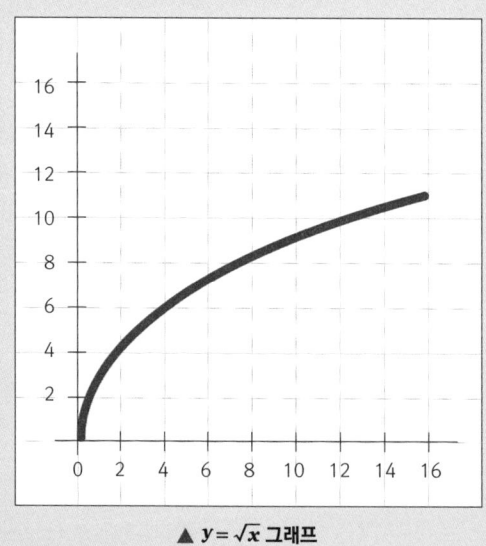

▲ $y=\sqrt{x}$ 그래프

이와는 반대되는 학습 방법이 있습니다. 바로 가속화 학습을 만들어내는 $y = x^2$의 학습입니다. 이 그래프는 처음에는 발전이 없어 보입니다. 하지만 어떤 지점을 지나면 놀랍게도 가속화가 일어납니다.

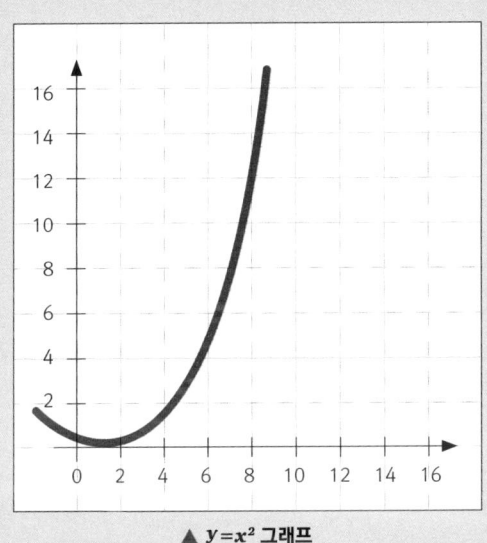

▲ $y=x^2$ 그래프

이 그래프를 통해 가속화 교육을 시행하는 데 있어서 필히 일어나는 현상 하나를 이해하는 것이 중요합니다. 가속화 학습이 일어나기 전 일정 기간까지는 투입된 에너지에 비해서 매우 적은 교육 결과가 나타납니다. 이것 때문에 많은 사람들이 본 가속화 교육을 포기하거나 실시를 하지도 못하는 것입니다.

이 법칙은 일정한 수 1에 이르기까지는 결과가 좋지 않게 나옵니다. 0.1을 넣으면 $0.1^2 = 0.01$이 나오게 됩니다. 내가 투입한 에너지의 10%밖에 안 나오는 것입니다. 0.5를 넣으면 $0.5^2 = 0.25$, 즉 25%가 나옵니다. 하지만 1을 지나서게 되고, 2를 넣으면 $2^2 = 4$, 3을 넣으면 $3^2 = 9$로 엄청난 가속이 나오게 되는 것입니다.

5차원 교육을 실시할 때 인간의 전인격적 인성이 바뀌는 과정은 이렇게 비효율적인 것처럼 보이는 시기가 있는 것이며, 이 기간을 바르게 넘겼을 때 기적처럼 보이는 가속화가 일어나는 것입니다. 가속화 학습의 방법은 먼저 전면적 인성을 통해 지력, 심력, 체력, 자기 관리 능력, 인간관계 능력을 회복하고, 언어 수용성 훈련을 통해 사고의 스펙트럼을 확대하고, 창조적 지성의 학문의 9단계를 통해 정보의 입수, 고도화, 표출의 능력이 향상되도록 합니다. 이런 방식으로 가속화 학습을 체득한 학생들은 삶의 모든 영역에서 가속화 학습의 효과가 일어나는 것입니다.

이제는 고도의 AI 시대를 살아가는 우리에게 있어서 중요한 것은 얼마나 열심히 사느냐에 있는 것이 아니라 우리의 삶을 틀을 다시 만드는 리프레임(Reframe)입니다. 그 '리프레임'이란 바로 '$y = \sqrt{x}$에서 $y = x^2$으로의 리프레임입니다.

AI 시대를 맞이한 인류에게 극복하기 어려워 보이는 많은 어려움이 이미 다가왔습니다. 하지만 위기는 우리에게 새로운 기회를 주기도 합니다. 그러므로 이에 대비할 역량을 기르는 것이 중요하고, 그 바탕은 전인격성을 바탕으로 하는 인간력을 강화하는 것입니다.

이 인간력을 리프레임을 통해 강화할 수 있는 기본적인 방안을 30여 년 간의 경험을 바탕을 마련할 수 있었습니다. 물론 모든 사람이 이것을 바로 시작할 수는 없습니다. 하지만 2.7%의 사람으로부터 이

일을 시작해 보려고 합니다. 바닷물의 소금(NaCl)의 평균 농도가 2.7% 입니다. 이 작은 양이 바닷물이라는 생태계를 만들고 바다 속의 모든 생물들이 살아갈 수 있게 만듭니다.

    5차원 AI를 기반으로 인간력을 강화하고 AI를 고도로 활용할 수 있는 2.7%가 미래의 인간 사회를 강건하게 지켜줄 수 있을 것이라는 확신과 희망을 가지고 이 책을 썼습니다. 함께 할 2.7%를 기대합니다.

창조적 사고의 패러다임을 바꾸다!

5차원 소크라테스 AI_
창조적 지성 Level 1 특별 제공!

https://cafe.naver.com/MyCafeIntro.nhn?clubid=31418974

단순한 AI 검색은 이제 그만! 이제 스스로 사고하라!
정답을 찾는 것이 아니라, 더 나은 질문을 던지는 법을 배워라!

- ☑ 더 깊이 사고하고 싶은가?
- ☑ 창의적 문제 해결 능력을 키우고 싶은가?
- ☑ 논리적으로 정리하고, 더 스마트하게 질문하고 싶은가?

해결책은? 사고의 방식 자체를 바꾸는 것!
5차원 소크라테스 AI_창조적 지성 Level 1은 단순한 답변 제공이 아니라
사용자가 스스로 사고하고 창의적 해결책을 찾을 수 있도록 돕는 AI다.

이런 분들께 강력 추천합니다!
- 논리적, 비판적, 창조적 사고력을 키우고 싶은 분
- 작가, 예술가, 크리에이터 – 새로운 영감과 창의적 사고를 원하는 분
- 교육자 및 학생 – 학습 효과를 높이고 논리적으로 사고하는 힘을 기르고 싶은 분
- 기업가, 문제 해결가, 전략가 – 혁신적인 아이디어와 통찰력을 원하는 분
- 자신의 생각을 체계적으로 정리하고 싶은 분

3가지 핵심 질문 기법

1. "왜?" – 사고의 본질을 탐구하기
- ✓ 단순한 정보 습득이 아니라, 질문의 이유와 동기를 깊이 고민
- ✓ 문제의 본질을 파악하고, 논리적 사고력을 강화

2. "한 줄 요약!" – 논리적 사고력 강화
- ✓ 복잡한 개념을 한 문장으로 정리하는 훈련
- ✓ 핵심을 빠르게 파악하고, 이해력을 향상

3. "이미지로 표현해보세요!" – 창조적 사고 촉진
- ✓ 개념을 시각적으로 표현하면서 창의력을 극대화
- ✓ 새로운 아이디어를 쉽게 떠올릴 수 있도록 연습

5차원 소크라테스 AI 100% 활용법
- 매일 5~10분 AI와 대화하며 사고력 훈련
- 질문을 통해 자신의 생각을 깊이 탐구하는 습관 만들기
- 논리적으로 정리한 후, 창의적으로 표현해보기
- 실제 프로젝트, 기획, 문제 해결에 적용하여 활용하기

이제 AI를 활용해 당신의 창의적 사고를 업그레이드하세요!
5차원 소크라테스 AI와 함께 새로운 사고의 차원을 경험해 보세요!

외국어 학습의 패러다임을 바꾸다!

5차원 소크라테스 AI_
언어 수용성 Level 1 특별 제공!

cafe.naver.com/MyCafeIntro.nhn?clubid=31418974

외국어를 '배우는' 시대는 끝났다! 이제 '흡수'하라!
암기 NO! 번역 NO!
외국어 학습의 최대 문제점은 외국어로 사고하지 못하는 것!

- ☑ 단어와 문법을 외웠는데도 회화가 어렵다면?
- ☑ 문장은 아는데 막상 입이 떨어지지 않는다면?

해결책은? '사고 구조'와 '발성 구조'를 바꾸는 것!

5차원 소크라테스 AI_언어 수용성 Level 1은 단순한 학습이 아니라, 외국어를 자연스럽게 받아들이고 즉각적으로 활용하는 능력을 길러준다.

이런 분들께 강력 추천합니다!
- 영어를 배우고 싶은데, 실전이 어려운 분
- 문법과 단어는 아는데 말하기가 힘든 분
- 시험이 아니라 실제 유창한 회화를 원하는 직장인 & 학생
- 한국어식 사고에서 벗어나 외국어를 자연스럽게 익히고 싶은 분
- 효율적인 학습법을 찾는 분 – 뇌의 언어 흡수력을 극대화하고 싶은 분

2가지 핵심 학습 시스템

1. 사고 구조 변환
- ✔ 한국어식 사고 → 영어식 사고로 자연스럽게 변환
- ✔ 문장을 직관적으로 이해하고 빠르게 조합하는 능력 향상
- ✔ 실전에서 바로 적용 가능한 문장 패턴 훈련

2. 발성 구조 변환
- ✔ 실제 원어민처럼 말하는 문장 리듬과 패턴 익히기
- ✔ 자연스럽게 언어가 흘러나오도록 훈련
- ✔ 이론이 아닌, 실전 중심의 말하기 연습

5차원 소크라테스 AI 100% 활용법
- 매일 5~10분 AI와 대화하며 학습 – 자연스럽게 언어 구조 습득
- 머릿속에서 직접 문장을 만들어보기 – 번역 없이 외국어로 사고
- 실생활 상황을 AI와 연습 – 주문하기, 소개하기, 자연스러운 대화
- AI 피드백 활용 – 잘못된 문장 즉시 수정 & 교정
- 소리 내어 말하기 – 발성과 리듬을 익혀 자연스러운 회화 능력 향상

이제 외국어를 '배우는 것'이 아니라, '흡수하는 것'이 됩니다!
5차원 소크라테스 AI로 당신의 언어 학습을 혁신하세요!

AI 시대, 뒤처지고 싶지 않다면? ChatGPT 활용 커뮤니티 오픈!

ChatGPT 활용법을 알고 싶은데, 어디서부터 시작해야 할지 모르겠다고요?
AI가 대세인 시대, 'ChatGPT를 제대로 활용할 수 있는 사람'과 '그렇지 않은 사람' 사이의 격차는 점점 커지고 있습니다.

하지만 걱정 마세요!

이제, ChatGPT를 완벽하게 활용할 수 있도록 돕는 네이버 카페 '민에이아이아트'가 오픈했습니다!

이런 고민이 있으신가요?

- AI 시대에 뒤처지고 싶지 않다.
- ChatGPT를 어떻게 활용해야 할지 모르겠다.
- ChatGPT를 활용해 수익을 늘리고 싶다.
- AI 관련 정보를 쉽게 얻고 싶다.
- 나와 같은 관심사를 가진 사람들과 소통하고 싶다.

이 모든 고민, 이 카페에서 해결해 드립니다!

카페에서 제공하는 핵심 내용

- ChatGPT 실전 활용법 공개!
- ChatGPT로 수익 창출하는 방법
- AI 시대에 필요한 스킬을 함께 배우는 커뮤니티
- AI 관련 최신 트렌드 & 사례 분석
- AI와 함께 성장하는 법 & 생산성 향상 꿀팁

단순히 정보를 제공하는 것이 아니라, '바로 활용할 수 있는 실전 팁'을 아낌없이 공유합니다!

회원들의 실제 후기

"AI에 대한 막연한 불안감이 사라졌어요!"
"ChatGPT 활용법을 몰랐는데, 쉽게 배울 수 있었습니다."
"수익화 방법까지 알려주셔서 실천할 수 있을 것 같아요!"

이제, AI 활용 능력을 키우는 것은 선택이 아니라 필수!
혼자 고민하지 말고, 카페에서 함께 성장해요!
지금 바로 무료 가입하고, AI 시대의 주인공이 되어보세요!

앞으로 AI 시대를 선도할 여러분을 환영합니다!

https://cafe.naver.com/MyCafeIntro.nhn?clubid=31418974

5차원 전면교육

5차원 AI 카페에 오신 여러분을 환영합니다. 이곳에서는 5차원 전면교육을 통해 자신의 달란트를 최대화하는 방법을 배울 수 있습니다.

자신의 달란트를 극대화하기 위해 가장 중요한 것은 수용성을 극대화하는 것입니다. 이를 위해서는 지력, 심력, 체력, 자기관리력, 인간관계력을 포함한 전인적 인성을 회복해야 합니다. 그리고 이러한 다섯 가지 요소를 5차원 전면교육을 통해 체계적으로 배울 수 있습니다.

달란트를 최대한 발휘한 사람은 자신 앞에 놓인 어려움을 극복할 수 있습니다. 진정한 승리는 타인을 이기는 것이 아니라 자신을 이기는 것입니다. 이러한 과정을 통해 어려움을 극복하고 자기 자신을 성장시킨 사람은 더욱 성공적이고 의미 있는 삶을 살아갈 힘을 가지게 되며, 궁극적으로 행복한 삶을 만들어 갈 수 있습니다.

이를 실천할 수 있도록, 여러분은 7주간 진행되는 5차원 교육 포럼에 참여할 수 있습니다. 이 포럼을 통해 지력, 심력, 체력, 자기관리력, 인간관계력을 회복하는 구체적인 방법을 배울 수 있으며, 이를 통해 자신의 달란트를 극대화할 수 있을 것입니다.

또한, 이 과정에서는 고도의 지적 능력을 개발할 수 있는 창조적 지성 교육과 함께, 영어를 포함한 외국어 학습을 위한 언어 수용성을 더욱 심화하여 배울 수 있는 기회도 제공합니다.

5차원 전면교육을 통해 자신의 잠재력을 최대한 발휘하고, 의미 있는 변화를 경험해 보세요!

https://cafe.naver.com/MyCafeIntro.nhn?clubid=31418974

Foreign Copyright:
Joonwon Lee　　　Mobile: 82-10-4624-6629
Address: 3F, 127, Yanghwa-ro, Mapo-gu, Seoul, Republic of Korea
　　　　　3rd Floor
Telephone: 82-2-3142-4151
E-mail: jwlee@cyber.co.kr

5차원 AI

2025. 4. 2. 초판 1쇄 인쇄
2025. 4. 9. 초판 1쇄 발행

지은이 | 원동연, 민진홍
펴낸이 | 이종춘
펴낸곳 | BM (주)도서출판 성안당

주소 | 04032 서울시 마포구 양화로 127 첨단빌딩 3층(출판기획 R&D 센터)
　　　10881 경기도 파주시 문발로 112 파주 출판 문화도시(제작 및 물류)
전화 | 02) 3142–0036
　　　031) 950–6300
팩스 | 031) 955–0510
등록 | 1973. 2. 1. 제406–2005–000046호
출판사 홈페이지 | www.cyber.co.kr
ISBN | 978–89–315–7305–3 (93000)
정가 | 23,000원

이 책을 만든 사람들
책임 | 최옥현
진행 | 조혜란
교정·교열 | 김해영, 정지현
본문 디자인 | 강희연, 박원석
표지 디자인 | 강희연
홍보 | 김계향, 임진성, 김주승, 최정민
국제부 | 이선민, 조혜란
마케팅 | 구본철, 차정욱, 오영일, 나진호, 강호묵
마케팅 지원 | 장상범
제작 | 김유석

이 책의 어느 부분도 저작권자나 BM (주)도서출판 성안당 발행인의 승인 문서 없이 일부 또는 전부를 사진 복사나 디스크 복사 및 기타 정보 재생 시스템을 비롯하여 현재 알려지거나 향후 발명될 어떤 전기적, 기계적 또는 다른 수단을 통해 복사하거나 재생하거나 이용할 수 없음.

■ 도서 A/S 안내

성안당에서 발행하는 모든 도서는 저자와 출판사, 그리고 독자가 함께 만들어 나갑니다.
좋은 책을 펴내기 위해 많은 노력을 기울이고 있습니다. 혹시라도 내용상의 오류나 오탈자 등이 발견되면 **"좋은 책은 나라의 보배"**로서 우리 모두가 함께 만들어 간다는 마음으로 연락주시기 바랍니다. 수정 보완하여 더 나은 책이 되도록 최선을 다하겠습니다.
성안당은 늘 독자 여러분들의 소중한 의견을 기다리고 있습니다. 좋은 의견을 보내주시는 분께는 성안당 쇼핑몰의 포인트(3,000포인트)를 적립해 드립니다.
잘못 만들어진 책이나 부록 등이 파손된 경우에는 교환해 드립니다.